彼らはなぜ「人の死」を生業としたのか

JN239635

All the Living and the Dead
An Exploration of the People
Who Make Death Their Life's Work
Hayley Campbell

死の仕事師たち

ヘイリー・キャンベル
吉田俊太郎──訳

白揚社

人生は悲劇だが、その理由はごく単純で、地球がひたすら自転を続け、太陽が日の出と日没を永遠に繰り返している一方で、人には必ず最後の日没を目にする日が訪れることが決まっているからだ。おそらく、わたしたち全人類の悩みの根本は、どの人にも必ず訪れる死という唯一の現実を拒絶したいがために、人生の素晴らしさをすべて犠牲にして、トーテムやタブーや十字架や血の生け贄や教会やモスクや人種や軍隊や旗印や国家の中に自らを閉じ込めてしまうことに由来するのではないだろうか。

——ジェイムズ・ボールドウィン『次は火だ』より

死の仕事師たち　目次

著者註

本書に登場する故人についての情報は個人情報を保護する目的から細かな点にいくつかの変更を加えました。

本書に登場する存命の人物についての情報は、本人から教えていただいたものをそのまま記しています。

編集部註

〔 〕は訳者による補足です。

邦訳がある場合は、邦訳情報を付しました。本文中に引用された文章は、すべて訳者による独自訳となります。

本文中の書名は、未邦訳のものは初出に原題とその逐語訳を記しました。

はじめに

産まれてきたとき、人はいつか死ぬものだと理解していた人なんていない。だれかに教えられてはじめて知ることだ。わたしにそれを教えてくれたのは父だったような気がするけれど定かではない。父も思い出せないらしい。

わたしとは違い、人はいつか死ぬという事実を知らされた瞬間をはっきり覚えている人たちもいる。生と死を分かつ厳密な一点を目の前に示された瞬間を記憶している人たちだ。たとえば、鳥が窓ガラスにぶつかった音を覚えている。首の骨を折った鳥がパティオに落ちる直前の衝突音だ。ダラリと力をなくした羽毛だらけの死骸をパティオから引きはがして庭に埋めても、パティオに残る翼の跡が埋葬後何日も消えないのを目にしながら、それがなにを意味するのか理解したのかもしれない。または、飼っていた金魚の死によって、祖父や祖母の死によって、人はいつか死ぬことを知った人もいるだろう。渦巻く便器の中に金魚のヒレが消えて行くのを見守りながら、自分にできる限りの、または必要な限りの知恵を尽くして、死について頭の中で理解したのかもしれない。

わたしにはその手の記憶がない。死という概念を持っていなかった日々のことを、まったく思い出すことができないのだ。わたしの覚えている限り、死は日常の中にいつでもどこにでもあった。

きっとあの五人の殺された女性たちが最初だったのだと思う。わたしの父（コミックブック・アーティストのエディ・キャンベル）は、わたしが十歳になるまでずっとアラン・ムーア原作の『フロム・ヘル』というグラフィックノベルの作画を担当していた。(1) 切り裂きジャック事件を題材にしたグラフィックノベルで、あの男の恐ろしい蛮行を粗々しい白黒の画風であからさまに描き出した作品だ。「ジャカリパー（当時のわたしにはジャック・ザ・リッパーとうまく発音できなかった）」はわたしたちの日常に深く入り込んでいて、妹はシルクハットを被って朝食を食べたりしていたし、わたしは、母にダメと言われても父には許してもらえるようなんとか工夫しながら、父の画板にピンで留められている殺人現場の様子をつま先立ちになって熱心に眺めていた。そこには、顔と太ももの肉が切り裂かれ、腹から内臓を抜き出されている女性たちの姿があった。その隣に貼られていたのは、ラグビーボールの縫い目みたいに、たるんだ胸と腹が首元から股間にかけて縫われている白黒の検死解剖写真だった。わたしはそれを見てもショックを受けなかったどころか、むしろ強い興味を抱いていた。なにがあってそんな風になったのか知りたかった。もっとたくさん見たかった。もっと鮮明な写真ならいいのにな、カラーだったらもっとよかったのにな、と思っていた。そういう写真を見ても恐ろしいと思わなかったのは、温暖なオーストラリアのブリスベンに暮らすわたしにとって、あの犠牲者たちが暮らしていた霧のロンドンの街角がまったく縁もゆかりもない土地だったのと同じように、あれらの写真に示されている状況もまた、わたしの生活とはあまりにもかけ離れていたからだろう。今のわたしなら、あれらの写真にはまったく異なるもの（暴力、苦痛、女性蔑視、生命の喪失など）を見いだすことができるけれど、当時のわたしはあれほど凄惨なものを処理できるほどの感情を言語化する能力を持ち合わせていなかった。そんな風にわたしの理解の遥か上を行くものではあったけれど、それでもなお、その上の方で明らかに鳥が窓ガラスに衝突したことをわたしは感じとっていたのだと思う。そのとき以来、わたしの興味は、亡がらをパティオから引きはがし、光にかざし、まじまじと観察するほどのものに育っていったのだと思う。

七歳ですでに、ジャーナリストになった今とほとんど同じようなことをしていた。紙に記すことで理解を深めようとしていたのだ。仕事をする父の隣で、逆さにした段ボール箱をデスクに仕立て上げ、父の真似をしながら、人間が暴力によって死ぬまでの大要をフェルトペンで描いていた。映画やテレビやニュースや父のデスクの上で目にした情報の断片を継ぎ合わせながら、殺される人々の様子を二四枚にわたって描いた。眠っている間に鉈で切り刻まれた人、ヒッチハイク中に森で刺された人、魔女に鍋で煮られた人、生きたまま埋められた人、吊るされたまま鳥の餌になった人。「首をはねられて皮膚が腐るとこんな風になる」というキャプション付きの頭蓋骨の絵もあった。ある日、父がグラフィックノベルの一場面を描くため、肉屋で買ってきた腎臓を居間でハンカチの上に置き模写をはじめたことがあった。暑さのせいで腎臓がどんどん腐ってゆく中、わたしも父の隣で同じことをした。わたしの模写の方がより現実的で、集まってきた蠅の集団もありのまま描き込んだ。父はわたしの描いた二四枚の絵をすべてバインダーに入れ、客が来るたびに誇らしげに見せびらかしては客たちをゾッとさせていた。

死は家の外にもあった。わたしたちの家は交通の激しい車道沿いにあったので、猫たちにとってはけっして長生きできる土地ではなく、たいていの猫は道路脇の溝で硬直した姿で命を終える運命にあった。わたしたちはよく、明け方にそんな猫の死骸の尻尾をフライパンみたいに持って引き上げては埋葬していた。猫にしてみればもう知ったことではないだろうけれど、わたしたちにとっては、死んだ猫に捧げる静かでささやかな儀式だった。わたしの通っていた学校では、夏場に通学路で鳥（たいていはカササギ）が死ぬと、その死骸が腐り終えるまで通学ルートが変更された。涼しい土地だったらきっと気にならないかもしれないけれど、灼熱のオーストラリアでは死骸の腐敗が激しく、たった一羽の鳥の死骸でもその道を通れなくなるほどの事態に発展するに十分だった。だから校長先生から、死臭が風に飛ばされてすっかりなくなるまではその通学路は通らないように、というお達しが出るのだ。わたしは死臭を放つ鳥の顔をじっくり見られるかもしれないと期待しながら、その禁じられた通学路をいつもあえて選んで歩いていた。

死を描いた場面はわたしにとって馴染み深いものだった。父がたまたまデッサンに使ったコピー紙の裏面を宿題に使うことも少なくはなかった。わたしにしてみれば、まだ裏が使える紙を再利用するため積まれた束の一番上から何気なく取っただけだ。呆気にとられて言葉を失いながら、その不快な黒い血だまりのデッサンを見入る先生に、わたしは「これは娼婦の死体よ」と説明した。「もちろんただの絵だけど」と。死というものは普通に起こること、日常的にたくさん起こるものだとわたしは思っていた。しかし、死は良くないこと、人目にさらしてはいけないことだと言われ、まるでわたしが道徳上の罪を犯したかのように叱られてしまった。先生が電話で両親に使った言葉によれば「不適切」なのだそうだ。

わたしの学校はカトリック系だった。学校の司祭のパウワー神父（もごもご喋るアイルランド人で、当時のわたしにとってはあり得ないほど老けて見えたけれど、ときには、収集車が到着する前にできるだけ多くの粗大ゴミをコンテナに詰め込もうと、聖職者用の法衣を翻しながら軽々とゴミ置き場に飛び乗ったりすることもある人物）は、週に一度、わたしたちを教会の最前列に座らせ、はっきりした声で講話をしていた。自分の椅子を祭壇のそばまで運んで座り、頭上にあるステンドグラスに描かれたシーンを見せながら、自らの死に場所まで十字架を運ぶキリストの話を聞かせたりするのだ。そんなある日、パウワー神父は祭壇の左横にある赤い電球を指さして、このランプが灯っているときは神がこの教会に降臨しているのだ、神がこの赤ランプを灯しているのだ、と言った。わたしはそれ（装飾された真鍮のケージの中で光る赤い電球）を見上げながら、「神がそれを光らせているのに、どうして延長コードが壁をつたって赤い電球を吊るす鎖まで繋がっているんですか？」と質問した。一瞬の間を置いてから咳払いをひとつした司祭は、厳かな声で「本日の質問はここまで」とだけ言うと別の話題に移った。わたしはその日から未来永劫、問題児として扱われ、両親（片方はそれを誇りに思い、もう片方はそれを恥じた）との面談が必要な児童とされ、ミサでパンやワインを配る役目は一度も回って来なくなった。

神父が電気を使って魔法的・霊的なものを演出しようとしたことに嫌悪感を抱いたわたしは、それ以来ずっと組織化された宗教に猜疑心を持ちつづけている。「どんな病気にも効く万能薬」みたいな、耳あたりの良い嘘とかごまかしにしか思えないからだ。天国という発想は、いい子にしていればパンケーキ食べ放題のホリデーに連れて行ってあげよう、という甘言のようで、あまりにも安直な発想にしか思えなかった。その後もカトリック系の学校に何年も通わなければならなかったけれど、問題の解決策として宗教的なものが提示されるたびに、わたしの頭の中であの赤ランプが警告灯のように光るようになった。

身近な人の死にわたしが初めて触れたのは、同級生のハリエットが入り江の洪水から愛犬を救おうとして溺れ死んだときのことだ。わたしも彼女も十二歳だった。彼女の葬式のことは、弔辞の内容も、どの先生が参列したのかも、その中のだれかが泣いたのか、それとも泣かなかったのかも、まったく覚えていない。無事に救出された黒いラブラドールのベルちゃんが葬儀の場にいたのか、それとも、家にいたのかもまったく記憶にない。覚えているのは、教会の席に座って、蓋をされた白い棺《ひつぎ》を見つめながら、あれの中を見たいと無性に思っていたことだ。マジシャンも常套手段にしているように、閉ざされた箱を人々の目前に置けば、そこにいる人たちは中を見たいとソワソワしてくるものだ。わたしはひたすらその箱を見つめるばかりだった。自分からほんの数フィートしか離れていないところに友だちが入っているはずなのに、その姿は隠されている。なんとも苛立たしかったし、確かに存在していた彼女が、具体的な証拠がまったく示されないまま、もう存在しなくなったのだと聞かされても、それを受け入れることはできなかった。だから彼女の姿を見たかったのだ。ひとりの友だちを失ったことに加えて、それ以上のなにかが欠けているように感じて仕方なかった。なにかが意図的に隠されている。事実をすべて見たい、知りたいと思いながらも、そうすることがかなわなかったせいで、純粋に悲しむこともできなかった。今の彼女は前と変わらない姿なのか、それとも変わり果ててしまったのだろうか？　彼女もあのカササギのような臭いを放っているのだろうか？

わたしは死という概念について恐いとは思っていなかったし、むしろ魅了されていた。あの猫たちが土に埋められた後でどうなるのか知りたかった。あの鳥たちが樹から落ちた理由も、どうして悪臭を放つのかも知りたかった。骸骨（人間、動物、恐竜など）がたくさん描かれている本は何冊も持っていたし、自分の骸骨を把握しようと皮膚を指で突いたりもしていた。わたしの両親は、わたしが質問をすれば遠回しなごまかしをせず、率直に答えてくれる人たちだ。悲しい死をとげた猫たちの姿だって、ぐちゃぐちゃなやつも、そうでないやつも、きちんと見せてくれたし、その絵を描けば賞賛もしてくれた。ところが学校では（鳥でも、絵でも、友だちであってさえも）その死から目を逸らしなさいと言われた。授業でも教会でも、死についてわたしとはまったく違う考え方を教えられた。死は一時的なものであると言うのだ。わたしにとっては、切り裂きジャックの犠牲者たちの写真の方がずっと真実に思えた。あの犠牲者たちが生き返ったという話は聞いたこともないのに、学校によればキリストは復活し、しかも第二の復活までしたと言う。わたしが自力でようやく色々な事例を継ぎ合わせて出来上がりはじめた概念を捨てなさい、学校があたえる既成概念の枠組みに挿げ替えなさいと言われているような気がした。わたしにとっては普通のことでしかない死への反応や議論は体よく避けられ、死はタブーであり恐れるべきものであると教えられた。

わたしたちの日常は死に満ちている。ニュースにも、小説にも、コンピュータゲームにもそれはある。スーパーヒーロー・コミックスにも、翌月までもったいぶってハラハラさせる形かもしれないが、とにかくそれはある。実際にあった犯罪を取り上げるポッドキャストにもあるし、インターネット上にも溢れている。だれもが知る童謡にも、人気の博物館にも、殺された美女が登場する映画にもそれはある。ただし、死体そのものの肖像は巧みに編集されていて、たとえば斬首されたジャーナリストの首にはモザイクがかけられるし、古い童謡の歌詞にしても、今どきの子どもの情操教育に不適切であるとされてその部分が削られている。自宅アパートで焼死した人の話や、海の上空で消息を絶った飛行機の話や、トラックの運転手が通行人を次々となぎ倒した話はしょっちゅう耳にするけれど、そのありのままの状況を理解するのは難しい。現実に想像が入り混じるため、あたかも背景の雑音のように、うやむやになってしまうのだ。死はあらゆるところにあるのに、そういうベールに包まれているか、またはフィクションばかりだ。コンピュータゲームみたいに死体の存在がスッと消えてなくなってしまう。

だけど現実では死んだ人の身体は必ずどこかに運ばれている。あの日、教会に座って友だちの入った白い棺を見つめながら、わたしは、彼女の死体を入り江から引き揚げただれかがいること、彼女の死体から水を拭きとっただれかがいること、彼女の死体を運搬しただれかがいることを知っていた。わたしたちではないだれかが彼女の死体を処理したはずだということは明白だった。

世界では一時間に平均六三二四人の人が死んでいる……一日に換算すれば一五万一七七六人、一年だと五五四〇万人だ。[2] オーストラリアの人口を超える人が半年ごとにこの世を去っている。西洋諸国のたいていの一般人にとっては、遺体処理とは電話をかけることを意味する。電話さえかければ、だれかがストレッチャーをたずさえてやって来て、遺体安置室まで死体を運んでくれる。隣人から悪臭の苦情が出るまで気づかれることなく腐敗した死体（あの石膏で復元されたポンペイの犠牲者みたいにマットレスに痕を焼きつけた死体）が横たわっていた床を清掃する必要があれば、それも電話一本でだれかが代わりにやってくれる。身寄りのない死亡者の孤独な生活を形作っていた様々な品物（靴、ポストに詰め込まれた月刊購読誌、読まれることのなかった本の山、冷蔵庫の中で所有者よりも長く生き延びた食品、オークションにかけられるべき品物、ゴミ捨て場まで運ばれるべき品物など）をアパートから撤去する必要があれば、やはりだれかに電話をかけ、金銭を支払って、そのすべてをやってもらう。

葬儀場ではエンバーマー（死体防腐処理者）が、死体から死人の印象をできるだけ取り除き、まるで生きて眠っているように見えるよう処理をする。そんな風に、普通の人には直視できない作業、もしくは直視できないと信じ込んでいる作業を仕事にしている人たちがいる。わたしたちの人生の終焉が彼らの日常だ。

だれかが必ずやらなければならないこれらの仕事をするごく普通の人たちのことを、深く知っている人はあまりいない。死そのものが秘められるべきものとされているのと同様に、わたしたちの社会はそういう仕事をする人々とも距離を置いている。殺人犯のニュースはよく聞くけれど、カーペットにこびりついた血や壁に飛んだ血しぶきをゴシゴシ洗い落とすため殺人現場に呼ばれる人たちの話はほとんど耳にしない。高速道路の脇にこんもりと積まれたドブ浚《さら》いの堆積物の横を通過することはあっても、交通事故で飛び散った死体の一部を探してそのドブを浚った人の話は耳にしたことがない。好きだった有名人の自殺を知ってツイッター〔現X《エックス》〕で哀悼の意を表すことはあっても、その有名人の首吊り死体をドアノブから降ろした人の話は耳にしない。彼らは有名でもなければ功績を称えられることもない、人知れず仕事をする人々だ。

死について、そして、死体にまつわる作業を仕事にしている人々について、わたしは何年も前から考えるようになり、その思考は蜘蛛の巣のように広がりつづけていた。わたしには想像でしか触れることのできない事実に、彼らは毎日のように触れている。通気口からモンスターの足音が響いてくるだけの方が、モンスターの姿を実際に見るよりもずっと恐ろしいものだ。それなのに、死を理解するのに必要な具体的なものは一般人の目の前に何ひとつ提供されない。写真ではなく、映画でもなく、鳥でもなく、猫でもなく、普通の人間の死がどういう姿をしているのか、わたしはそのことを知りたかった。

もちろんわたしとは違って、そういう仕事にたずさわる人を個人的に知っている人もいるだろう。ツタだらけの古い墓地にあなたを案内し、この墓に眠っているのは燃えやすい素材の服を着たまま火の近くに立ったばかりに生きたまま焼かれるはめになった女性だと教えてくれる人だとか、あなたを医学系の資料館に招き入れ、大昔に死んで真っ白に漂白された人間がガラス瓶越しにこちらを見つめ返す標本をひとつだけ選んで観察させてくれる人だとか、そういう人々を友だちに持っている人もいるだろう。どうしてそんな仕事にわたしが興味を持つのか理解できない人もいるだろうし、逆に、興味を持って当たり前だと思う人（映画『アニー・ホール』でアニーにアーネスト・ベッカーの本『死の拒絶』を無理やり勧めたアルヴィー・シンガーのような人）もいるだろう。死に興味を抱くことは単に不健全なことではないとわたしは信じている。死にはどんなものより強く心を引きつける力がある。ベッカーは、死とは世界を終わらせるものであると同時に、世界を突き動かすものでもあると『死の拒絶』に書いている。(3)

人はなにかの答えが欲しいとき、教会とか医者とか山奥とか海とかに出向くのが一般的だ。でもわたしはジャーナリストだ。人々に質問することを生業《なりわい》にしている者のひとりとして、答えは人々から見いだせるものと信じている（または、そうであってほしいと願っている）。本書でわたしがやっているのは、死に接する仕事を日常としている人たちを見つけ、彼らの仕事の内容や方法を（その業界がどういうものなのかということだけでなく、死にたいするわたしたちの社会の接し方が彼らの仕事にどのように影響をあたえているのか、そして彼らの仕事の土台をどのように形成させているのかも含めて）教えてもらうことだ。西洋では特に、死者に接する作業は、あってはならないもの、もしくは、すべきではないこと、という発想がその前提にある。そんな中で、一般人が自分では手に負えないからという理由で外注したその重荷を、彼らは仕事としてどうこなしているのだろう。彼らだって人間だ。というか「一般人」も「彼ら」もない。どちらも人間でしかないのだから。

　この社会の死への接し方は、人として大切な知識を得る妨げになっているのではないだろうか。わたしが本当に知りたかったのはそこだ。死は拒絶すべきものと決めつけられている社会に生きること、つまり純真と無知の境界線上に生きることで、まったく根拠のない恐怖心が育まれているのではないだろうか。死がどんなものなのかをきちんと知ること、死体がどんなものなのかをしっかりと見ることは、死にたいする恐怖心の解毒剤になりえるのではないか？　だからわたしは、ロマンティックでもなく、文学的でもなく、不適切とされる箇所を体よく削除することもなく、曇りのない目で死を見つめたいと思っている。だれにでもいつか必ず訪れる死について、素のままの、ありのままのリアリティをわたしは追い求めることにした。オブラートに包んだ表現を使うつもりもないし、心優しき人たちと午後のお茶とケーキを囲んで故人を偲ぶような本にするつもりもない。わたしがやりたいのは、根本を深く掘り下げることで自分自身を成長させることだ。「あなたが死を恐れているって自信を持って言えるのはなぜ?」とはドン・デリーロの『ホワイト・ノイズ』に出てくるセリフだ。(4)「死ってものすごく漠然としていて、それがどんなものなのか、どんな感覚なのか、どんな見た目なのか知っている人なんていない。もしかしたらあなたの個人的な問題が、大きな普遍的問題となって表に出てきているだけなのかもしれないのに」。わたしは死の概念を、自分の手で抱えられるもの、自分で取り扱えるものに縮小させたいと思った。そう、人間のサイズに縮めたいと思ったのだ。

色々な人たちから話を聞けば聞くほど、わたしの頭の中には次々と別の質問が生まれてきた。「あえて選ぶ必要のなかったこの場所に身を置くことで、あなたはなにを見いだせると考えていますか?」「ここまで自分を犠牲にしてやる理由は?」

ジャーナリストはどんな現場に入り込んだとしてもその場と一線を画した存在としてまったく影響を受けることなくリポートできる、という一般認識は間違っている。わたしも以前までは目の前の状況に影響を受けることなど絶対にないという自信があった。でもそれは間違いだった。なにかを見落としているらしいことまではわかっていたけれど、これほど深い心のダメージを受けることになるとはまったく思っていなかった。それと、この社会の死への接し方が日常生活にどれほど大きな影響をあたえているのかにも気づいていなかった(たとえば、大切な人が亡くなったときに、死について理解することの妨げになっているだけでなく、死を哀しむ妨げにさえもなっていること)。わたしはようやく本物の死体を目にしたけれど、そうすることには人生を変えるほどの力があった。それも言葉では表現できないほどすごい力だ。暗闇を見つめたことで、そこにある別のものを見つけることもできた。ちょうどダイバーズウォッチとか、子ども部屋の天井に貼られた蛍光シールの星みたいに、輝きを見るためには明かりを消さなければならないときだってあるのだ。

1 死の淵——葬祭ディレクター

「生まれて初めて目にする死体は、大切な人の死体であるべきでありません」と彼女は言った。

遠い昔に亡くなった哲学者の二七〇度目の誕生日にあたるその日、ユニヴァーシティ・カレッジ・ロンドンの大広間にわたしを含めた五〇名が集まり、その哲学者の「お通夜」が営まれた。数十年ぶりに公開された彼の切断された頭部は、バドワイザー社製のベル型のガラスドームの中に展示されていた。その一方で、この建物のホール奥に常設展示されている彼の人体骨格はいつも通りで、私服が着せられ、手袋をはめた骨の手に愛用した杖が寄り添い、頭蓋のあるべきところには蝋で作られた頭部が乗せられていた。遺体保存計画が失敗に終わった以前の形のままだ。この常設展示のそばを通る学生たちは、もはや家具と同じくらいにしか思っていないようだ。

数十年ぶりに公開された哲学者ジェレミー・ベンサムの本物の頭部は、普段は老朽具合をチェックするため年に一度出されるとき以外は、ずっと鍵付きの戸棚に保管されていて、だれの目にも触れることはない。ベンサムの遺言執行者として彼の遺体解剖にあたったサウスウッド・スミス博士は、遺体を無傷でそのまま保存する試みとして、敷き詰めた硫酸の上に頭部を置き、その上に空気ポンプを設置して体液を抜きとった。しかしそれによって顔の皮膚が紫色に変色したまま戻らなくなってしまった。失敗を認めた博士は、蝋人形師に連絡して挿げ替え用の頭部を作らせ、本物の方はそれ以来ほとんど人目にさらされなかった。しかし、この「お通夜」の三年前、当時ある記事を書いていたわたしに、ベンサムの頭部標本の手入れを担当している内気な研究員がそれを見せてくれる機会があった。[1] ベンサムの干からびた皮膚が放つビーフジャーキーのような匂いが充満する部屋で、わたしたちは彼の柔らかい金髪の眉と青いガラスの目玉を見つめていた。ベンサムは生前、自分の標本に使われることになるこのガラスの目玉をいつもポケットに忍ばせ、パーティの席で人々に見せては笑いの種にしていたらしい、とその研究員が教えてくれた。そして今、死後一八六年にあたるこの日、なめし革のような眼窩にはめ込まれたそのガラスの目玉が見返しているのは、この部屋を埋めつくす「お通夜」の出席者たちだ。この日、わたしを含む出席者たちは、今の社会の死にたいする扱い方がいかに時代遅れかについて話し合った。

ベンサムはエキセントリックな哲学者だ……彼の思想には、現代なら刑務所送りになってもおかしくない、もしくは、少なくとも、大学から追放されてもおかしくない思想もあったけれど、その一方で、現代を先取りした発想も少なからず示していた。動物愛護や女性の人権の擁護者だったことはもとより、ホモセクシュアルがまだ違法だったあの時代に同性愛者の人権を主張していたし、科学の進歩のため自らの遺体を寄贈した先駆け的な人物でもある。彼は自分の屍《しかばね》が友の手によって公衆の面前で解剖されることを望んだ。それを見に集まった人たちは、きっと、この日ここに集まったわたしたちのような人たちばかりだったのだろう。今はちょうどバース大学「死と社会研究センター」を取り仕切るジョン・トロイヤー博士が話し終えたところだ。葬儀業者の家庭に生まれた彼にとっても死はタブーでなく、日常的に死体がある環境で育った。彼に続いて話したのは、苦痛緩和ケア専門の柔和な医師で、彼は、死を迎える前に、死後どうしてほしいか話しておくべきだ、(たとえそれがどんなに狂気じみたものであろうとも) ベンサムがそうしたように、死ぬ前に自分の希望を伝えておくべきだと熱弁した。そして最後に立ち上がって話したのが三〇代半ばの葬祭ディレクター、ポピー・マードールだった。彼女は、生まれて初めて目にする死体は、大切な人の死体であるべきではないと主張した。そういう状況になってしまう前に児童たちを彼女の管理する遺体安置室に招待して死体を見せてあげることができればどんなに良いだろう、死体を目の当たりにするショックと、死別の悲しみのショックは別々に受けるようにしておくべきだ、と述べてから「ご清聴ありがとうございました」と締めくくった。彼女が席に座った勢いで、テーブルに置かれた数本のビール瓶が触れ合ってチリンと音を立てた。

わたしもこれまで死や死体について色んなことを考えてきたつもりだったけれど、二種類のショックを意図的にあらかじめ分けておけば精神的苦痛を少しでも軽減できるはずだ、という彼女が示した発想には、思い至ったことがなかった。もしもわたしが子どもの頃に彼女と出会っていたら、そしてわたしがとても見たがっていたものを見せてもらえていたら、今のわたしはきっと違っていたのではないだろうか。わたしは小さい頃からずっと死体の見た目について強い好奇心を抱いていたけれど、いつか死体を目にすることがあるとすれば、それはわたしの知っている人の死体になるに違いないと思い込んでいた。見ず知らずの人の死体を見られる機会が容易に訪れるものでないのは当たり前だとしても、あの友だちの死体を見せてもらえなかった後も、亡くなったどの知人（癌と自殺で亡くなった二人の同級生と自然死した四人の祖父母）の死体も見せてはもらえなかった。大切な人を亡くすと同時に死体という物理的なリアリティに直面することで引き起こされる精神的衝撃は、おそらく、それまでの価値観がすっかり変わってしまうほど複雑に絡まり合ったものに違いない。少なくともわたしにはそのショックをうまく受け流すことはできないと思う。

ベンサムのお通夜の数週間後、わたしはポピーが運営する葬儀社の明るい一室で籐細工の椅子に座っていた。そこはランベス・セメタリーの入り口に建つ古いレンガ造りの、かつては門番小屋だった建物だ。テーブルの中央に置かれた小さなボウルはカラフルなイースターエッグが満杯で、大きなヴィクトリア様式の窓にはヒナゲシの花のデカールが貼られていた。外は雪で、石像のキリストのサンダルを履いた足のところまで積もりはじめていた。ランベス・セメタリーは、ロンドンを囲むように配置された有名な七つの墓地《セメタリー》（ケンザル・グリーン、ウエスト・ノーウッド、ハイゲート、アブニー・パーク、ブロンプトン、ナンヘッド、タワー・ハムレット）に比べると、かなり規模が小さい。あの七つの庭園墓地は、十九世紀にロンドンの人口が増えつづけ、教会付属の墓地がどこもいっぱいになってしまったことを受けて造られたものだ。それらとは違い、このランベス・セメタリーには豪華な霊廟《れいびょう》も広い遊歩道も故人の富を見せびらかすために作られた家屋サイズの墓もない。この墓苑の機能的でこぢんまりしていて気取りのないところは、ポピーとそっくりだ。とても話しやすく、セラピストとか優しいお母さんと話しているような気分になる。あのお通夜でのスピーチに感銘を受けたわたしは、彼女からもっと話を聞きたいと思い、ここにやってきた。彼女がこの仕事を単なる仕事以上のものと思っていることは明白だった。それと、（あの哲学者の頭部は別として）それまで一度も死体を自分の目で見たことがなかったわたしは、もしかしたら彼女ならそれを実現させてくれるかもしれないという淡い期待も抱いていた。そんなことを頼める相手なんて、なかなか見つかるものではないから。

「死体を見せてあげるためという理由で遺体用冷蔵庫のドアを開けることはできないわ」と彼女は淡々と答えた、「舞台裏にも配慮を尽くすことが大切だし、ここは博物館ではないから。だけど、あなたに二、三時間ほど時間をとれる日があれば、葬儀の準備をするスタッフの手伝いをしてもらうことならできるわ。そういう形でなら、ご遺体を次から次へとただ眺めるだけではなく、ご遺体に直に接することもできるけれど、どう?」。わたしはキョトンとした目で彼女を見た。まさかイエスという答えが返ってくるとは思っていなかったのに、それだけでなく、亡くなった人の葬儀準備の手伝いまでさせてくれるというのだ。彼女がこの取材を受けてくれたのは、もちろん、取材意図が彼女の伝えたいことと一致していたからだけれど、いくらそうであっても、ずっと開け放たれることのない禁断の扉というものは、そこかしこに遍在するものだ。呆気にとられて言葉が出なくなっていた静寂を埋めるかのように、「あなたなら大歓迎よ」と彼女はダメ押しした。

アメリカとは違い、イギリスでは、葬祭ディレクターが遺体を扱うために必要な免許はない。ポピーの元で働くスタッフは全員、葬儀業界とは無関係な仕事から転職した人たちばかりだ。ポピー自身もかつては有名オークションハウスのサザビーズで働いていたが、次から次へと押し寄せる仕事に明け暮れるだけの生活を無意味に思いはじめて辞めた。遺体安置室はわたしたちが座っているところから墓地を横切ったところにあるが、そこを任されているアーロンは、かつてこの近くのドッグレース場で働いていた。遺体搬送車の運転手をしているスチュアートは現役の消防士で、ここでの副業は自分が救えなかった人たちへの償いのような気持ちでやっているという。次の訪問時には彼らがかつて受けた新人研修を体験させてくれるとポピーはわたしに約束した。

「葬祭ディレクターの仕事に就く以前に死体を見たことは？」とわたしは尋ねた。

「それが、なかったのよ」と彼女は言った。「おかしいでしょ？」

多忙をきわめる美術品オークションハウスから葬儀を運営する仕事に転じた経緯を想像してみようとしたけれど、わたしには仮説すら思い浮かばなかった。「わたしよりずっと明確な理由があってこの仕事についた人はたくさんいるわ」と彼女は笑った。「でもわたしはそうではなかったの」。その言葉だけを聞くと、まわりまわっていつの間にかここにたどり着いたかのようにも聞こえるけれど、当時の彼女が自身でも気づいていなかったモチベーションは確実に存在した。

ポピーがオークションハウス（最初はクリスティーズ、次にサザビーズ）の世界に身を投じたのは美術が大好きだったからだし、その世界にしばらく身を置きつづけたのは楽しかったからだ。その仕事につきものの興奮や社交的な付き合いも、自分がいつ世界のどの国に飛んで行かなければならないのか予測すらできないことも、彼女は心から楽しんでいた。「どうやらテキサスの田舎町にバーバラ・ヘップワースの彫刻があるらしいという電話が来たら、翌日にはもう飛行機に飛び乗っていたわ」と彼女は当時の日常の一例を教えてくれた。「まだ二十五歳だったわたしはそういう大きな仕事を任せてもらえて、とにかく楽しくて仕方がなかった。だけど虚無感を抱くようになるまでにそう時間はかからなかったわ」。ソーシャルワーカーと教師の両親から、助けが必要な人々を助けるのは人の義務である、という意識を教え込まれていた彼女にとって、サザビーズでの仕事はエキサイティングである反面、真の満足感を得られるものではなかった。「絵画を売るだけの生活では、心が満たされなかったのね」

そこで余暇を利用して慈善団体サマリタンズで失意や自殺願望を抱く人々からの電話に応えるボランティア活動をするようになった。ところが、仕事が多忙をきわめ、遠方への出張が相次ぐと、サマリタンズのシフトの変更やキャンセルをしなければならない状況が増えはじめた。「あれはとても悲しかった。だけど具体的にどうしたらいいのかわからないまま二年ほど過ごしたの。まだ二〇代だったのに、もうミッドライフ・クライシスみたいになってしまったのよ」。誕生とか愛とか死とか、そのどれでもいいから人の命の存在を直接的に感じられる最前線に身を置いて普通の人たちと触れ合いたい、もっと意味のあることをしたい、という想いは強かったが、実際にどうすればいいのか、なにをすればいいのか見当もつかずにいたのだ。そうこうしているうちに、人生が勝手に変化しはじめた。

自分の大切な人にも必ず死が訪れる。たいていの人にとって、その事実について深く考えるのは、実際にそういう悲しい出来事が起こったときだろう。ポピーもまた、両親が立てつづけに癌と診断されるまで、そのことについて立ち止まって考えることはなかった。「わたしの家族はどんなことにも超オープンなの」と彼女は言う。「母がバナナを使ってコンドームのつけかたを教えてくれたのは、わたしがまだそれの意味すら理解できない五歳のときだったわ。母はそうやってタブーとされていることを破るのが大好きなのよ。それでも家族で死について話し合ったことはなかった。少なくとも覚えている限りでは一度もね。だから父もいつか死ぬんだってようやく思い至ったのは、父が癌と診断されたとき、わたしが二十七歳のときだったわ」

それはちょうど彼女が仕事について悩んでいた時期でもあった。幼い頃からずっと回避され続けてきた話題がようやく家族の間で交わされた。そして、癌になった両親のどちらも命に別条がないと判明したタイミングで、彼女は美術界の仕事を去り、貯金を使ってガーナに旅行に出かけた。

ガーナで彼女は腸チフスにかかり死に直面した。

「まあ、なんてこと!」とわたし。

「でしょ? 療養に八ヶ月もかかったわ。だけどずっとなにもしないでいる期間が増えたおかげで、たくさん考えることができたの。腸チフスにならずに次の仕事を選んでいたら、きっと今頃もっと無難な仕事をしているでしょうね。だってこの仕事は……」とオフィスを見回しながら彼女は続けた。「候補にしていたリストの中で間違いなく一番クレイジーな職業だったもの」

葬祭ディレクターをやりたい仕事のリストに入れた理由は、人生における大きな出来事のひとつにかかわれる仕事だからということもあったが、それだけではなかった。ポピーの母が病床にいるとき、自分の葬儀ではこうしてほしい、ああしてほしくない、とポピーに詳しく伝えたことも大きなきっかけだった。治療中の両親に代わって葬儀のオプションを色々と調べてみると、葬儀業界が昔のままほとんど変わっておらず、故人の意向を反映させられる余地がとても少ないことを思い知った。ピカピカの黒塗り霊柩車も、シルクハットを被った先導人も、仰々しい葬送行進も、彼女の家族にはまったくそぐわないものだった。そこで自分がこの業界を変えたいという漠然とした思いを抱いたが、なにをどうすればいいのか、それどころか、自分が具体的になにをどう変えたいのかさえもわからずにいた。その答えが見えたのは、腸チフスが快方に向かって外出しても疲労に悩まされることがなくなり、現役の葬祭ディレクターの元で見習い研修をはじめたときのことだ。遺体安置室で生まれて初めて死体を目にしたとき、死体はまったく恐ろしいものではなく、ごく普通のものだと知った。そのとき彼女が感じたのは憤りだ。彼女自身も彼女の家族も、これまでずっと、死の姿はこういうものだと知る機会すら一切あたえられずに、事実とは異なる死の概念を受け入れるよう強いられてきたかと思うと、怒りが込み上げてきた。

「人生のもっと早い段階で死体を目にしていたら、まったく違っていたでしょうね」と彼女は言う。その言葉の意味するところについて、二児の母であるポピーは、妊娠中に抱いた恐怖心にたとえて説明してくれた。「臨月を迎えていつ産まれてもおかしくないというとき、零歳児を知っている妊婦と比べて、それがどんなものなのかまったく知らない妊婦の方がずっと大きな恐怖心を抱くものよ。一度も見たことがないもの、具体的に想像できないものを産むわけだから」

わたしは次に、だれにでもパッと想像できるような青白い顔で眠っているような死体ではなく、想像力を働かせなければ思いつかないような腐敗し切った死体について質問した。そういう死体も確実に存在するわけだが、そうなった死体を遺族に見せるべきかどうかを判断する基準のようなものはあるのだろうか？　「(葬祭ディレクターが) そういうご遺体を見るべきでないと提案するのは、もちろん配慮や思いやりからくる提案だということはわかるけれど、この人には耐えられないだろうと勝手に決めつけてしまうことは、他者を見下した、とても男性社会的な考え方ではないかしら」と彼女は言う。「だれもが必ずご遺体を見るべきだと言うつもりはないわ。だけど、そういうご遺体を見ることがどうしても必要な人もいるのよ」

何年も前、ある男性がポピーの葬儀社にやって来てある質問をした。彼の兄は溺死して、その遺体はなかなか引き揚げられることなく長時間水に浸っていたため、どの葬儀社に依頼しても、遺族に死体を見せることは出来ないと言われてきた。「彼が真っ先に言った言葉は、『あなたたちも僕が兄の遺体に会うのを止めようとしますか?』だった。わたしたちのスタンスを知っておく必要があったのよ。『きみたちは僕の味方なのか、そうではないのか?』。それを彼は知りたかった。わたしたちの役割は、遺族がなにをすべきで、なにをすべきでないと決めることではないわ。人生が変わるほどの意味ある体験だからといって、それを求めていない人にまで無理強いするつもりもない。わたしたちの役割は彼らに選択の準備を整えてあげること、しっかりと決断するのに必要な情報を客観的に提供してあげることなの。彼らがどういう人なのかも、なにが正しい決断なのかも、わたしたちに判断できることではないのよ」。結局その男性はお兄さんの死体に会い最後のお別れをすることができた。

次回わたしがここを訪ねる日に遺体安置室に入れてもらうことになったけれど、美しい部屋だなってあなたも思うはずよ、と彼女は断言した。なぜならあの部屋はそうであるべきだからだ、とも。素敵な場所に死者を安置することを彼女は重視しているが、その理由は遺族を歓迎したいからだ。「うちの遺体安置室を訪れた人たちから、『どうして死体置き場にこの部屋を選んだの? ほかのどの部屋よりも一番素敵な空間なのに』ってよく聞かれるけれど、わたしに言わせれば、だからこそ、なのよね」
そして約束の日にわたしは戻ってきた。この前の雪はもうすっかり溶けてなくなっていた。

§

遺体安置室がこんな匂いだとは思っていなかった。わたしが想像していた遺体安置室は、窓のない壁、歩くとキュッキュッと音がするリノリウムの床、そして消毒液と腐臭の入り混じった匂いだ。しかもここの光はチカチカと明滅する鋭い蛍光灯ではない。金属も木材も含めて、この部屋にあるすべての物が外から差してくる暖かい春の日差しを浴びて輝いている。わたしはプラスチック製の使い捨てエプロンをつけ、ニトリル手袋の中で手汗をかきながら、ドア口に立っている。緑色のお揃いのフリースの上からわたしと同じガサガサと音をたてるプラスチックのエプロンをつけたロゼアンナとアーロンが手際よく葬儀の準備を進めている。ロゼアンナが片隅からストレッチャーを出し、アーロンは黒表紙の罫線付き記録帳に丹念にメモを書き込む。シンクの脇に置かれた買い物袋の中には、たたんだ衣服が入っていて、遺体に着せられるときをじっと待っている。わたしはふたりの邪魔にならないよう、磨き上げられた木製の棺がいくつも並ぶユニット棚にぎこちなく体を寄せる。棺はパイン材の匂いを放っている。

本日、ここには一三体の死体が安置されている。遺体用の冷蔵庫の重厚なドアにはそれぞれ小さなホワイトボードが貼られており、それぞれ異なる筆跡で中にいる死者の名前が書かれている。天井の大梁から吊るされている電球が柔らかい光を放っているが、窓から入ってくる日差しだけでも十分に明るい。照明のスイッチが入っているのはおそらく単なる習慣に過ぎないのだろう。この部屋にある品物のほとんどは木製で、金属はほんの少ししかない。シンク横の戸棚の扉が半開きになっているので、その中にシャネルの五番の小瓶と竹製の枕があるのが見える。立てた状態でいくつも並んでいる新品の棺にも太陽の光があたっている。どの棺にも角の部分に衝撃防止用のラップフィルムが施されている。この棺の列の両端は枝編み細工の棺だ。背の高い棚の上には、赤ちゃん用のベビーバスケットが、いつでも使えるよう待機している。その小さなバスケットに張られている布に青いチェック柄のプリントが施されているので、一瞬、ピクニック用かなと思ってしまう。

この部屋は昔からずっと遺体安置室だったわけではない。アーチ型の鉛格子の窓のところには、今でこそ白い遺体用冷蔵庫が並び、絶え間なく低い振動音を立てているけれど、その昔この建物が墓地専属のチャペルとして使われていた当時は、その位置には祭壇があったという。そのチャペルはここ南ロンドンの墓地のど真ん中で三〇年間ずっと放置され廃墟となっていた。ゆっくりと荒廃してゆくばかりだったこの建物を救ったのが、死体の置き場所を必要としていたインディペンデントの新米葬祭ディレクター、ポピーだ。チャペルだった当時、死者たちは自身の葬儀前夜をこの建物の中で過ごした。そう考えると、ポピーはこの建物に本来の役割を取り戻してあげたことになる。

今日は彼女の姿はない。彼女が信頼を置くふたりの従業員がわたしの面倒をみてくれることになっている。ポピーにとって初めて死体を見たことは価値ある体験だった。今日はわたしにもそういう体験ができるよう、あえて席を外してくれたのだ。それでもなお、この部屋の至る所に彼女の人間性を感じることができる。実用的で、気取りがなくて、居心地がいい。部屋の一角にはキッチンシンクとベンチがある。どちらも遺体の身支度を整えるのに欠かせないものだ。この部屋を見回しながら、ここではエンバーミング（薬品を使った遺体防腐処置）は一切やらない、とあの雪の日に彼女が教えてくれたことをわたしは思い出す。「わたしたちは遺族にとって役立つものを提供したいと思っているけれど、ここを立ち上げるとき、エンバーミングは遺族のためにやるものだとはどうしても思えなかったわ」と彼女は言った。「エンバーミングが当然のこととして行なわれているのは、あくまでも葬儀業界の構造上の問題でしかないと思うの」。市井のすべての葬儀社が必ずしも遺体用の冷蔵庫を備えているわけではなく、ポピーのところみたいにスペースを確保できているわけでもない。設備のない葬儀社は、遺体を一旦保管センターに預け、そこから必要に応じて指定した時間と場所に輸送する。遺族が死体との面会を希望する場合、輸送を含めた一定時間（一〇時間かもしれないし二〇時間かもしれない）まったく保冷されない状態になる可能性が大きい。室温で保管しても腐敗しないようにするため薬品で死体を処理するエンバーミングは、輸送を容易にし、時間的な猶予もあたえてくれる。つまり管理する葬儀業者側にとって都合の良いものなのだ。ポピーのところでは、もし遺族が明確にエンバーミングを希望する場合は、別の施設でその処置をするよう段取りを組むことになっている。彼女がこの仕事をはじめてから六年になるが、今なお、エンバーミングの重要性について論じられても全面的に納得できずにいる。もちろん、その意義に納得さえできれば、いつだって今の考えを改める心の準備はできているという。

ここの遺体用冷蔵庫の中の死体はどれもやるべきことをすべて終えている。医療行為ももう必要ないし、解剖された遺体であればその切開箇所はすべて縫い合わされているし、死亡原因の特定が必要な遺体であればすべての証拠収集と検討がもう済んでいる。ここにいる死者たちはもう患者でもなければ、犠牲者でもなければ、病気と闘うファイターでもない、単なる人間に戻っている。人生のすべてを終え、あとは身体を洗ってもらい、服を着せてもらい、土に埋められる、もしくは焼かれるのを待つだけの状態にある。

映画監督のデヴィッド・リンチは、あるインタビューで、フィラデルフィアの美術学生時代に霊安室を訪れた話をしていた。(2) ディナーの席で霊安室の夜警をしている人物と知り合って、ぜひ見学させてほしいと頼み込んだのだ。霊安室に入り、背後で扉が閉められ、床に座っていると、そこに眠る死者たちの物語が次々と押し寄せてきて圧倒されたという……どういう人物だったのか、どんな仕事をしていたのか、どういう経緯でここに行き着いたのか。わたしもまた、デヴィッド・リンチと同じように、押し寄せてくる大きい波や小さい波に飲み込まれそうになる。ここにいる死者たちのすべて、それぞれがたどった経験の集合体、ここに行き着くまでのすべての物語が押し寄せてくる。

ガチャリと音をたてて遺体用冷蔵庫のドアが開かれ、中の死体がトレイの上に引き出される。そのトレイには、油圧ポンプでシューッと金属音をたてながら腰の高さまで上げられたストレッチャーが繋がっている。上昇した庫内温度を調節しようと冷蔵庫のうなり声が大きくなる。アーロンは死体を乗せたストレッチャーを部屋の中央まで運んでから、わたしを見る。わたしは棺の列に背中をつけてソワソワとエプロンをいじっている。わたしの位置から見えるのは、白い枕に乗っている剃り上げられた頭だけだ。この死者の名はアダムという。

「これから彼のTシャツを脱がせるんだ。遺族がこのシャツを残しておきたいと言っているからね」とアーロンが言う。「こっちへ来て、彼の両手を持って支えてもらえるかい?」

わたしは歩みを進めてこの男性の冷たい両手をとり、骨ばった両肩に向けてTシャツをたくし上げられるよう、細長い彼の両腕を胴体の上に浮かせる。そうやって支えているわたしの視線は彼の顔に釘付けだ。少しだけ開いている目は窪んでいて、眼球が眼窩にしがみついている様子は、貝殻の中の牡蠣の身みたいだ。後でアーロンから教えてもらったところによると、アーロンたちはいつも遺体が到着してすぐに死者の瞼《まぶた》を閉じてあげようとするのだが、死後開いたままの時間が長ければ長いほど、瞼が乾いてしまうため、完全に閉じるのは難しくなるという。アダムの眼球はビー玉みたいに丸いわけではなく、しぼんでしまっている。そこにあった命かなにかが抜け出てしまったようにも見える。この死者の眼をいくら見つめてみても、なにも見いだすことができないし、なじみ深いあの形ですらない。

アダムは冷蔵庫の中で胸に一輪のスイセンと額入りの家族写真を抱えていた。自宅のベッドで亡くなった彼を引き取りに行った時点で、すでにその状態だったという。しかし、今は作業の邪魔になるので、スイセンも写真もわたしの気づかないうちに胸の上から胴体の脇に移動されていた。あの写真はわたしがアダムの生きた姿を見られる最初で最後のチャンスだった。そう後になって気づいたけれど、このときのわたしは死体の方にすっかり目を奪われていたので、そのチャンスを逃してしまった。アダムもわたしも二度とあの写真を拝むことはできない。見ておきたかったという後悔はあるにはあるけれど、自分を責めるつもりはない。だってあのとき、わたしは生まれて初めて死者に会い、しかも彼の両手を握っていたのだ。

わたしは昔からずっと死体がどういう見た目なのか知りたいと思っていた。アダムは死者の様相をしている。エンバーミングされていない自然な死者のそれだ。二週間半しっかりと冷蔵庫で保管されていたことは明らかだ。腐敗防止という観点からも彼のケースは理想的だったらしく、死亡から冷蔵されるまでの期間が最小限に抑えられていた。彼の口は、目と同じく、少しだけ開いている。生きていた頃の顔色がどんなだったのか、わたしには判別できないし、今の顔色から一ヶ月前の顔色を想像することもできない。黄疸の出た病人の黄色い顔だ。でも肌がもっとも明るい色なのは顔ではない。すっぽりTシャツを脱がすと、あばら骨の一本一本が浮き出ている箇所がひときわ明るい黄色になっている。それとコントラストを成すかのように骨と骨の間の凹んだ箇所は深緑色やライムグリーンだ。通常、腐敗の兆候が真っ先に現れるのはバクテリアがたくさんいる胃のあたりだ。心理的には、死と聞いて真っ先に連想する色は黒だけれど、これほど明るい色の死体もあるのだと初めて知った。その色は人間の命に取って代わった微生物の命がほとんど発光しているように見える。背中は紫色だが、それは血が溜まっているからだ。心臓がポンプ運動を止めたため、血液が凝固してこういう濃い色を作っている。皮膚は崩れずにまとまりを保っている。それは、もし生きていたら身をくねらせて脱出したくなるほど窮屈な体勢で保管されていたからだ。ただし、皮膚のしなやかさを維持するのに必要な命も動きもないため、皺は皺のまま、凹みは凹みのまま刻み込まれている。脚に目を移すと、太ももは黄色っぽい白で、膝の裏側は紫がかっている。アダムは高齢者ではない。四〇代くらいだろうか。遺族が手元に残しておきたいというTシャツはブルーだ。

彼のあばら骨は生前から浮き出ていたのか、それとも、その顔と同じように、皮膚が活力を失って沈んでしまったのか、どちらとも判断はつかない。スリムな脚の筋肉から見て、きっとランニングとかの運動をしていた人ではないだろうか。死者に服を着せる作業をするために死因を知っておく必要はない。彼らが実際に死因を知るのは稀だという。けれど、アダムの腕には痛み止めのフェンタニルパッチがまだ数枚貼られたままだし、すでにはがされたところにも粘着痕がたくさん残っている。長い闘病生活を送ったのかもしれない。ロゼアンナが付着した粘着剤を優しく丁寧にこすり落としはじめる。

「落とせる限り落とすようにしているの。ご遺体を傷つけない程度にね」と彼女は言う。「限界までこすって、皮膚の表面がむけそうになるギリギリのところでやめるのよ」。入院や医療行為の痕跡を消すため、できる限りのことをやっておくのだと彼女は言う。お墓に入ってまで、着圧ストッキングや点滴針挿入用の器具をつけておく必要などないのだから。

シンクの脇に置かれていた買い物袋からアダムの衣服が取り出され、ベンチの上に丁寧に並べられる。スニーカー、重ねてたたんだ靴下、グレーの前開きトランクス。遺族が彼のクローゼットから選んだこれらの衣服は、使い込まれたカジュアルなものばかりだ。スニーカーだけが唯一使い古されていない。買ってから一週間も使わなかったのではないだろうか。わたしは手袋をはめた手でそのスニーカーをひっくり返しながら、アダムがこれを買ったとき、新品の靴を履きつぶせるだけの時間が自分には残っていると思っていたのだろうか、と考える。「俺は老い先短いから、もう青いバナナは買わないんだ」というジョークがあったっけ。

アーロンがアダムの股間にシーツを被せた状態で下着を脱がせる。死者への敬意から、常に身体が覆われた状態を保っている。「この下着を脱がせたら、彼の身体がよごれていないかどうか点検する。そして、よごれていたら洗浄するんだ」。わたしたちはアダムを横向きにし、アーロンがそこの状態を確認すると、また仰向けに戻す。清潔なトランクスの片側をロゼアンナが、もうひとつの片側をわたしが持ち、少しずつたくし上げるようにアダムの黄色い脚に通してゆく。肌が冷たい。わたしは思わずそう口に出してから、当たり前のことを言ってしまったと後悔する。「ご遺体が冷たいことには、しばらくこの仕事をしていると慣れてくるよ」とアーロンが柔らかい表情を浮かべて言う。「これにすっかり慣れてしまうと、今度は、亡くなったばかりの人をご自宅まで引き取りに行くとき、遺体がまだ温かいことに、なんというか、なんだかね、すごく不思議な気分になるよ」。そう言うアーロンの表情から察するに、遺体が温かいと命の存在を感じて動揺してしまうので苦手なのだろう。頭の中で生者と死者を区別するとき、体温の冷たさがその区別に一役買っている人にとっては、そういう気持ちになるのも当然なのかもしれない。ここの冷蔵庫は摂氏四度の低温に保たれている。

わたしたちは再びアダムを横向きにしてトランクスを途中まで通す。次に逆側に横向きにして同じことをする。死者に服を着せる作業というのは、当たり前と言えば当たり前だけれど、まったく動かない人に服を着せる作業だ。「彼の遺族は、葬儀用に新品の服とかフォーマルな服を買わなかったのね。素敵だわ」とわたしは言う。「きっとこれが彼のお気に入りの服なのよ」とロゼアンナが応じる。買い物袋の中身が教えてくれたごくわずかなディテールから、彼の人間性を予測するのは難しいことではない。

用意された清潔なTシャツを着せるため両手でアダムの頭を持ち上げてくれないかとアーロンがわたしに言う。わたしはアダムを乗せたストレッチャーに身をかがめ、まるでこれからキスをするみたいに彼の顔の両側を持って抱き起こしながら、「明日の葬儀でだれかが無理やり彼を棺から引っ張り出そうとしない限り、彼のことをこうして抱きかかえるのは、この地球上でわたしが最後なのだろうな。なんて巡りあわせだろう」と考える。

「きみの腕を片方ずつズボンに通して、彼の足先を掴んで」というのがアーロンの次の指示だ。わたしはライトブルーのジーンズを手首にたくし込んでからアダムの足先を掴む。彼を左右に横向きにしながらジーンズを穿かせ終えたところで、アダムの胸に溜まっていた空気がため息のように吐き出される。冷蔵庫の中で腐りかけている鶏肉みたいな匂いがする。

それは今日わたしが初めて嗅いだ死の匂いだ。この匂いはだれにとってもなじみのある匂いだ。デニス・ジョンソンは『墓に対する勝利』という短編小説でこの匂いについて触れている。(3) 彼によると、死体が腐敗する過程で最初に出てくる有機化合物のエタンチオールは、ガス漏れを察知できるようガスに匂いを付けるのに用いられる化合物でもある。ガスの匂い付けが始まったのは一九三〇年代のカリフォルニアで、そのきっかけとなったのはパイプラインから漏れ出たガス気流の上空をハゲタカが旋回しているのをガス会社の作業員たちが目撃したことだった。死者の匂いに誘われてやって来ることで知られるハゲタカたちが、ガスのどの成分に誘われて集まってきたのかを突き止めようと検査してみると、少量のエタンチオールがガスに含まれていることが判明した。そこでこのガス会社は、人間にもガス漏れを察知できるように、そもそも少量だが含まれているこの化合物を増量させて匂いを強めることにした。デニス・ジョンソンが書く小説は、第一印象こそ虚無的だけれど、冷たいながらも一筋の風変わりな希望を残して物語を終える作風で有名だ。この話も、いかにも彼らしく、死の匂いに命を、不吉な象徴として忌み嫌われるハゲタカに希望を見いだしている。恐ろしいものであるとされている死体や腐敗だって、冷静に扱えばわたしたちの命を救うために使うことができるのだと彼はこの物語を通して伝えているのだ。わたしはジーンズのベルト通しにアダムのベルトを通し、ごく最近新たに開けられたばかりの穴に留める。

わたしたちは棺を乗せた別のストレッチャーをアダムの横に並べ、彼を棺に移すためのポジションをとる。彼の下に敷かれているキャラコ素材の防水シート(枝編み細工の棺は完全密封型ではないため、このシートを使うことが法で定められている)の端を三人で掴んで持ち上げ、彼を棺の中に移す。彼の頭が枕の上で不思議そうに首を傾ける。この棺の長さは彼の身長にぴったりだ。彼がこの体勢で寝るのは今夜だけ、明日には火葬される。この人の存在がすっかり消えてなくなるのだ。

アーロンがアダムの胸の上にスイセンの花と写真を戻す。その黄色いスイセンは春らしい活気をすでに失っていて、パリッとした白い清潔なTシャツの生地の上で萎れかかっている。わたしたちはスイセンの茎の上に彼の長い指を添える。冷蔵庫の棚の高さを調節し、服を着せ替えた彼の棺を滑らせて庫内に戻す。庫内の横の暗がりには、別の死者たちが枕を並べていて、ロザリオや花や額入りの写真と一緒に横たわっている。ひとりはラスタ柄に編まれたニット帽を被っている。人生の終わりは一度だけなので、(それがどんなものであれ)最後の儀式は一度しかない。わたしはアダムのそれに参加させてもらった。アーロンが冷蔵庫のドアに彼の名を書いている隣で、わたしは喉に力をこめて立っている。これまでの人生でこれほど光栄に思ったことはない。

§

アーティストでエイズ活動家のデイビット・ウォジナロビッチは、自伝『ナイフの近くで（*Close to the Knives*）』で、政府がエイズ対策をまったくやらない中、エイズで亡くなる友人の数が加速度的に増えつづけていくのを目の当たりにして、改めて自分が生きていることを実感させられたと書いている。彼は、彼の言葉を借りるなら、死の淵を見たのだ。「あらゆる命が死や臨終の淵に接している。光を囲む温かい輪のように、ときには薄暗く、ときには明るく。わたしには自身の死の淵をこちら側から見つめる自分の姿が手に取るように見える」(4)。彼は友人たちの姿や気配を遥か後方に残して、ひとりだけ木々と光の中に駆け込んでしまったマラソンランナーのような気持ちだったのだろう。

あの遺体安置室から家に帰る地下鉄の中で、わたしは自分が呼吸していることを実感する。もう呼吸することなく冷蔵庫の中で横たわる人々の存在を意識しているからだ。わたしは命のメカニズムを実感する。どうにかこうにか動いていた肉体という機械がいつかまったく動かなくなる、そのメカニズムを実感する。この地下鉄に乗っている人たちを見渡しながら、わたしは彼らの死について考える。最後に着る服はもう決まっているのだろうか、どんな人たちが彼らの死体の面倒をみるのだろうか。そのときに向かって時計の針はチクタクと音を立てて進みつづけている。今のわたしみたいに、その音が頭の中で大きく鳴り響いている人はこの中にどれくらいいるのだろう。

わたしはその足でジムに行く。今日は違和感だらけだ。いつもならここに来れば心が鎮まるのに、今日は救いようがないほど騒々しく感じる。死者と時を過ごした直後だからか、生者の出す音が信じられないほど大きく思える。エアロバイクのクラスにも喘ぎ声や激しい呼吸や叫び声が鳴り響いている。それらはどれも生き残るための音だ。生きているという不可思議にして一時的な状態を示す音だ。五感が高まっているせいか、なにもかもが、いつもよりもずっと鮮烈に感じられる。ここにいる人たちの声帯が使われ、心臓が鼓動し、肺に空気が送り込まれているのがわかる。単調だがこの上なく重要なものばかりだ。熱気が人々の体から放出されて窓を曇らせている。わたしの体内を駆け巡る血液もひしひしと感じる。「エアロバイクで死んだ人はひとりもいないのよ！」とインストラクターが檄《げき》を飛ばす。「さあ、みんな死ぬ気でがんばれ！」。だけど、ここにいる全員に必ずその日はやってくる。そして冷蔵庫の振動音だけしか聞こえない静寂に包まれるのだ。

わたしはサウナで仰向けになる。ここのベンチはどれもアダムを乗せたあのトレイと同じくらいのサイズだ。だらりと片腕の力を抜いてみる。もう片方の手でそれをつまみ上げながら、だれかがわたしの死体からTシャツを脱がそうとしている様子を想像する。でも、いくら頑張ったところで、あの死者のように重くなるほど脱力し切ることはできない。どこかが違う。わたしの隣で汗をかきながら横たわっている生きた女性が、足にボトックス注射を打った話をはじめる。足にボトックス注射をすると麻痺して痛みを感じなくなるのでハイヒールで一日中立っていても平気なのだ、と彼女は言う。痛みとは声を持たない身体からの警告であり、異常に気付いてくれと助けを求めて叫んでいるのだということを、わたしたちはいつから忘れてしまったのだろう。「最悪な出来事をすべて回避できる万能の対処法を教えてあげよう……通知音を全部オフにしておけばいいのさ」というジョークを地で行くように生活している。わたしはもう一度片腕の力を抜いてみる。今日は生まれて初めて死者に触れた。その体験はオブラートで緩和されたものでも、お茶を濁したものでもなかった。どの通知音もすべてオンのままだった。すべてがわたしの目の前にあった。そのすべてが現実であり、しかも意味深いものだった。そのうちひとつでもミュートにしていたら、きっとものすごく大切なことを知り損ねていただろう。色褪せたスイセンの花を胸に抱えるアダムの姿を頭の中で思い浮かべる。そう言えばスイセンの球根って食べると神経が麻痺して心臓が止まることもあるんだっけ。わたしはふとそんなことを思い出す。

2　ギフト――アナトミカル・サービス・ディレクター

ラボの保冷室にある金属の手術台に小柄な死体が横たわっている。ヘアカットしたばかりの彼女の頭にタオルがかけられている。「このヘアスタイル以外の切り方は知らないんだ」とテリー・レニエは言う。彼自身の灰色の髪の毛はエルビス風のオールバックに梳かしつけられていて、もみあげも、そしておそらく「トラッカー」と「ポルノ」の両スタイルに分類されるであろう口ひげも、その髪形と見事にマッチしている。「ここにはヘアカットを習ったことのある人はいないからね。それに、献体者のことをたまたま個人的に知っている人がいた場合の用心にもなるんだ。髪を剃り上げておけば個人認識がしにくいからね」。ラジオから流れる音楽が冷たい金属に反響している。テリーが背後のスイッチに手を伸ばして切ると、ＥＬＯの「スウィート・トーキン・ウーマン」がプツリと消える。

ポピーの葬儀社の遺体安置室で死者に衣服を着せる手伝いをして以来もう何週間も、わたしは死体がいかに無駄にされているかについて考えていた。人の身体は何年もかけて成長し、自然治癒を繰り返し、ウイルスや病気や抗体の有用な情報を蓄積している。それなのに、死ねば単に埋められたり燃やされたりするだけだ。もちろん、自分が死んだらどうしてほしいかは本人が選択するべきことだけれど、あの冷蔵庫が開かれたときにチラリと見えた、枕に頭を乗せてこの世から消え去るときをじっと待つだけの死者たちを見て以来、もっとできることがあるのではないかと思うようになっていた。有用かどうかだけで生死の意味や価値を決めるつもりはない。だけど、もっと死体を有用に使える余地は間違いなくあるし、（3Dプリントやバーチャルシミュレーションの時代となった今でもなお）それをする必要性は確実に残っている。科学の進歩のために身体を寄贈した死者たち、つまり死後すぐに埋められたり焼かれたりしなかった人たち、たとえばここミネソタのメイヨー・クリニックのようなところで第二の人生を送ることを選んだ死者たちが、具体的にどのように扱われているのか、わたしはそれを知りたいと思った。また、その死者たちが匿名であるという事実が、それを扱う人たちの仕事にどう影響しているのかも知りたかった。死者の名前を知ってしまうとその扱いに差異が生じるのか、扱う人にとってどういう意味が生まれるのか。この施設に置かれている死体の脇にはその人の人間性を知るヒントとなる買い物袋はない。少なくとも今さっき到着したこの死体の脇には見当たらない。

彼女はエンバーミングの機械に繋がれている。太ももに掛けられたタオルの下に潜り込んでいる黒いゴムチューブから彼女の血管にアルコールとグリセリン（保湿剤）とフェノール（消毒剤）とホルマリン（防腐剤）の混合溶液が送り込まれている。体重の三十パーセントにあたる量の溶液が注入されるという。多量の溶液を注入する理由は、数週間ほど遺体を保存できれば十分な葬儀用のエンバーミング処置とは違い、ここの死体は一年は使用可能な状態でなければならないからだ。彼女はこれで一時的に膨張するが、数ヶ月後には水分が抜けて縮みはじめる。頭の下に置かれたセラミック容器には、血管内の血液がエンバーミング溶液に押し出されて溜まっていく。その血はほとんど黒に近い濃赤色で、凝固した塊も見える。血の匂いも彼女の匂いもない。この部屋に広がる金属とホルマリンの匂いは、高校の化学実験室の薬品臭と同じ、ちょうどカエルの入った瓶の蓋を開けたときに漂うあの強烈な匂いだ。彼女の顔と胴体は布で覆われている。青白い冬色の腕には色素斑が見える。今朝に亡くなったばかりなので、肌は黄色にも灰色にも緑色にも変色していない。生前に受けた大きな治療は胆のう摘出手術だけなので、検体として良好な状態だ。

わたしは骨切鋸《ほねきりのこ》のすぐそばを通って手術台の反対側に移動する。彼女を覆う布の下から片手が覗いている。どの爪にも明るいオレンジ色のマニキュアが塗られていて、薬指の爪にだけ金のラメがキラキラと反射している。テリーは少し前までは検体のマニキュアは落とすことにしていたが、ある女子医学生が彼女の扱った検体のネイルについて言及した言葉を聞いて以来、マニキュアを落とさないことに方針を変えた。その女子学生にとって、マニキュアされた爪は、その献体が肉の塊ではなく人間なのだということを思い出させてくれる触媒だった。マニキュアされたネイルが、その人物がかつて生きていたことを思い出させてくれる、そして死んだとき、なにかを学んでほしいと自分の身体を贈ってくれたことを思い出させてくれるのだとその女子医学生は言った。それ以来テリーの手がマニキュア除光液の瓶を取ることはなくなった。「孫たちにマニキュアをしてもらった爪のままここに来た男性も少なからずいるよ。もちろんその場合も落とさない」

エンバーミングを終えた死体は、教育課程に割り当てられる前に、化学物質によって細胞組織が定着するのを待つため二〜三ヶ月間は保冷状態で寝かされる。一定期間寝かせる理由はほかにもある。有害なバクテリアが死滅するのを待つため、そして、万が一死体がＨＩＶや肝炎や鳥インフルエンザなどに感染していた場合への備えでもある。オレンジ色と金のラメのネイルを持つこの女性も、あとしばらくの間は医学生たちに会えないというわけだ。その期間が過ぎたあかつきには、必要に応じて身体の一部が解凍される。たとえば、頸部の気道を研究する教育に必要とされたら、頭と首だけが解凍され、残りの部位はドライアイスと共に詰められる。四肢や頭部の解凍に必要な時間は丸一日、胴体の場合は、サイズによるが、およそ三日だ。「できるだけ保冷状態を保ちたいから、研究に使えるギリギリのところまで解凍するんだ。ただでさえミネソタは寒いけどね」彼はクスッと笑う。「その一方で細胞が完全に凍ってしまうことも避けなければならない」

テリーが右手側の巨大な銀色のドアを開く。その中全体が保冷室で、四段のユニット棚がいくつも配されている。ユニット棚の一番上には蓋つきの黒い大きなプラスチックの箱が置かれている。臓器を運ぶために使われる箱で、今は空の状態だ。袋に入れられた鶏がらスープみたいな色の液体の中には、かつて神経の分岐点まで忍び寄って切除された奇妙な細長い腫瘍の欠片が浮かんでいる。わたしの足元のバケツには、一対の赤い肺が置いてある。この部屋には二八体まで死体を収容できる。今あるのは一九体だ。どの死体も凍らせた白い濡れタオルでミイラのようにくるまれ、銀色のトレイに横たわっている。そのタオルには皮膚の潤いを保つため保湿剤入りの水が含ませてある。こういう処置をしなければ、ラボの空調とエンバーミング溶液中の化学物質のせいで、一週間もしないうちに死体からすっかり水分が抜け、革製品みたいになってしまうという。

どの死体もプラスチック袋に密封されていて、袋には五十ペンス硬貨と同じ形状のタグが付けられており、死体の首に掛けられたＩＤナンバーと同じ認識ナンバーが記されている。死体が横たわるプラスチック袋に琥珀色の液体が二・五センチほど溜まっているケースもいくつかある。その液体はエンバーミング溶液が毛穴や注射痕から漏れ出たものだ。死体がこのプログラムに利用されている間中ずっと溶液は漏れつづけている。エンバーミング溶液はほぼ水分だから、結局のところ人の身体は防水ではないということだ。この仕事をしていて不快を感じたことはないのだろうか。テリーにそう質問すると、彼は「不快なんて言葉じゃ足りないよ」とでも言いたげな表情でわたしを見返す。そして床の排水溝を指さしながら、床に目地がまったくないのにもちゃんとした理由があるんだ、と教えてくれる。

「仕事を終えて家に帰っても、この臭いは体に染みついたままさ」

§

この日の朝、メイヨー・クリニックのステーブル・ビルディング九階に到着したわたしは、受付オフィスに駆け込んだ。受付嬢のドーンは、カウンターに置かれたボウルを指さして、ラフィー・タフィー・キャンディを好きなだけ取って待っててね、と言ってから、電話に戻り、受話器を肩と頬で押さえながらタイピングを再開した。青い手術着を着たショーンは、わたしに背を向けてコンピュータに向かっていたし、テリーの姿は見当たらなかった。わたしはピンクとグリーンと黄色の包みのキャンディをポケットに詰め込みながらオフィスを見回した。書類の山、未処理書類棚、処理済み書類棚、コンピュータ、観葉植物。もう見るべき物がなくなって、キャンディの包みの裏に書かれたジョークを読もうと思ったそのとき、ショーンと同じ青い手術着を着たテリーが現れた。まだ午前九時だというのに、彼は二時間半前からずっとこのオフィスで仕事をしていた。テリーはショーンに分厚い書類を手渡しながら、今朝はたまたま忙しい日にあたってしまったんだ、とわたしに言った。献体することを希望していた人がふたり亡くなり、その内のひとりがちょうど駐車場に到着したところだった。ショーンが席を立って作業に取り掛かった。背が高くてスリムな彼は、視線こそ鋭いけれど、人に安心感をあたえる微笑みをたたえていた。メイヨー・クリニックの解剖ラボに献体した死者たちは、もれなく彼らにお世話されることになる。

ミネソタ州ロチェスターにはこの病院以外にはほぼなにもない。この町は、設立から三〇年経った一八八三年にトルネード被害に遭い、三七人が死亡、二〇〇人が重軽傷を負った。(1)当時この近辺には大きな病院がなく、唯一の医療機関はウィリアム・メイヨー医師が経営する小さな診療所だけだった。災害直後、メイヨー医師はふたりの息子（ふたりともこの災害の直前まで食肉処理場で羊の頭部を貫って眼科手術の腕を磨いていた）の助けを借りて負傷者たちを治療すべく、住宅、オフィス、ホテル、そしてダンスホールにまで往診を繰り返した。その後、フランシスコ教会のシスター・アルフレッドに頼み、使っていない修道院を仮設病院として使用させてもらうことになった。その後、募金を集めてトウモロコシ畑に常設病院を創設しようというアイデアを出したのはこのシスターだった。この病院はいずれ世界的医療技術で有名になるだろうという神のお告げがあったからだそうだ。

地図を見ると、町はこの病院を中心に作られていることがわかる。あらゆるものが輝かしくも象徴的なこの施設に帰している。客をほぼ失いかけているホテルは、どれも中心から外れたところにあり、それよりも遠くに点在するモーテルは、どう見ても無料ケーブルテレビはなさそうだが、「メイヨー・クリニックへの無料シャトルバス有り」ののぼりは必ず立っている。人気のあるホテルは、いくつもそびえ立つ病院の建物の間に点在していて、バリアフリーの地下トンネルで医師と患者を繋いでいる。そのトンネルに敷かれたカーペットは、しらふだと好きになれないが、ハイになっているときなら恍惚としそうなどぎつい色彩だ。このトンネルがあるおかげで、雪にすっかり覆われる中西部の冬でも、外に一歩も足を踏み出すことなく病院と行き来できる。一方でこの町を出る人やレストランに駆け込む人は雪と闘わなければならない。このトンネルは何マイルも伸びていて、その道すがらに必要以上に明るい照明のギフトショップがあり、「お大事に」と書かれた風船とか、赤いハートを抱えたクマのぬいぐるみとかいったお見舞い品を売っている。アンティーク店のショーウィンドウには果物の静物画やイギリスの狩猟犬をモチーフにした油絵、それに民芸品の装飾銃も掛けられている。どの品物も、差し迫る死から、もしくは、実験的最先端治療の世界的権威として知られるこの病院に頼る必要があるほど複雑な病気から、患者の気を逸らすことが目的の品だ。この病院はダライ・ラマの前立腺癌の治療も、ロナルド・レーガン元大統領の脳手術も手がけた。また、この病院で多発性硬化症の治療を受けたコメディアンのリチャード・プライヤーは、そのときの逸話をコメディストアで上演されたショーで語っている。「この病気がまたクソみたいにひどくなっちまったからさ、どこが悪いのか診てもらうため、北極みたいなクソ僻地まで出向かなけりゃいけなかったんだぜ[(2)]」。ホテルのロビーに積まれているリーフレットによると、メイヨー・クリニックは「希望がないと言われた人の希望となるところ」なのだ。ホテルの朝食バイキングに集まった宿泊客にまったく活気を感じなかったのは生まれて初めての経験かもしれない。

テリーはこの町で葬祭ディレクターとして長年働いた後、メイヨーに転職した。この町の葬祭ディレクターの仕事はほかの土地のそれとはまったく違う。ここには治療を求めて世界中から人々が集まるが、治療が功を奏さずに亡くなれば、その死者を故郷に帰さなければならない。ポピーのように葬儀の段取りを組んだり遺族と打ち合わせをしたりするのではなく、遺体を別の土地に移送する手配を整えるのが彼の主な仕事だった。かなりの肉体労働だったので、特に夜勤の過酷さ（死者は生者の開業時間など気にしない）に疲れ果て、すっかり燃え尽きてしまった。そんな折、メイヨー・クリニックで求人が出たことを知り、喜んで転職した。もう二一年も前のことだ。

アナトミカル・サービス・ディレクターとなった今のテリーは最先端の解剖ラボを取り仕切っている。生きている間に献体希望をとりつけ、その人が死亡したら遺体を引き取り、保存処理を行ない、冷凍庫に収める。ここ以外のほとんどの医療教育機関では、解剖ラボのスタッフが夜明け前に金属製のストレッチャーを押してキャンパスを横断し、別の研究室まで死体を届けるのが普通だ。しかしここでは、死体を必要とする医師や医学生がこちらに受け取りに来ることになっている。彼らの方からテリーの元にやってくるのだ。

テリーをわたしに紹介してくれたのは、かつて彼と一緒に仕事をしていたディーン・フィッシャーだ。わたしがフィッシャーと知り合ったのは昨年、ワイアード誌に記事を書くため、火の代わりに超高温の熱湯と灰汁を使う穏やかな新しい火葬方法を取材したときのことだ[3]。アルカリ加水分解方式と呼ばれるこの火葬方法は、当時はまだアメリカでも一二州でしか商用利用が認められていなかったが、カリフォルニア大学ロサンゼルス校（ＵＣＬＡ）で今のテリーと同じ仕事をしているフィッシャーは、キャンパスにアルカリ加水分解の機械を保有しており、（商用目的ではなく）医学研究に使用した死体を火葬するために使っていた。寄贈された遺体を扱う仕事の詳しい内容を知りたいとわたしが頼み込むと、彼は自分のところよりもメイヨー・クリニックの方が良いだろうと言ってテリーを紹介してくれた。テリーはフィッシャーにとって、元同僚であり、釣り仲間であり、彼曰く「母は違えど兄弟同然の仲」なのだそうだ。メイヨー・クリニックでテリーと一緒に長年仕事をしていた彼は、ＵＣＬＡよりもメイヨー・クリニックの方がもっと色々なことを見られるだろうと教えてくれた。実はテリーを採用して夜勤労働から救ったのもなにを隠そうフィッシャーだった。

テリーはわたしとゆっくり話をするため、空いている教室（そこはかつて著名な内分泌学者でメイヨー・クリニックの創設者のひとりでもあるヘンリー・プラマー博士の教室だった）にわたしを案内する。昔ながらの針金で繋がった骸骨模型が置かれ、壁のフックにはホワイトボードが掛けられている。「臓器提供をしたいとか、お金を寄付したいとか、そういう思い違いをした人からも電話がたくさんかかってくるよ」。彼はそう話しはじめながら机のところに椅子を二脚運んでくる。「申し訳ないんですが、わたしたちが欲しいのはあなたの全身なんです！　お金よりもずっと価値あるものを募っているんです！」

彼は椅子に座ると、わたしの前に手紙と契約書を滑らせる。献体してくれそうな人たち（ここの患者や、ここで家族が治療を受けたことのある人の場合もあれば、メイヨー・クリニックとはまったく縁もゆかりもない人の場合もある）に彼が送付しているもので、契約書の彼の署名欄にはすでに彼のサインが書き込まれている。「わたしの遺体、またはその一部を、医学教育の更なる進歩と研究に使用される目的で献体することをわたしは希望します」という文章でその契約書は始まっている。裏面には、献体希望が却下される場合の条件が書かれている。「医学生や職員の身を危険にさらす恐れのある伝染病、極度の肥満、極度の痩身、検死解剖済みの遺体、損傷の激しい遺体、腐敗した遺体、その他が認められた遺体は、寄贈をお断りさせていただく場合がございます」

「断られて怒りだす人はいますか？」わたしは自分も当てはまってしまうだろうかと拒否条件リストにざっと目を通しながら、そう質問する。

「いるいる。電話口で散々悪態をつかれるよ！　たいていの場合は、ここに書かれている内容を読んでいないせいでそうなってしまうんだ。以前は八ページもあったんだよ。今では改訂して簡潔にまとめて書いているけどね。とは言え、ほとんどは基準に合う人ばかりさ。献体は、百歳代の人の方が三〇代とか四〇代とか五〇代とか六〇代よりもずっと良い状態なことが多いよ。若くして亡くなるということは、それなりに問題があったということだからね。偶然だけで百まで生きられないだろう？」

なによりも重要なのは寄贈された身体が無傷であることだ、と彼は言う。臓器提供や検死解剖によって臓器が欠如していると、臓器と臓器がどのように繋がっているのか、たとえば心臓と肺がどのように関連しているのか、動脈と脳がどのように関連しているのかを学ぶことができない。また、極度の肥満だと、脂肪（その色も、また、手につくと滑りやすくなってしまうこともバターと酷似した濃厚な脂分）に臓器が隠れてしまい、割り当てられた実習時間内に観察することができないし、そもそもラボの手術台は巨体を寝かせるに十分な大きさではない。逆に極度の痩身だと、認識できるだけの筋肉がないため、切開しても教育には役立たない。上腕二頭筋が細い撚《よ》り糸にしか見えなかったりするからだ。「BMIはあまり関係ないから気にしない」と彼は言う。「BMIを基準にしたら、わたしも肥満の部類に入るけど、この身体だったらわたしは受け入れるね。むしろ注目すべきなのは年齢と活動量なんだ。たとえば、何年も車椅子生活をしていた七二キロの女性と、ずっと活動的に動き回っていた七二キロの女性では、体重は同じでも、わたしたちから見るとまったく異なる身体ということになるわけさ」

慢性的な心臓疾患で組織液が溜まり四肢がむくんでしまった場合も難しい。ここでの目的は教科書的な人体から体の仕組みや機能を学ぶことだからだ。すべてが正常な身体の様子がどういうものなのかを知っておかなければ、異常を見つけるための基準を持つことができない。書面の最後の方には、当クリニックが遺体を預かっている期間中は、遺族が遺体と面会することも、遺族に返却することもできませんと記されている。そして一番下には、なににも代えがたい貴重なお体の寄贈をご検討いただき誠にありがとうございます、という文面があり、そこに青いボールペンで彼の署名が手書きで記されている。

今は握った両手を膝に置いて空っぽの教室に座っているテリーが、先ほどわたしの前に並べてくれたこの契約書は、けっして平明な内容とは言えない。献体希望者がサインをする前に聞いておきたいことを質問しても、テリーは相手を傷つけまいと配慮したり事実を曲げて答えたりするタイプの人間ではない。その人の知りたいことを、そして知りたくないことも含めて、実直に教えてくれるはずだ。

今日こうしてわたしに接している彼が本来の彼の姿だとしたら、大笑い一歩手前の笑顔をたたえながら、親身に応じてくれるだろう。死にたずさわる業界で働く人たちは、深く落ち込んでしまうような出来事を目の前にしても心の奥底までは傷つかないよう、自分でも気づかぬうちに普段から陽気さのレベルを高めに保っているのかもしれない。そう思わせてくれたのは、彼が初めてではない。

§

解剖学の歴史や科学の歴史について書かれた本を読むと、その発展に寄与した学者たちの名がまるで聖者か神かのように崇め奉られている。医学の歴史は数多くの死体を土台にして成り立っているはずなのに、それに貢献した死者の名前はほとんどまったく残されていない。

当時の学者たちも、未来の命を救うためには人体についての理解をもっと深めることが重要であり、それをするには人間の死体を切り刻んで学ぶことが必須だとわかっていた。豚の解剖だけでは人間の体について知れることは限られている。当時の学者たちだって、悲鳴を上げる生きた動物からよりも、命のない寡黙な死者からの方が多くを学べることを知っていたし、適切に学ぶことができさえすれば、手術台の上で亡くなる人の数が激減するはずだとわかってはいた。しかし、自分が死んだら科学のために使ってほしいと思っている人はいても、それを実現できる制度自体が存在しなかった。さっき見せてもらったみたいな契約書もなければ、テリーのような人物もいなかったのだ。

解剖の対象が動物から人間の死体へと移り変わっていった時代には、政治的、社会的、宗教的な緊張があった。その詳しい内容はルース・リチャードソンの名著『死と解剖と貧窮（*Death, Dissection and the Destitute*）』で深く掘り下げられている。(4) 最初は一五〇六年のこと、スコットランド王ジェームズ四世が、処刑された特定の罪人の解剖許可をエジンバラ床屋外科ギルドにあたえたのが始まりだ。それに続いたのがイングランドで、一五四〇年、ヘンリー八世が免許を持つ解剖学者に年間四体まで絞首刑になった重罪人の解剖を許可し、次いで（科学の擁護者だった）チャールズ二世の治世になると、四体から二体増えて年間六体まで許可された。当時、解剖は処罰のひとつとして法律に新たに加えられたものだ。それは単なる死刑よりもさらに重い特別な極刑であり、その狙いは「（罪人に）恐ろしくも奇異なる汚名を着せる」ためその姿を公衆にさらすことにあった。それ以前は「首吊り・内臓抉り・四つ裂きの刑」として肉体の部位を釘付けして掲げ、街中を練り歩いていたが、解剖はそれに代わるものであり、人の死体は復活に備えて完全な形のまま残すべきであると信じられていた当時の信仰心の強い社会にあっては、確かに究極の重罰だ。それとは別に、死刑宣告されたが解剖の刑は免れた囚人の中には、格好いい死装束を買うお金を捻出するため、自らの死体の解剖権を外科医エージェントに安値で売る者たちも出てきた。動機はさておき、歴史上初めて自らの意思で献体することを選んだ人たちは、そういう人たちだったのだ。

解剖してもよい死体の数はまったく足りなかった。そのため必要に迫られて自らの手で調達することを選んだ解剖学者たちもいる。たとえばウィリアム・ハーヴェイは実の父と姉の死体を解剖して血流の構造を証明し一六二八年に論文を発表した。また、夜に墓地に忍び込んで埋葬されたばかりの死体を盗んだり、あるいは、弟子にそういう仕事をやらせたりした学者たちもいる。人の死体は希少価値のある商品となった。絞首台から供給される数が少ないのをいいことに、死体売買業者が出現したのだ。「リザレクショニスト（死体盗掘人）」なる者たちが（たいていの場合は都会の貧困層が埋葬される集団墓地から）埋められたばかりの死体を掘り出し、解剖学を教える医学校に現金で売りつけた。ウィリアム・ハーヴェイが血流の詳細を調べるため自らの家族を解剖してから百年が経った一七二〇年代になると、ロンドンの墓地から死体を盗み出すことは、日常茶飯事とまではいかないまでも、その一歩手前まで広まっていた。当時の解剖学会をリードしていたウィリアム・ハンターとその弟ジョン・ハンターは、絞首刑台から提供される死体だけでは足りなかったため、仕方なく動物の死体ばかりを解剖していた。それから数十年が経ち一七五〇年代になると、ジョン・ハンターは兄の経営する解剖学校のために死体調達を手がけ、死体盗掘人から買い取ったり、自ら墓地に行き墓を掘り返したりするようになった。そんな彼が後に創設したハンタリアン博物館は、数々の突然変異や医学的驚異を集めた所蔵物で有名だが、彼がそれらを蓄えていったのもこうして死体を調達していた時期のことだ。ハンタリアン博物館は今もロンドンのリンカーンズ・イン・フィールズにあって、切除された心臓や溶液の入ったガラス瓶の中から外を見つめる小さな赤ちゃんなどが展示されている。この赤ちゃんに使われている化学溶液は双頭のトカゲやライオンの爪先を保存するのに使うのとまったく同じものだ。わたしもこの博物館のキャビネットの前に立ちその赤ちゃんを見つめ返したことがある。

作家メアリー・シェリーが誕生した一七九七年になると、死体売買は秘め事ですらなくなり、ごく普通のことになっていた。彼女が若い娘に成長した頃には、棺を守る鉄のケージなど、死体盗掘を阻む目的で設計された色々な装置が開発され売られるようになっていた。彼女の母メアリー・ウルストンクラフトが埋葬されている教会の墓地からも数体の死体が盗まれている。ちなみに彼女は、父に教わりながら母の墓石に刻まれたメアリーという文字をなぞって自分の名前の書き方を覚えたという逸話もある。そんな彼女が、ついに、自ら書いた小説に死体売買を登場させることになる。『フランケンシュタイン』であのモンスターの材料となった死者たちは献体希望契約書に署名していたわけではない。あのモンスターは名前すら持たない、単なるだれかの所有物でしかない。本当のモンスターは、自らの手で命を創り出すという発想に取り憑かれて正義感を捨て去ってしまったあの科学者の方だ。

死体売買問題がピークに達したのは一八二八年だ。バークとヘアというふたりの男が、死体を売って現金を手に入れるために、面倒な墓掘り作業を飛ばして殺人を犯し、エジンバラで悪名をとどろかせた。一六人を窒息死させたバークには死刑判決が下り、皮肉にも、解剖の刑罰も付け加えられた。彼の骨格は今もエジンバラ大学解剖学博物館に展示されている。そのあばら骨には「(アイルランド人男性)悪名高き殺人犯ウィリアム・バークの骨格」と記された紙のカードが付けられている。そこから三三二マイルほど南下したところにあるロンドンのウェルカム・コレクションには、縮んで青白くなった彼の脳の一部が瓶の底に鎮座している。わたしも二〇一二年のエキジビションでその脳を見た[5]。彼の脳はアインシュタインのスライスされた脳と同じ棚に展示されていた。天才であれ、悪人であれ、物質としての脳はほとんど同じ見た目だった。

死体売買業界を殲滅させながらも、科学と教育を前進させる燃料である死体を供給し続けるためには、なんらかの手を打たなければならなかった。そこで、刑務所、救貧院、保護施設、病院で死亡した引き取り手のない死体を外科医が使用することを認める解剖条例が一八三二年に施行された。この条例は「貧窮者」を「重罪人」と同等に扱うものであると解釈され、解剖学界の外の社会では大問題になった。解剖学者たちは死者の意志に関係なく死体を手に入れることが可能になったが、その一方で、貧しい人たちは恐れなければならないものがまたひとつ増えてしまったのだ。

自らの意志で科学の進歩のために死体を寄贈した先駆けのひとりがイギリスの哲学者ジェレミー・ベンサムだ。一八六年目の命日に集まったわたしたちを、首から上だけで迎えてくれたあの人物だ。同じく一九三二年、解剖条例が施行される二ヶ月前に亡くなった彼は、自分の死体はサウスウッド・スミス博士の手によって公衆の面前で解剖されたし、という遺言を残していた。スミス博士は以前から医学教育に役立つ死体を土に埋めてしまうのはもったいないことだと論じていた。ベンサムもまた死体の有用性（もしくは科学的研究に利用できるものを埋めてミミズの餌にしてしまうことの無益性）を世間に広めたい、そうすることで世界に貢献できる活動に光をあてられるはずだと考えていた。彼の解剖を見学に来た人々に配られたパンフレットには、彼の遺言からの一文が記載されている。「吾輩の遺志であるこの特別な依頼は、けっして風変わりなことを好む性分によってなされた依頼ではなく、生前には人類に貢献する機会を得られなかったこの病身から、わずかでも人類が恩恵を得られることを切望してなされた依頼である」(6)

彼の努力もすぐには実らず、解剖目的の献体が世間に広まるまでにはさらに百年ほどを要した。ルース・リチャードソンは、その著書で、献体者の増加が火葬率の増加と一致していることに着目し、第二次世界大戦後になって死体にたいする宗教的イメージが変化したことが献体者増加の一因ではないかと推測している。(7) 火葬するということは、復活に備えた完全体ではなくなるということでもあり、その点では解剖することとなんら変わらないからだ。

今のイギリスの法律では、医学研究に使用される死体は、献体されたものに限られているが、世界各国で同じわけではない。[8] アフリカやアジアの大半の国々では、引き取り手のない死体が使用されている。その一方で、ヨーロッパ、北アメリカ、南アメリカの多くの国では、引き取り手のない死体と献体された死体の両方が用いられている。また、古い社会から新しい社会への移行はいつの世にも起こるものだから、自分が死んだら献体しようと心に決めていたとしても、献体が必要とされなくなる未来がやって来る日も近いかもしれない。最近ではアナトマージ（Anatomage）というバーチャル解剖手術台が医学研修に使用されるようになってきた。これは実物の解剖手術台と同じサイズのタッチスクリーン・タブレットで、そこに映し出される画像は幾層にも重ねられているため、一ミリ単位で人体を「スライス」できるだけでなく、立体的な全体像も描き出せるようプログラミングされている。これを使えば医学生は生身の人体に触れることなく身体の中を見ることができるわけだ。このプログラミングの画像には四体の人体モデルが使われているが、その内二体（男性と女性）の画像はビジブル・ヒューマン・プロジェクト（九〇年代半ばにアメリカ国立医学図書館が行なったプロジェクト）の一環で作成されたもので、冷凍した死体を一ミリずつ削りながら写真を撮っていった画像だ。わたしはマンチェスターの学術会議で販売部長の説明を聞きながらこのバーチャル解剖手術台に触れたことがある。小さな人だかりにまじって、これに向かってかがみこみ、人体を突いたりひっくり返したり、きめ細かい色で再現されたフルサイズの内臓をズームインしたりさせてもらった。そのときわたしが見ていた死体は、殺人罪で処刑されたテキサス出身のジョセフ・ポール・ジャーニガンだった。彼は科学の発展のために献体することには同意していたものの、こういう形で利用されていることについては倫理的に疑問視する声もあがっている。このような画像として人々から見られることになるとは彼も知らなかった。彼が一九九三年に薬殺刑に処された時点で、このインタラクティブ解剖手術台は存在すらしていなかったのだから。

テリーが用意した契約書に署名した人の中で、昨年亡くなり献体としてここに送られてきた人数は二三六人だ。かつては犯罪者だけがたどるものとされていた運命を自分の身体にたどらせることを喜んで受け入れた人々だ。その人数が五〇〇人を超えたのはわずか二〇年前のことだが、献体希望者数は今も増えつづけており、現在は年間七〇〇〇人近くが契約書に署名している。ここ以外にも献体プログラムはたくさんあるし、複数の施設に死体を分配する遺体仲介センターもある。多くの選択肢の中からメイヨー・クリニックを指定する直接献体希望者の数はほかと比べて圧倒的に多い。その理由についてテリーに聞いてみた。具体的な理由があるとしか思えないからだ。ここと同じような直接献体プログラムを持つUCLAと比べてさえずっと多い。確かにUCLAもこの十年間、毎年平均一六八人の献体を受けているけれど、カリフォルニア州の人口は四千万人近く、ロサンゼルスだけで四百万人もいる。一方のミネソタ州はイングランドほどもある広大な土地全体に五百万人あまりしか暮らしていない。ロチェスターからミネアポリスの空港に行くにも、延々と続く平坦な道のりをひたすら運転しなければならないほどだ。周囲にはトウモロコシ畑しかなく、道すがら出会うのは人間ではなく乳牛ばかりなのだ。

「献体者の多くはここの患者として満足のいく治療を受け、その恩返しをしたいと思ってくれた人たちなんだ」と彼は言う。「次世代の医師の研修に役立つことができれば、次世代の患者も良い治療を受けることができるという想いだね。これは葬祭ディレクターをしていたからこそ言えることだけど、遺体を埋めたり火葬したりしたら、その人の物語はそこでおしまいだよ。社会貢献もそこで終わり。だけどここに来た人の社会貢献はさらに続くわけさ」

社会への恩返しとして、身体のすべてを捧げることに勝るものなどあるだろうか？

§

十八歳で海軍に入隊したテリーは、バージニア州にある大きな海軍病院の救急蘇生チームの一員となり、主に集中治療室で採血を受け持った。ちょうどベトナム戦争の終戦間近で、彼と同世代の兵士たちもしょっちゅう運び込まれてきた。テリーが死者に直接触れたのはそのときが初めてだ。それまで病人といえば喘息患者くらいしか知らなかった若者が、死体の入った袋の処理を任されたとき、死について心を整理するのは簡単なことではなかったという。「新生児病棟にも大変な問題を抱えている可哀そうな赤ん坊がたくさんいたけど、先週までは道端で出くわしたときみたいに普通にジョークを交わしていた男の死体を目の当たりにするのと比べたら、新生児病棟の方がずっとマシに思えたね」。亡くなった患者を遺体安置室まで運ぶのもテリーの仕事だった。その遺体安置室で彼は葬祭ディレクターという仕事をしている人たちと出会った。将来の仕事に迷っていた彼の目の前に、自分にはもうなにもしてあげられない死者の面倒をみる人たちが出現したのだ。

ジョン・ハンターの兄で解剖学者だったウィリアム・ハンターは、学生たちに向けた講演で「解剖は外科における基礎中の基礎であり、頭には情報を、手には器用さを、そして心には不可欠な冷徹さを備えさせてくれるものである」(9)と語っている。言い換えるなら、医師は臨床で超然としていることが求められる、ということ。解剖される死者たちがいなければ医学は今のように進歩していない。人は人を救うために超然とした心で人体を学ばなければならなかったのだ。ただし、臨床で超然としていることが必要であるのはさておき、この解剖ラボ王国の統治者は死者にたいする尊敬の念を第一に考えている。テリーはそのことを学生たちにも知っておいてほしいと思っている。ここを取り仕切るテリーが、もし葬儀業界を知らない人間だったとしたら、もっと違う考えを持っていたかもしれない。しかし彼には、どうしても、かつて人であった献体と科学を完全に切り離して考えることなどできない。「この病院は患者第一主義であり、亡くなった後もそれは遵守される。わたしたちは死体を生きている患者のように扱っているんだ。もちろん死者の病歴も名前もプライバシーも秘密事項も絶対に漏らすことはない」と彼は言う。「生きている人とまったく同じように扱っているからね」

医学生たちは、生きている自分と目の前にある死体を分け隔てて考えがちだが、そんな彼らにテリーは自身の考え方を浸透させるため、時間を惜しまず努力を続けている。「死体を生きている人と同じように扱うことは学生たちの心理面にも役に立つことなんだ」と彼は言う。「単なる動かない物体ではない、それ以上のものとして扱うことで、ある種の安堵感を得ることができるからね。学生たちはまだ若いから、これまで多くの死者に触れてきたわけではない。だから献体という贈り物を過小評価してしまう、もしくは、その人のことを物体として扱い、ときにはジョークの種にさえしてしまう。もちろん悪意はなくて、自己防衛本能でそうするんだけどね」。死体に触れるのはほとんどの学生にとって初体験なため、失神してしまうことも珍しくはない。そんな学生を床から抱き起こすのもテリーの役目だ。「この教室とか廊下とかで失神した子たちをよく拾うんだ……失神するとヌードルみたいになって、椅子から床に滑り落ちるんだよね」

「分け隔て」についてもう少し違う角度から掘り下げてみよう。あのマンチェスターの学術会議で最先端のバーチャル解剖手術台を皆でわくわくしながら囲んだとき、わたしが真っ先に見たいと思って触れた身体部位は、最も下品とされる部位だった。それは肺などではなく、この死んだ男性のペニスだった。しかもそう思ったのはわたしだけではなかったのだが、わたしたちがそう思えたのはそこに「分け隔て」が介在していたからだ。この画像は実在した人物のものだと聞かされてはいても、タッチスクリーンという目新しさが一種のバリアの役割を果たしていた。これは写真に過ぎない、ゲームのようなものだ、と思わされてしまった。あの遺体安置室でアダムに触れたときに感じたような人間性、そう、大局を俯瞰的に理解させてくれるような人間性がそこには存在しなかった。ガラス板を触るだけでは、死を肌で感じることなどできなかったし、畏敬の念もまったくわいてこなかった。スクリーンに映された全裸のあの男性は、人間性も、純粋な解剖学の向こう側にあるなにかも感じさせてはくれなかった。テリーがマニキュアやタトゥーを残しておく理由はそこにある。この死体がかつては生きて呼吸していた人間であったことを思い出させてくれるちょっとしたものを残している。テリーは、授業内容によっては、その人物の死因や年齢や職業を明かすことさえするという。それもまた同じ理由からだ。もしわたしが医学生だとしたら、本物の死体から感じられる心の繋がりをタッチスクリーンに感じることができるとは思えない。単に技術だけを学ぶのではなく、医者の仕事の意味についてもしっかりと学ぶことが必要だが、タッチスクリーンからでは、テリーの言うその大切さを感じ取ることはできず、空虚な穴だらけの体験にしかならないだろう。なによりも重要であるべきは人間で、その人間が存在しなければ、死も存在しない。明るい日差しが差し込むポピーの遺体安置室でわたしがそうしたように、死者を手で触れることがやっぱり必要なのではないだろうか。最初は失神してしまうほど気圧されるかもしれない。それでもやはり死者とその場を共有することが必要なのだと思う。わたしがアダムに感じたものをここの学生たちもすぐに感じるかどうかはわからない。でもいずれは必ず感じるときがくるだろう。なぜならテリーがそうなるよう努力しているからだ。

「うちに献体してくれる人たちは世界一素晴らしい人たちだね」と彼は純粋な感動を隠そうとしない。「全身まるごと他人に献上するって、ものすごく私的なギフトだよ。これ以上に私的で個人的な贈り物なんてほかにあるかい？　今八〇代とか九〇代の人たちは、ミニスカート全盛の先進的な時代を生きた人たち、本当に色んな経験をたくさんしてきた人たちなんだ。すごく保守的な今の世代とは正反対のね。自分の身体を赤の他人に好きなように切り刻ませ、どうぞ隅々までご覧なさいっていうんだぜ。生涯ずっと守り続けてきた大切な身体をそんな風に他人に贈るなんて、まったくすごい捧げものさ」

§

ラボの様子を見に戻るため、テリーは再び白衣を身に着ける。まあ異常はないだろう、と彼は言うが、わたしにはどんな異常があり得るのかもわからない。わたしたちが歩く廊下の壁にスタッフの額入り写真が飾られている。どのスタッフも、いかにもアメリカンな満面の笑みを浮かべている。

照明の明るい解剖ラボに戻ると、ここの匂いはどんな匂いなのか、とテリーがわたしに尋ねる。彼にはもう判断がつかないのだ。「歯医者さんの匂いかな?」とわたしが答えると、「きみの通う歯医者が心配になってきたよ」と彼は笑う。死体のエンバーミングに使用されている発がん性のあるガス（注射可能な保存溶液のホルマリンは、メチルアルコールにホルムアルデヒドガスが溶け込んでいる水溶液のことだが、この溶液が死体から蒸発すると再びガスに戻るのだ）を空調システムでこの部屋の床方向に押しやりながら、天井から酸素が送り込まれているので、ここの空気はコンスタントに入れ替わっている。そうすることで防腐剤がこの部屋の人たちに健康被害をもたらす心配はなくなり、高校の実験室でカエルの解剖から逃げ出したわたしの同級生たちのように吐き気に襲われる可能性もずっと低くなる。テリーは天井と床近くにある通気口を次々と指し示しながらわたしにそう説明する。床近くの通気口は保護されているので、関節鏡手術（カメラを用いたキーホール手術の一種）に使用される水を床にそのまま垂れ流しても大丈夫だ。カメラで鮮明な画像を捉えるためには、どうしても水が必要で、彼曰く、水があるとないとではスキューバダイビングのマスクをビーチで被ったときと海中で被ったときほど鮮明度が違うらしい。彼は次にプラスチック製の重いテーブルを楽々と動かしてみせながら、それがキャスター付きであることを教えてくれる。天井には角度調整のできるライトが数フィートおきに吊るされている。電気コード、コンセント、コンピュータモニター、テレビスクリーン。部屋の右奥にはガラス張りのキャビネット棚があり、解剖学の本や奇妙な物体がたくさん置かれている。テリーがその棚のガラスドアを開けて灰色の大きな物体を指さす。「ラテックスって知ってるだろう？　家の壁のひび割れを埋めるのに使ったりするよくあるやつ」と言いながら、まるで発泡スチロールを複雑に彫って作った色褪せた珊瑚みたいなその物体を手に取る。彼が作ったというこの物体は、一対の膨らんだ肺の中にラテックスを注入してから漂白液に沈め、肺の細胞組織をすべて溶かして残ったもの。羽のように軽い人間の肺の模型、つまり、呼吸の通り道の立体的ロードマップだ。

彼は次に棚の高いところから大きなタッパーウェアを取り出す。そこには死体の中から取り出された人工物がいくつも入っている。長年ずっと集められてきたものだ。医学生たちに彼らが今後手術で移植するであろう人工物の旧バージョンを見せてあげるためだ。脊椎固定に使われていたハリントン・ロッド。心臓バイパスの弁。大粒のブドウみたいな移植用の睾丸（テリーがタッパーウェアに戻すとワンバウンドした）。プラスチックの膝蓋骨《しつがいこつ》。ペースメーカー。骨接合用のネジ。骨董品並みに旧式な移植用の乳房。大動脈を包むためのメッシュ。心室を開くためのステント。どれも普通なら死体と一緒に埋葬されてしまうものばかりだ。土葬の墓地には工場で作られたこういう金属の膝やらなにやらがふんだんに埋まっているということになる。けっして地球に優しいとは言えない。

次に彼は引き出しを開け、その中にある器具をひとつひとつ光にかざしながら見せてくれる。それぞれの名称を聞くと少し恐ろしくなる。骨切鋸、整形手術に使われる針の穴ほどの極小サイズの皮膚用フック、股関節開創器《かいそうき》、肋骨剪刀《せんとう》、開胸器《かいきょうき》。なにかを掻き出すために使う匙状のキュレット、届きにくい部位にも届くよう様々な角度に曲がっているハサミも一通り揃っている。メス、マレット、ノミ、鉗子《かんし》。「これなんかは『ツール・タイム』〔人気コメディドラマ『ホーム・インプルーブメント』に登場する架空のテレビ番組で奇想天外な発明品を紹介することで知られている〕の大学版ってところかな」と言いながらテリーは見るからに邪悪そうなギザギザの歯を持つ金属製のヘビみたいな器具を掲げる。「こいつは首を振りながら行ったり来たり動いて、細胞組織を噛み切っては吸い出すんだ」。トレイに整然と並ぶこれらの小さな鋼鉄製の器具たちは、照明を反射してキラキラと光っている。彼はすべての器具をラベルの貼られた引き出しに丁寧に戻してゆく。「どれもひとつウン千ドルもするやつばかりだよ！」と言う表情は、見るからに自慢のコレクションを見せびらかすことができて嬉しそうだ。

ベンチには、縫合糸、テープ、紙タオル、スキンステープラーが置かれている。様々なサイズの手袋とエプロン、シンク、それに（死者には患者間感染のリスクはないのだが）高圧蒸気滅菌器もある。どれも外科らしく清潔に保たれている。保護眼鏡とフルフェイスのシールドと床が濡れたときに使う膝丈の靴カバーが入った箱もある。次に、午後の人工股関節置換術の授業に使うための器具を彼は準備する。ロッドやネイルを挿入する前に骨髄を取り除くためのリーマー、様々な種類のハンマー、グリーンとブルーとピンクのプラスチック製の骨頭ボール。ゴルフボールの形をしたチーズおろし器みたいなものをわたしに見せながら、これは関節の臼蓋《きゅうがい》のスペースを擦って広げる器具だと教えてくれる。彼はそれを何度も空中でひねり、擦り下ろす動作をやってみせる。見ているだけでわたしの身体のあちこちが痛くなってくる。

「死体を見ても失神しないけれど、でも、うーん、その骨おろし器だけは、ちょっとわたしの限界を超えているみたいだわ」とわたしは弁解する。今浮かべている表情のせいでこのラボのすべてを見るチャンスを逃してしまったら大変だ。彼はクスクス笑ってから、部屋の向こう側を指さす。「次はあっちのカートに行こう。脳みそがたくさんあるよ」

彼の許可を得たわたしは、タブをひとつ選んで開けさせてもらう。テリーとわたしは青い血管が浮かんだ灰色の脳のスライスをのぞき込む。一斤のパンみたいに均等にスライスされている。実はパンの比喩はれっきとした専門用語で、この脳は軸位断《じくいだん》に沿って「パン状に切られたもの（breadloafed）」と称される。「こういうのを見ていると、こんな塊が人をコントロールしているなんて不思議だと思ったりしませんか？」とわたしは彼に尋ねる。灰色のスライスは保存液の中で押し合いへし合いしている。

「人体は奇跡だよ。この脳が身体にどう貢献しているのかって考えはじめると……確かに気が遠くなるね。さて、で、これがさっき話したステンレスの手術台だよ。二枚貝みたいに開く機能がついていて……」

この数年でアップグレードされたWi‐Fiやそのほかの設備について話しはじめたテリーの言葉を聞きながらこの部屋を眺めていると、手術台に寝かされている死体に目が留まる。その死体を覆っている白いシーツには、ところどころに茶色っぽいシミがある。両足がシーツからはみ出ている。ごつごつした年老いた足だ。指先から一センチほど爪が伸びている。男性だが、その足はまるで細く尖った履き心地の悪いハイヒールを無理やり履かせたような形だ。彼に頭部はない。今は新品の人工股関節をつけられるのを我慢強く待ちつづけている。

§

「脚は奥の方、頭部と上半身は両脇に置かれているよ」。テリーはそう言いながら、わたしがひとりで入れるよう道を開けてくれる。梯子がなければ上段に手が届かないほど高い棚と棚に挟まれた狭い通路だ。ここは人体の各部位が新鮮な状態で保管される冷凍庫だ。さっきの保冷室の死体とは違い、ここに置かれている死体には防腐処置が施されていない。その理由は「学生たちが将来患者を診るとき目にするものに、できるだけ近い状態にしておきたいからだよ。脈と呼吸がないことだけは別としてね」とテリーがドア口から教えてくれる。エンバーミングすると細胞組織から柔軟さが奪われるだけでなく、化学反応によって色も褪せてしまいがちだ。生きている人体の手術を初めて行なう人が、もしエンバーミングされた死体でしか実習経験がないとしたら、それは色褪せた地図でしか道順を学んでいないようなものだ。「現実の患者を手術する環境にできるだけ近い環境を再現したいんだ。失敗しながら学べる環境としてね」

この冷凍庫には全身が揃った身体はひとつもなく、テリーの概算によると一三〇人ほどの献体者の身体部位がそれぞれ保管されている。何万人もの死者が埋葬されている墓地に立っても、自分が立っている地面の下の様子を思い浮かべることはしないけれど、ここには目に見える圧倒的な死体の群がある。壁側には中身の形が浮き出ている袋が何百個も並んでいる。指も足もすぐにそれとわかる。頭部は、もしプラスチック袋に鼻が押し付けられていなかったとしたら、サッカーボールが入っていると思ったかもしれない。ある頭部の袋に青い油性マジックで医師の名前が書かれている。予約済みということだ。床には、股関節と繋がった状態の一本の脚が置かれている。その裸足の足がタオルからはみ出している。「済」と記されたグリーンの袋も何個かある。これらは役目を終えて火葬を待つだけとなった身体部位で、その人物の残りの部位が同じ袋に合流するのを待っている。個々の袋に個別認識番号が記されている。袋の中にその人の部位がすべて揃ったら、テリーが人間の形に並べ直す。縫合はしない。皮膚が凍っているので針や糸を通せる状態ではないし、だからと言って、解凍すれば今度は漏れの問題が生じてしまうからだ。こうして全身をすべて取り戻した献体者は、再びその名前とアイデンティティを取り戻し、火葬される。

「こうすることを遺族と固く約束しているんだ。一片たりとも失わないとね」

「こういうやり方は礼に欠けていると言う人もいる」と彼はわたし越しに冷凍庫の奥の方を見ながら言う。「だけど、こちらに言わせれば、人体の一部を廃棄物扱いすることの方がずっと失礼だよ」

わたしは寒い冷凍庫の中で立ったまま、バラバラになった人間の部位が入っているプラスチック袋の表面についたまだらな氷の結晶をじっと見下ろす。それを見て自分がどう感じるのか知りたかったからだ。初めてテリーに連絡を入れたとき、わたしはもっと衝撃的なシーンを目の当たりにするだろうと予想していた。病理学系の博物館でガラス瓶に入った物体ばかりを眺めることしかできなかったわたしにとって、きっとここで目にするものは、あれとはまったく違う光景で、まともに直視できないかもしれないと覚悟していた。大昔にホルマリン漬けにされた標本とは違う、明らかに人間だとわかる、新鮮な、コンピュータにまだアカウントが残っているほど最近の、その死を悼んでいる人たちがまだたくさんいる人の死体を見ることになるのだと覚悟していた。しかし、ここには「分け隔て」

があった。袋とかタオルによる物理的な隔たりだけでなく、心情的な隔たりもあった。これらのアイテムには人間を感じられるものがまったくない。わたしの心に触れた唯一の例外は手だ。丁寧にマニキュアが塗られた手、爪を噛んだ痕が残っている手……女学生の言葉はまさに的を射ていた。切断された手にも人間性が残っていた。人と人が手と手を取り合うのだって、手に取るように相手を理解するのだって、やっぱり手なのだ。わたしの横の棚には小さなタオルで部分的に包まれた腕が並んでいた。どれも肩の下あたりから切断されたもので、透明な袋にねじ込まれていた。それらの腕の先についている手はどれも、手話でなにかを言おうとしている途中で止まったかのような、ちょうど大げさな身振りをした瞬間に止まったかのような、時間がそこで凍りついたかのような手ばかりだ。文脈《コンテクスト》からも胴体からも切り離された身振りの集合体、まるでマイブリッジの連続写真から切り取った一コマみたいに見えた。それら袋にねじ込まれた手の方が、全身よりもずっと雄弁にその人の人間性を物語っていた。

それ以外には、わたしはほとんどなにも感じなかった、と言っていいだろう。少なくとも予想していたような激しい感情はわいてこなかった。切断された頭部が収められている冷凍庫の中に立っても、衝撃も恐怖心も反発心も感じなかった。そこにあったのは純粋な科学であり、『フューチュラマ』〔アニメシリーズ〕のワンシーンのようだった。ポピーの遺体安置室では一三名の命の喪失をひしひしと感じた。ここにはその一〇倍の人間の身体の部位があるのに、わたしの心には不思議なほどの静寂が広がっていた。

身長二三〇センチの巨人症のアイルランド人、チャールズ・バーンは、一七八〇年代に自らの健康状態が悪化しはじめたとき、解剖学者たちが自分の死体を欲しがっていることを知らされた。病理学標本としてジョン・ハンターの博物館に何世紀もゲテモノ扱いで展示され、ガラス張りのキャビネットからダウンジャケット姿のわたしみたいな客を見下ろすのなんてまっぴらだと思った彼は、解剖を承諾せず、海のそばに埋葬してほしいという遺言を残した。二十二歳で亡くなった彼の死体は希望通り海岸まで運ばれた。ハンタリアン博物館に展示されているほとんどの人体部位は、死体窃盗によって手に入れたものばかりなので、姓名不詳だ。しかしチャールズ・バーンはそこに立っている。それも名前つきで。盗まれた彼の遺骨は海にたどり着けなかったのだ。賄賂を貰った葬儀屋が、棺担ぎたちに気づかれないよう、大きな石を入れた棺を運ばせたのだ。彼の太い骨を見上げていると、彼の感情をひしひしと感じずにはいられなくなってくる。彼はこんなところに立っていたくないのだ。

わたしはあることに気づく。今この冷凍庫の中にいる全員が、死者たちもテリーもわたしも含めて、ここにいることを望んでここにいるのだと。どの死体も、冷凍されて累々と積まれた肉片も、脚や胴体が入ったどの袋も、見方によっては、単なる物体として扱われている。それは肉屋と酷似した冷淡さで、凍らせたものもあれば解凍されたものもあり、また、どれもファイリングされて番号がつけられている。そのことだけに注目すれば、虚しさ、もしくは、それ以上に悪い印象を持たれるかもしれない。しかしここにはもっとスケールの大きな意思が介在している。そこがミソなのだ。ズームアウトしてここの全体像を見たときにわきおこってくる感情は、衝撃でもなければ悲しみでもない。なぜなら、ここにいる死者全員が、ひとり残らず、自分の死を善いことに使ってほしいと望んでいるからだ。こうなることが彼らの選択だったからだ。ここで見える光景は、死者たちの寛容と希望を描いた絵だ。銀色の重厚なドアを縁取るゴム製パッキンを額縁にした見事な絵画なのだ。

§

カミツキガメは頭が胴体から切り離されても嚙みつくことをやめない。切り落とされたトカゲの尻尾が草の上でいつまでもクネクネ動いているのと同じだ。また、カメの心臓は死後何時間もその冷たい血を送りつづけることができる。カミツキガメの甲羅は強靭なので天敵はいない。わずかな例外と言えば、カメのスープの愛好者と、道路を走る自動車と、暇を持て余した少年たちだ。

一九六〇年代半ばのフロリダの道端で、当時七歳だったテリーは、近所の少年たちに拷問されたまま残されたカミツキガメの死体を見つけた。その日から連日その殺害現場に足を運んでは、まだ命があるかのように動きつづけているカメの生首を彼は興味津々に眺めた。このカメの名の由来でありトレードマークでもある嚙みつき動作は、単なる生物学的な筋肉の反応特性だ。蒸し暑い陽気の中、しゃがみ込んでそれを眺めながら、テリー少年は、（生きているか死んでいるかにかかわらず）身体の在り方に、その機能や基本的構造に魅了された。彼の記憶が正しければ、そのカメの生首が差し出した枝に嚙みつくのを止めるまで五日もかかったという。

あの頃のことを思い出すのは久しぶりだという顔でテリーはわたしを見る。カミツキガメの一件以来、彼はレッドライダーBBガンを持ってエバーグレーズ国立公園に通い、ウズラやアルマジロやアライグマやポッサムを狩るようになった。狩った動物の内臓を取り出しては、それらを興味深く観察した。「家の庭でお店屋さんごっこをするよりも、海に行ってサメを撃つ方が楽しかったからね。捕まえたサメの顎を切り落として、そいつがなにを食べていたのか胃の中を見て確かめるんだ。帰りにはフロリダのハイウェイ81A沿いでそのサメの顎を売る。あとココナッツも売ったな。ココナッツがなぜだか年寄りたちにバカ売れして驚いたのを覚えているよ」。そんな話を聞いていると、第二のジェフリー・ダーマー（食人鬼と呼ばれた連続殺人犯）の誕生秘話に聞こえてしまいそうだが、死体に興味を持つ者たちが必ずしも同じ道をたどるわけではない。テリーが死体の中に探し求めていたのは命だ。なにが体の各部を動かしているのか、彼はそれを知りたかったのだ。

今、テリーは手術用トレイに並べた器具を使って、授業に使う死体を切り分けている。肩の離断は、鎖骨に沿って胸郭方向に切り進め、肩甲骨と繋がった状態で腕を切り落とす。膝も足首も含めて脚を離断する際には、腰部を別用途で活用できるよう、大腿部の三分の一を残しておく。こうしておけば整形外科の医学生が腰部の入口を観察できるからだ。胴体から頭部を切り離すときは、骨切鋸で肉を切り、肩の上の辺りから椎骨を関節離断する。別の授業で気道の学習に使えるよう、首はできる限り残しておく。

こういう作業をしていて気持ち悪くならないのか、とわたしは彼に質問する。彼は笑って、ならない、と答える。今でこそ、この部屋で自分のペースで作業を進めているけれど、以前はこれとは比べ物にならないほど酷い作業もやっていた。そのときもまったく平気だったという。犯罪現場でバラバラの死体を拾ったこともある。たいていの人には気持ち悪くてできないような作業がなぜ自分にはできるのか、どうして吐き気に襲われることも、悪夢を見ることも、失神することもないのか、その理由は彼自身にもわからないという。葬祭ディレクターをしていた頃にも、ロチェスターの検死所には遺体を切り分けるチームが存在しなかったため、テリーが何度も呼び出されてその役目を果たしていた。スプリングが丸見えになるほどシートが焼けて溶けた自動車火災爆発事故の後始末をしたときには、地元テレビ局のカメラの目の前で同僚が吐いている傍らで、彼は淡々とバラバラの死体を拾い集めた。空き家に勝手に暮らしていた人物がサイレンサー代わりに雑誌で包んだピストルで人知れず自殺し、何週間も発見されなかった腐乱死体を処理したこともある。彼以外のスタッフが鼻孔にヴィックスを塗って悪臭をやり過ごそうとする中、テリーだけは平然と死体を袋に詰めていたという。飼っていたペットに顔を喰われて死亡した死体を収拾したこともある。どのときも彼は平然としていた。どうして耐えられるのか、どうして平気なのかとわたしが重ねて尋ねても、彼はクスクス笑って、自分でもわからないと答えるばかりだ。彼の中でこの質問が消化されるのを少し待ってみる。

「そうだな、前に一度、死んだ友人の頭を胴体から切り離さなければならないことがあったが、あのときはさすがに……」と彼は語尾を濁した。「うん、この仕事をはじめてから、死体の頭や腕を切り離す作業をしなかった日はほとんどないけど、あのときだけは、自分はなんでまたこんな仕事をするようになったんだろう、と思ったな。どういうわけでここに行き着いたんだろうってね」

その友だちというのは、メイヨー・クリニックのプログラムに献体する遺志を示した同僚だった。その人物は自分が署名した契約の詳しい内容も、だれがどうやって自分の死体を処理するのかも、すべて知りつくしていた。彼はその上でこうなることを希望したのだ、とテリーは作業しながらそう自分に言い聞かせたという。「ここで働いて、もう長いから、知り合いの献体もけっこう扱っているけど、知り合いだとやっぱりいつもと同じようにはいかないね。もちろん気持ちを切り替えて、彼らが贈ってくれたギフトに敬意を持って作業するし、その約束は絶対に守るけど、やっぱりどうしたって私的な感情が生まれてしまうんだ。でもまあ、とにかくやるしかないからね。医者やヘルスケアの仕事をしている人はだれでも、友人や家族が患者のときは普段通りの気持ちになれないのではないかな。プレッシャーも違う。見ず知らずの患者のときとまったく同じように良い仕事をしようと思っても、やっぱり感情のアプローチが違ってくるものさ」

時と場合によっては、死体を扱う側の精神面を守らなければならない。そこで現在では、スタッフや学生と献体者の関係がとても近い場合には、ミネアポリスの近隣大学と死体を交換できるよう取り決められている。

「そのお友だちを扱ったときは、いつもと違う方法をとりましたか?」とわたしは質問する。「たとえば、彼の顔を布で覆って作業したとか」

「いや。いつもと同じように職場に来て、私的な気持ちを押し殺して、医学に貢献したいという献体者の意向に沿えるよう、普段通りにきちんと仕事をしようと思いながら作業したよ」

長年の間に慣れていった側面もあるのではないだろうか。元葬祭ディレクターとは言え、切り落とされた人間の頭部が詰め込まれたここの冷凍庫を初めて見たときは、さすがに普通じゃない光景だと思ったはずだ。初日はさすがにショックでしたか、とわたしは彼に尋ねた。彼がこの仕事に就いた初日、部屋に入ると、二台のテーブル上に甲状軟骨形成術と鼻形成術の授業用に準備された一三個の人間の生首が整然と並んでいたという。

「少なくとも逃げ出したくはならなかった」と彼は言う。「こりゃまた奇妙な光景だな、とは思ったけどね」。精神的なダメージは葬儀社での仕事の方がずっと大きかった。メイヨーの解剖ラボとは違い、葬儀社では子どもの死体も扱わなければならない。子どもの死は彼が一番心を痛める苦手な領域だ。「大切な人の死を深く悲しんでいる人たちと接するのも辛かったな。ここでもそういう場面はあるにはあるけど、悲しみと同時に希望や未来についても話すこともできるだろ？　死という最悪な状況の中にポジティブなものを見いだせるんだ」。そこまで言ったところで、彼は少し間を置き、初日に生首を見ても自分がうろたえなかった理由について、どうにか言葉で説明できないだろうかと考えを巡らせはじめる。「うーん、やっぱり、なぜだか知らないが平気なんだ、としか言いようがないよ！」と彼は諦める。「まったく嫌な気分にはならないんだ。もちろん、なんの理由もなく、ただ首を切るだけだったら、話は全然違ってくるだろうけどね」

「定年は二年後だ」見た目の若いテリーだから永遠にそう言っていられそうだが、現在六十二歳で、本当に二年後に定年を迎える。その先の計画はまったく立てていない。定年になるまで生きられない人もたくさんいることを彼は知っている。それと同時に、人間にはカミツキガメみたいに死んでもしばらく動きつづける顎こそないけれど、死んだ後でもまだ世の中に貢献できることも彼は知っている。病院のベッドで最期を迎えるときにまだ温かい肝臓だけを提供することもそのひとつかもしれないが、それ以上に生者のために役立てられる可能性だってあることを彼は知っている。ここの解剖ラボの主な目的は若い医師のトレーニングに置かれているため、ここでの研究によって達成された成功の数や正された誤認の数を具体的にあげることはできない。でも、このラボが冷凍庫の中にいる死者たちと町にいる生者たちをダイレクトに繋いでいることは間違いのない事実だ。

このラボでは、少なくとも一ヶ月に一度か二度は、医師たちからの特別協力要請に応えている。このラボで死者の手首を使って実験しながら手根管症候群《しゅこんかん》を治療するための器具を開発した医師もいる。世界中の外科医が匙を投げた致死性の高い複雑な腫瘍を持つある患者のために結成された外科医チームがこのラボを利用したこともある。その患者の腫瘍は、首から胸部の下まで、ちょうど理容室のサインポールの赤線みたいに、脊椎に絡みついていた。絡みついた腫瘍を除去する手術をするには、各段階ごとに分野の異なる様々な専門家が必要だった。それぞれの外科的専門技術を駆使して、その患者を鶏のあぶり焼きみたいにゆっくりと回転させながら、脊椎の前から後ろ、後ろから前へと徐々に手術を進めなければならなかった。そこでこのチームは、通常の仕事を終えた午後一〇時から明け方までこのラボに集まり、患者に見立てた死体を回転させながら、手術計画どおりに進める練習をした。結果、その患者の命は救われたという。

顔面移植手術の話もある。その手術はわたしでも知っているほど有名なものだ。五六時間におよぶマラソン手術が大成功をおさめて世界的ニュースになったからだ。アメリカのド真ん中に位置するワイオミング州出身の三十二歳の男性、アンディ・サンドネスは、二十一歳のとき、集団自殺の一員として銃口を自分に向けて撃ち、命はとりとめたものの顔の大部分を損傷した[10]。その十年後、カレン・ロスという人物がミネソタ州南西部で拳銃自殺を図り死亡した[11]。このふたりの年齢と血液型と肌の色と顔の骨格は、ほぼ完璧にマッチするものだった。そこで顔面の移植手術が行なわれることになった。担当医師団はその複雑な手術の練習に三年間を費やした。外科医、看護師、外科技術士、麻酔専門医からなるそのチームは、テリーのラボで週末を五〇回過ごし、毎回このラボを二つの小部屋に分けて狭苦しい手術室を再現して練習を重ねた[12]。顔面に細かく分岐するひとつひとつの神経やその作用を入念に調べ、写真やビデオも撮りながら、神経を繋げる練習が幾度も進められた。週末ごとに二つの死体を使用し、顔を入れ替える移植手術を練習したのだ。つまり合計百人の死体の顔が挿げ替えられた計算になる。このラボでは献体者が全身繋がった状態で役目を終えることこそないけれど、ここを出るときには必ず本人の身体部位がすべて揃っているようテリーが取り計らっている。なので、毎回このチームが練習を終えて帰宅した後、テリーだけラボに残り、入れ替えられた顔の部位をすべて本来の持主に返す作業をしている。それは、やらなかったとしても、だれにもわからないことだ。入れ替えられるのは骨でなく顔の肉だけなので、それでもなおその作業をするのは、火葬さえすれば、骨壺に他人が紛れ込んでしまう心配はまったくない。それでもなおその作業をするのは、そうすることが正しい行ないだからだ。葬祭ディレクターをしていたときにも、遺族が持ってきた故人の死装束に下着や靴下が入れ忘れられていれば、彼が下着や靴下を用意して、きちんと履かせてから服を着せていたという。それとまったく同じことだ。やらなかったとしても、だれも気にしない。それでも彼はそれをやる。

鋸《のこぎり》で肉や骨を切ったり、胴体から首を切り離したりする作業は、この仕事には付きものだ。ここで行なわれるそういう作業には、科学の進歩、将来への可能性、根本的な善行が内在している。テリーは、死者の解体を助手にもやらせているが、その助手には、たまに冷凍室から出てここの医学生たちと触れ合うことを推奨している。自分のやっている作業がどういう形で役立っているかを把握してもらいたいからだ。科学の発展という希望がなければ、この職場はとても悲しい環境にもなりかねない。テリーはそのことも重々承知している。彼らはこの寒い舞台裏の部屋で、日の目は見なくとも、生者の命を助ける努力に貢献しているのだ。そう語る彼の顔は輝いている。

§

あるパーティでのこと、そういう場で話すトピックスとして見事なほど場違いだったけれど、足の病気を専門に扱うある医師がわたしに、人は自分の足を瓶に入れて大切にとっておきたがるものだと教えてくれた。彼女の主な患者は足が腐ってしまった（その理由は放置だったり糖尿病だったりその両方だったりする）帰還兵だ。彼女によると、それがどんな状態であれ、足を失うことを望む人はひとりもいない。切断しなければ命を失うかもしれなくても、脚の先に腐った足を残しておきたいと言う人も多いらしい。やむなく切断を承諾した患者からは、切った足を自分の手元に置いておけないものだろうかと相談されることも少なくない。人は自分の身体の一部を失うことを嫌がるものなのだ。

テリーが運転する遺体回収車がオークウッド・セメタリーの敷地に入りスピードを緩める。助手席に座っているわたしは、腐敗した自分の足を瓶に入れて保存したいと車椅子から必死で嘆願する男たちのことを考える。今日のテリーは手術着を着ていない。オレンジ色のチェックのハーレーダビッドソンのシャツにブルージーンズに茶色のブーツという姿は、ここミネソタ郊外の整然とした墓苑に白いダッジのバンを走らせるよりも、むしろ、場末の安酒場の前に停めたハーレーのウルトラクラシック１８００にまたがっている方がよっぽど似合いそうだ。これまでこのバンを使って数えきれないほどの人を運搬したが、助手席に座らせてここまで運んだのはわたしが初めてだ、と彼はジョークを飛ばす。

テリーは車の窓を開けると、灰色の花こう岩で作られた記念碑を指さす。それはメイヨー・クリニックに献体したすべての寄贈者のために建てられた記念碑で、自分の死体に具体的になにがなされるのかもわからないまま、そして、未熟な技術でメスを振るい自分の身体をバラバラにする学生がどんな人物なのかもわからないまま、快く全身を捧げてくれた人々のための地下納骨堂でもある。記念碑にはこんな文字が刻まれている。

他者の命を救うことを目指す
解剖研究のため
メイヨー・ファンデーションに
自らの身体を寄贈した
人々に捧げる

テリーは定期的にここを訪れては、納骨室の湿度に気を配ったり、記念碑の周囲の草を刈ったりする。毎年彼の手によって新たな遺骨がここに運ばれる。彼が手入れするこの納骨堂には、生きているときはまったく知らなかったが、亡くなってからの一年間はバラバラになって火葬されるまでずっと彼が世話してきた幾千人もの人々が眠っている。

もちろん全員がここに埋葬されるわけではない。遺族が遺骨を引き取りたいと希望すれば、毎年恒例の感謝集会式典の終了時に引き取ることができる。その式典をもって、献体者たちは匿名の死体から人間に戻るのだ。遺灰を入れた黒いプラスチックの壺には、その人物が取り戻したかつての名前も、メイヨー・クリニックで使われた個人認証番号も記されている。ひとつの身体が過ごしたふたつの人生で呼ばれたふたつの名がどちらも書かれているのだ。その式典は遺体を寄贈してくれた人々に感謝するという意味合いがあるだけなく、遺族にとっては、ひとつの大きな区切りを意味するものにもなる。その時点まで献体者たちの葬儀は執り行なわれていないからだ。今年の式典は明日を予定している。早めに来ないと椅子に座れないよ、とテリーがアドバイスしてくれる。何百人もの人々が出席するらしい。

翌日、大勢の人々が建物の横の狭いドアからなだれ込み、椅子席に向かう。式典では、数人の医学生が交互に演台に登り、各人が書いた詩を朗読する。もしかしたら、その学生の隣には彼が解剖した人物の弟とか息子とか娘とか妻が座っているかもしれないが、だれにもそれを知るすべはない。学生たちの書いた詩はどれも、物理的な心臓の複雑な構造などを別にすれば、どういう人なのかまったく知らない人物を讃える詩だ。その人は車で信号待ちするときハンドルを指でトントン叩く癖のある人だったのだろうか？　ピーナッツバターを瓶から直接すくって食べるような人だったのだろうか？　それを知るすべもない。客席には、サスペンダー姿の老人、カウボーイブーツにベスト姿の若い男性、さらには着なれないスーツを窮屈そうに着込んだ農夫もいる。一九六〇年代のタイムカプセルから出てきたような青い派手なアイシャドウの猫背の女性は、トイレの列に並びながら、若手整形外科医たちの集合写真に女性が何人いるかについて、ひっきりなしに喋っている。会場は大賑わいだ。

巨大スクリーンに数百人の遺体寄贈者の名が順に映し出され、その人物の名前を外科医の卵たちが読み上げてゆく。点呼をする学生がその人体から学んだかどうかはまったく関係ない。偶然にも奇妙なことにカーミットという名前の献体者が多いようだ。セルマという女性の名が読み上げられたとき、わたしの隣に座っている黄色いネクタイをしたスーツ姿のハンサムな老紳士がわたしに少し体を寄せ、小さいながらも誇らしげな声で「今のセルマっていうのはわたしの母なんです。一〇五歳半だったんですよ！」と教えてくれる。四〇年前に夫を亡くしたセルマは、その身体を寄贈することになる直前まで老人ホームのエクササイズ・コンテストに優勝するほど健康体を保っていたという。自分でとても大切にしてきたその身体で、彼女はこの男性のことを卵巣にいたときからずっと育ててくれたのだ。

ほとんど空になったケータリングの周辺に、遺骨を引き取りたいとテリーに申し出る順番を礼儀正しく待つ人たちが大勢控えている。濃い色のスーツを着たテリーが穏やかに紳士的に敬意を払って遺族たちと話している姿は、まるで埋葬を終えたお墓の傍らの一コマみたいだ。授業中に亡父の身体から何か異常なものが見つかりませんでしたかと尋ねている人もいる。癌は最終的にどれほどの大きさに進行していましたか？　それって遺伝性だと思いますか？　みんな夢中で話しているので皿に取った食べ物はもう乾いている。先ほどの黄色いネクタイの男性がお母さまの遺骨を返してもらっている。シンコ・デ・マヨ（五月五日）のこの日、ミネソタの太陽が降り注ぐ会場の外には、車椅子の老人たちが自分の呼んだタクシーから昇降機が繰り出されるのをじっと見ながら待っている。それぞれの膝の上に遺骨の入った箱が乗っている。

3　一瞬で石に変える——デスマスク彫像家

ニック・レイノルズは幼少時代、大列車強盗の首謀者として悪名を馳せた父ブルース・レイノルズと共にメキシコで逃亡生活を送っていた。今はロンドンのわたしの家の近くに暮らしている。彼の住まいは高い丘の上に建つマンションの二階なので、窓の外に広がる空を遮る建物はひとつもなく、彼と太陽の間にあるのは大気だけだ。物で溢れかえったこの細長い住居には、美術作品、首からかけるツアー用のバックパス、ブロンズの頭像がごちゃごちゃと置かれている。ニックはある物を探して部屋から部屋へと移動しながら、もう何日もヘトヘトになるまで働き詰めなんだとか、朝の八時にはツアー・バスに乗らないといけないんだとか、きみに見せたいもの（クライアントから届いたお礼の手紙）が見つからないのはどうしてだろうとか、捲し立てている。わたしはキッチンのドア枠にもたれかかって彼のおしゃべりを聞いている。わたしのためにマグで紅茶を淹れながら、汚れた皿や彫刻刀やティーバッグが散乱するカオスの向こう側を見てごらんと身振りで指し示す。窓際のベンチに白い石膏の顔が置かれている。太陽の光がないと作業する意味がないから日没を合図に作業を止めるんだ、と彼は言う。外はもう暗い。キッチンのむき出しの電球の光だけなので、石膏の細かい顔立ちまではわからない。それが顔だということ、おそらくハンサムな顔だということはわかるけれど、ディテールが定かでないせいだろう、記憶には残りづらい。「自殺だってさ」と彼は言う。

「ビーチーヘッドから身投げしたんだ。目撃者は口を揃えて、助走をつけて飛び降りるのを見たって言っているらしい」。最後の仕上げとして色々と手を加える必要がある（頭蓋骨には落ちた衝撃で一インチの凹みがあったし顎もはずれていた）その石膏の顔の近くには、石膏の手と足もある。今回の依頼者が、落ちてバラバラになったこの人の身体の一部をこうして残しておきたいと思った理由をニックは知らない。デスマスクを欲しい理由については、あまり聞かないことにしているという。

歴史を見るとデスマスクは様々な形で存在してきた。王やファラオの時代には彫像として作られた。民が不滅の指導者に最後の敬意を払えるようにするため、それがどれほどの長旅になろうとも、死んだ王の彫像を掲げて領地を練り歩いた。また、写真が発明されるまでは、肖像画を描く画家の参考資料としてデスマスクが使われていた。だから肖像画が仕上がった段階で大半のデスマスクは捨てられた。芸術家による描写の方が、死者の顔から直接型取りした3Dプリントよりも相応しく大切であるとされていたのだ。また、身元がわからない死者を後で確認するためにデスマスクが作られていた時代もある。そんな身元不明者のひとり、一八〇〇年代前半にセーヌ川から引き揚げられた若い女性の顔は、今では世界でもっともたくさんキスをされている顔になった。というのも一九六〇年に作られた最初のＣＰＲ（心肺蘇生法）練習用人形、レサシアンの顔に彼女の顔が採用されているからだ。彼女のデスマスクの複製を所有していたアルベール・カミュは、彼女のことを「溺れたモナ・リザ」と呼んでいた。あのシュールレアリスムの奇才は、彼女のことを静寂と沈黙のミューズとして大切にしていたのだ。この本の読者の中にも彼女に会ったことがある人がいるかもしれないし、もしかするとそのおかげで人命を救ったことがあるかもしれない。

今日、ここに来る前、わたしは一九二九年に（英国で）出版されたエルンスト・ベンカードの著書『永遠の顔（*Undying Faces*）』という書籍をパラパラとめくっていた。[1] それは十四世紀から二〇世紀までのデスマスクを集めたコレクション本だ。フリードリヒ・ニーチェのデスマスクも載っているし、レフ・トルストイの顔もヴィクトル・ユゴーの顔もマーラーの顔もベートーヴェンの顔もある。錚錚《そうそう》たる有名人や富豪や政治家や指導者が顔を揃えている。彼らの死に顔は、最後の息を吐き出した直後に、もしくは数日後に、もしくは数週間後に、石膏で保存されたのだ。でも、現代でもなおデスマスクを作る理由はどこにあるのだろう？　死に顔を残しておきたいのなら、写真で事足りるのでは？　死体を直視することさえできない人がたくさんいるのに、どうして死んだ人の顔から鋳型を取りたいと思うのだろう？　メイヨー・クリニックを訪れてから、もう何ヶ月も経っていたけれど、わたしはいまだにあるシーンのイメージが頭から離れずにいた。それは、手術の練習のために入れ替えられた死者たちの顔を持主に戻してあげるため、夜遅くまで仕事場に居残るテリーの姿だ。死者の顔にはどんな意味があるのだろう？

ニックには尋ねてみたいことがたくさんあった。彼は二〇年以上も死者の顔から鋳型を取りつづけているが、現在イギリスで（少なくとも職業として）それをやっているのは彼ひとりだ。わたしは彼の作品をすでに見たことがあった。わたしの自宅からほど近いハイゲート・セメタリーの墓石に飾られているデスマスクだ。そのブロンズ製のマルコム・マクラーレンの顔は、「穏やかな成功よりも華々しい失敗の方がずっとましだ」とサンドブラスト仕上げで刻まれた名言の上に鎮座している。この墓地にはニックの父親の顔もある。そのお墓は出入口のすぐ近くなので、わざわざ墓地の門をくぐらずとも、鉄柵の間に顔を突っ込めば見ることができる。

ニックとわたしは居間の黒革のソファに移動する。居間にはさらに多くの本や彫刻や絵画用のキャンバスが散乱している。芸術家やミュージシャンに囲まれた生活の中で自然と集まった品々だ。コーヒーテーブルにはジョニー・キャッシュの本が置かれている。壁にはガラス張りのキャビネットがいくつも並んでいてオブジェが飾られている。彼の父親の顔の鋳物も、そこからわたしたちを見下ろしている。それは彼のお墓を飾っているデスマスクとは違い、生きているときに鋳型を取ったもの、いわゆる「ライフマスク」だ。その横には彼の大列車強盗の共犯者ロニー・ビッグスのライフマスクも置かれている。イギリスの警察に追われながら三六年間の逃亡生活を続け、反逆者の象徴となった人物だ。ビッグスのマスクにはマネキン人形よろしく黒サングラスと黒帽子があしらわれている。ビッグスのデスマスクの方が世間にもっと広く知られていて、その複製もニックは所有しているけれど、この部屋に飾られているマスクはどれも生きているときに鋳型を取ったライフマスクばかりだ。それでも、わたしをソワソワした気持ちにさせるには十分だ。彼らに見られているみたいに感じてしまう。

「ここには死人の顔はひとつも飾っていないのに、うちに泊まりにくる友だちはみんな」と彼はマスクを見回す、「うちのマスクを見てゾッとするって言うね。人の顔っていうのはきっとそういうものなんだろうな」。

彼はソファに深く座り直し、膝に置いたサンミゲルのビール缶を優しくなでながら、紙巻き煙草を器用に巻きはじめる。現在五十七歳の彼は、ピンクのシャツの上のボタンを数個開けたまま羽織り、オレンジ色っぽいレンズの眼鏡をかけている。彼は立てつづけに咳をしてから、生活費のほとんどをハーモニカ奏者として稼いでいるのに、こんなにたくさん煙草を吸うのは馬鹿な真似だとわかってはいるけど、どうしてもやめられないと話す（彼が所属するバンド、アラバマ3の楽曲で一番有名なのは『ザ・ソプラノズ 哀愁のマフィア』のオープニング・テーマだ）。「本当に大馬鹿さ」と言いながら巻き終えた紙の端を舐める、「肺がやられたらハーモニカも吹けなくなるってのにな」。彼の低いガラガラ声は野太く、もし騒がしい酒場の騒音の中にいたとしても、そこのニコチンの積雲を突き破って聞こえてくるに違いない。居間が瞬く間に煙草の煙で充満する。彼はわたしを気遣って急いで窓を開け放つ。

「かつてデスマスクが大切にされていたのは、その人のエッセンスの一部を保存できると考えられていたからなんだ」と彼は窓に向かって煙を吐き出しながら言う、「アニミズム信仰だね。古代ギリシア人や古代ローマ人は、精神集中とか、祈祷とか、転生とか、そういうものを介して、死んだ人の魂を召喚できると信じていた。像に命を宿せると信じていたんだ。彼らにとって像というのは神や死者が宿るための器とか蔵みたいなもので、その中に魂を召喚できると考えていたのさ。俺が思うに、ヴィクトリア朝時代の人たちも、やっぱりそんな風に信じていたんだと思うよ。人に似せて作られたああいうもののことを、魂を入れるための容器と考えていたんじゃないかな。きみが手にしているその本でも、ベンカードが雄弁にそう論じている。デスマスクの創作過程の途中で、死にまつわる謎の一部が鋳物の中にスルッと入り込むからこそ、デスマスクにこの世のものとは思えない雰囲気が宿るのではないかって書かれているよ」。

本に載っているデスマスクの写真であれ、直接自分の目で見る本物のデスマスクであれ、確かにじっと見つめていると、ある種の魔法がそこにあるような気がしてくる。実際に死者に近づくことなく死者に触れているように感じられる。デスマスクから感じる死は、マンチェスターで触ったあのタッチスクリーンの解剖手術台の画像から感じられる死よりもずっと身近だ。デスマスクは不死の姿を捉えている。生と死を分かつ中間地点のようなところに物理的にそして永遠に存在している。その人物が死んでから四〇〇年経っても、デスマスクの目元には小じわが広がっている。しかも画家の筆という仲介物を通すことなしにだ。ニックによると、死後の世界を信じていようがいまいが、デスマスクは話し相手になってくれるのだと言う。彼自身、今もよく父親のマスクに話しかけている。クライアントの中には、デスマスクを引き出しの奥にしまい込んだままけっして出そうとしない人もいれば、毎晩自分の隣の枕に乗せて眠る人もいる。

彼が棚からある作品を取り出して見せてくれる。俳優ピーター・オトゥールのとても大きな手を型取った黒い鋳物だ。その手は、かつてわたしが見た映画のスチル写真で煙草を持っていたあの手と同じものであり、パパラッチが撮ったソーホーの酒場を出てくるときの写真で友人の肩に回していたあの手とも同じものだ。その手にわたしの手を重ねてみると、自分がとても小さくなったように感じる。彼が亡くなったのは二〇一三年のことだ。偶然のいたずらか、オトゥールの死体はビッグスの死体と同じ葬儀社の遺体安置室に、それもまったく同じ日時に安置されていた。遺体安置室でそのことを知ったニックは、バンドの仕事を通してすでに知り合いだったオトゥールの娘ケイトに電話をかけた。遺体安置室の中でニックはあのふたりの死体の間に立ったまま、電話口のケイトに、お父さんのデスマスクをご所望ではありませんか、とオファーを出した（後年、ケイト・オトゥールはBBCのインタビューで、遺体安置室でビッグスの引き出しと隣同士だったなんて「いかにもオトゥールらしい」人生の結末だと言って笑っている(2)）。

近頃はデスマスク人気が再燃しているようだとニックは肌で感じている。彼が有名人の顔の鋳型を取るたびに新聞記事になり、その記事を読んで興味を持った人たちが波のように押し寄せてくる。マルコム・マクラーレン、「ソーホーのダンディ」の異名を持つセバスチャン・ホーズリー、それにオトゥール。ニックはあるビジネス・アイデアを思い描いたこともあった。イギリスの各主要都市の美術学生を見習いとして雇い、鋳型を取る作業は彼らにやらせて、自分はロンドンの自宅でマスク作りの仕上げに専念するというアイデアだったが、実現には至らなかった。今でも自分の手で鋳型を取っている。その数は年に四〜五人だ。石膏で取った鋳型を入れたキャスター付きの小さなスーツケースを引きずって疲れた足取りで遺体安置室から帰宅する。デスマスク製作を依頼するのは、あまり一般的とは呼べない少数派の人たちだ。家に伝わる伝統として代々そうしている有名な富豪の一族もいる。英国保守党の政治家ジェイコブ・リース＝モッグは、父親の立体的肖像を次世代のために残しておきたいと言って彼に依頼した(3)。デスマスクの持つ永続性や手に触れることのできる具体性を彼は気に入ったのだ。一番多い依頼者は、夫のデスマスクを所望する裕福な未亡人だという。しかしもちろんそうでない人たちもいる。ニックがその名を明かそうとしない依頼者もいるし、有名ではない依頼者もいるし、あまり裕福ではないがそれを残すためなら二五〇〇ポンドを厭わない依頼者もいる。昨日、ニックは生後五週間の赤ちゃんの冷たくなった足の鋳型を取りに行った。二週間前には、癌で亡くなった十四歳の若者の顔の鋳型を取っている。昨年には、とても健康だったけれど歩道で後ずさりした拍子に車道に転んでしまった不運な二十六歳の男性もいた。

「デスマスクに死の謎が吹き込まれるという説が本当かどうかは知らないが、死に顔の鋳型を取ることにはなんらかの意味があるように思えるのは確かだね」と開かれた窓を背にしたまま彼が言う。「顔っていうのは、指紋と同じで、唯一無二のものだろう？　それを残しておく最後のチャンスがデスマスクなんだ。おそらく遺族は故人の身体がミミズの餌や灰になる前に、どうにかして残せないものかと思うんじゃないかな。この人はもうこの世にいないんだと悟ったとき、その人の一部を残しておきたいという意識が働くのさ。理論的にそう考えるのか、最後のチャンスを前にして咄嗟にそう決めるのかはわからないけどね。個人的には、デスマスクって素晴らしいものだと思っているよ。だってさ、人が人生を終えて死んだその瞬間に、ほとんど指をパチンと鳴らすほどの一瞬でその姿を石に変えて、その瞬間をずっと残しておけるんだぜ。指をくわえて腐るのを眺めるのではなくね」

§

死んだ瞬間の見た目は素晴らしいものだとニックは語る。一瞬にして顔からすべての緊張が解かれ、皺がなくなり、積年の心労や痛みが消え去る。その様相はとても穏やかだ。顔色は均一になる。「理想を言うなら、死体がまだ温かいうちに鋳型を取りたいところなんだけどね」と言う彼の口から煙草の煙が少しだけ漏れる。「何週間も経ってから連絡を受けて駆けつけるのとでは、まったく違うからね。そういう死体の様相は、そうだな、たたんだアコーディオンみたいって言えばいいかな」

ヴィクトリア朝時代には、デスマスクの型取りが早ければ早いほど、その人物の生前の様相をより良く捉えることができるとされていた。死亡証明書を書いてくれる医者を呼ぶよりも先にデスマスク職人を呼ぶことさえあったという。しかし現在は違い、ニックが到着するのはいつも時間経過や微生物によって皮膚や軟骨が縮んだ後だ。唇はすでに萎び、盛り上がっていた眼球は沈み、鼻は歪みはじめている。また、検死解剖で切開された死体もあれば、プールに長く入りすぎた人みたいに、皮膚がプルーンみたいに皺だらけの死体もある。裁判が長引いたせいで冷凍室の中で氷柱まみれになっていた死体もある。葬儀社の冷蔵庫で五週間も過ごした姿をそのまま彫像にしたところで、遺族にとってはなんの意味もない。なぜなら、それは生きていた頃の様相ではなく、死後の手続きが遅れた結果を示す物体でしかないからだ。だからニックはいつも、まず死者の顔をつねったり、つまんだり、平らにしたりするところからはじめる。死者の顔の皮膚をマッサージして生きていた頃の位置に戻し、彼が呼ぶところの「異常なまでの執念による細部観察」と彫刻の手腕を駆使して、重力によって耳の方向に向かって垂れた頬の皮膚とか、顎下に集まった顎の皮膚を元に戻した形に作る。「つまるところ、死んで間もない見た目になるよう手を加えているんだが」と彼は言う。「それでいて、まったく手を加えていないように見せているのさ」

瞼が開いた状態のデスマスクを希望する人もいないわけではなく、どちらにするか迷う人もいることはいるが、大半の依頼者は瞼を閉じて眠っているように見える顔を希望する。ウェリントン公爵のものなど、古いデスマスクは、ありのまま、自然のままの様相のものが多い。歯は何本か抜けているし、口に至っては目に見えない手が唇を無理やり喉元まで押し広げているのではないかと思うほど大きく開いている。なぜなら、彼が死んだ一八五二年当時は、死体のイメージ自体がそういうものだったからだ。それとは違い、現代人が持つ死体のイメージは、エンバーマーとかニックみたいな人が手を加えた、ほぼ完璧な見た目のイメージだ。

「まずは髪の毛を整えるんだ」彼は順を追いながらデスマスクの制作プロセスを説明する。彼にしてみれば、もはや頭で考えず自然に行なっているプロセスなので、時々、なにかを言い忘れては立ち戻りながら説明を続ける。髪を整えたら、ニベアのローションをまんべんなく顔に塗る。次に遺体のポジションを調整して、印象剤である液状のアルジネートが首から垂れても衣服を汚してしまわないようにする。運が良ければ、病院支給の紙製ガウンを着た状態で遺体安置室のトレイに寝かされていることもある。その場合は葬儀用の服に着替える前なので汚れても問題はない。しかし、たいていの場合はすでに葬儀用の服を着た状態で棺に入っているため、一時間ほどかけて死者の衣服を黒いゴミ袋でしっかり覆い襟元にその端をたくし込む。欧米のニュースキャスターは襟元にクリネックスをたくし込んでいるが、そんな感じだ。それが済んだら、歯科医が歯型を取るのに使うのと同じ青いアルジネート印象材を顔の上に注ぐ。二分半もすると「ちょっと硬めのブラン・マンジェ」のような粘り気になる。その状態ではまだフニャフニャで柔らかいため補強しなければならない。そこでニックは、骨折した腕を治療するときみたいに、アルジネート印象材の上からギプス包帯を巻く。その状態で二

○分ほど待ち、素材がすっかり固まったら引き剝がす。引き剝がそうとすると「十中八九、死体の頭も一緒に持ち上がるから、そんなときは振り落とすんだ」と彼は言う。一度だけ、アルジネート印象材ごと顔の表面の皮膚が剝がれてしまったことがあった。というのも、その顔は、来たるべき遺族との最後の対面に備えて、高価な費用をかけて蝋で補正された顔だったからだ。その蝋人形師を呼び戻して修復してもらう時間はもうなかった。慌てふためいた葬祭ディレクターは、ニックに、蝋人形修復の経験はないかと尋ねた。ニックにその経験はなかった。ただ、造形美術家のはしくれとして、蝋で彫像を作った経験なら少しだけあったので、ダメ元でチャレンジすることになり、その遺体安置室の中で死者の鼻と唇と目の修復を試みた。

「あのときは手が震えたよ」と彼は言う。「まあ、なんとかなるにはなったけど、うまくいったと言うにはほど遠い出来だったな」

そうやって出来た鋳型をキャリーケースにしまうと、作業に使った周辺を清掃し、持参したボウルを洗い、死者の髪の毛に残った小さなアルジネート印象材のカスを丁寧に取り払う。「そこまでしなくてもいい」と言ってくれる葬儀業者もいる。家族との対面はもう済んでいるから、わざわざ髪の毛まで櫛で整え直して作業前とまったく同じ状態に戻す必要はないという考え方だ。しかし、メイヨー・クリニックで入れ替えられた顔を本当の持主に戻したテリーと同じで、ニックもまた、どうするのが正しいのか知っている。だから彼は時間を使って死体を元の状態に戻してから、自宅に急行する。印象剤が収縮してしまう前に鋳型に素材を流し込まなければならないからだ。

修正がほんの少しで済むようなら、鋳型には手を加えずにそのまま石膏を流し込み、固まってから彫刻で修正する。より細かい修正がたくさん必要な場合には、まずは石膏でなく、柔軟に対応できる蝋を流し込む。脱水症状で歪んでしまった鼻を真っすぐに戻す程度の修正なら、蝋が冷めて固まる前に優しく手で押さえて真っすぐに戻す。石膏もしくは蝋の修正が済んだら、色づけされた数層のシリコン・ラバーで覆い、それを使ってもう一度鋳型を作る。その鋳型に金属粉を混ぜたポリウレタン樹脂を流し込む。樹脂に混ぜた金属は重いので沈殿して鋳型の表面に張りつく。これで手巻きタバコのペーパー三枚分ほどのとても薄いマスクの外層が出来上がる。このようにして、移し替えに次ぐ移し替えの末、そもそもの顔から数えて数版を経てようやく、恒久的にして剛直なブロンズ版の顔が出来上がる。

YouTubeにもニックのデスマスク制作プロセスを三分の荒い画像でまとめたものが上がっている。[4]ただ、そのビデオで見られる作業は、わたしがたった今文字で説明したものよりもずっと混乱したものになっている。それもそのはずで、それが撮られた状況そのものがとても混乱していたからだ。二〇〇七年、三十二歳のジョン・ジョー・アマドールがタクシー運転手を殺害した罪で一三年間服役した末、薬物注射による死刑が執行されることになったとき、ニックはその地テキサスに飛んだ。共通の友人女性からアマドールの話を聞かされていたニックは、「あの男の無実を信じて疑わなかった」と言う。「笑えるほど馬鹿げた証拠しかないのに、死刑囚として一二年も服役させられ、控訴はことごとく棄却されていたんだ。俺は怒り心頭だったよ」。そこで彼は、この死刑の不公正さと恐ろしさを世間に広く知らしめるため、その友人女性と共に死刑が執行される場所に行って、アマドールのデスマスクを製作することにした。顔だけでなくアマドールの腕の鋳型も取ることにした。その腕の彫像には、後に動脈に突き刺さる三本の皮下注射針も加えられることになった。

死刑執行後、ニックはアマドールの遺族と共に、彼の死体を刑務所の遺体安置室から運び出した。刑務所敷地内で鋳型を取ることは許可されなかった（「奴らから『そんなのダメに決まっているだろう。おまえは馬鹿か？』って言われたよ」）。刑務所から運び出した遺体をレンタカーの平らにした後部座席に寝かせ、ある森のキャビンまで移動した。死体の引き取り許可を得るための手続き上、運び出した死体は彼らが契約したことになっている葬儀社に輸送しなければならなかったので、このキャビンはその長い道のりの休憩地という扱いだったけれど、実はその時点で彼らはどの葬儀社とも契約を交わしていなかった。「要するに俺たちは彼の死体を誘拐して『13日の金曜日』に出てきそうな森の小屋まで連れてきたも同然だったんだ。俺たち全員、ものすごくビビりまくっていたし、ほとんどパラノイアになって、きっとFBIが追ってくるに違いないって思っていたよ」と彼は言う。「あの小屋までは二台の車を連ねて一〇時間も走らせたんだが、その途中で一台がパトカーに止められたんだ。ラッキーなことに、そっちは死体を乗せていない方の車だった。もし乗せていた方だったら、説明に苦しんだろうね」

走行中、死体を入れた袋のジッパーは開けたままにしていた。奥さんが彼の手を握れるようにだ。一二年の投獄生活を経て、彼はようやく友人や家族と直に触れ合うことができた。彼の死体はまだ温かかった。

この時期のテキサスはとても暑かったが、小屋の中の温度はさらに高かった。ニックが持ってきた限られた量しかないアルジネート印象材の凝固時間が速すぎると困る（いつものようにぬるま湯を使うとボウルの中で凝固してしまう恐れさえある）ので、彼は冷水を使い、アマドールの顔と手の鋳型を同時に手早く取ることで室温に対抗した。三〇分後に固まったアルジネート印象材を引き剝がすと、冷水の冷たさのせいで死者の肌に鳥肌が立っていた。

　ニックは居間から一度出てゆき、ジョン・ジョー・アマドールの彫像を手にして戻ってくる。彼を殺したテキサス州の象徴である、アルマジロの背にテラコッタ色の彼の死に顔が横たわっている彫像だ。「彼の死体はまだ温かかった。だから俺は彼のことをよりリアルに感じたよ」と言いながらニックはそのデスマスクをわたしに手渡してからソファに身を沈める。「二週間前に死んだ死体からは命の気配を感じることはできない。でも温かい死体からは、魂が、まあ魂が実在するとしての話だけど、魂がまだそこに残っているみたいに感じるんだ」。わたしはアマドールの顎に指を這わせてみる。確かに間違いない。死んだ後でも鳥肌は立つのだ。切り取られたトカゲの尻尾が草の上でクネクネ動くのと同じように。首をはねられたカミツキガメが嚙みつくのをやめないのと同じように。

「俺は奴らに殺される直前の彼に面会したんだ」とニックは言う。「なんと彼は有頂天だった。『ワオ、俺のデスマスクを作ってくれるっていうのはあんたか。普通、そうやって死んでも残されるのは王様とかだけだと思っていたから光栄だな。俺は自分のことをゴミみたいな人間だと思っていたから。これで俺も立派な人間だって胸を張れるさ』と言っていたよ」

§

警察がドアを蹴破ってなだれ込みニックの父親を逮捕したのはニックがまだ六歳のときだった。ブルースはそれからの二五年間を刑務所で暮らすことになり、ニックにもまた刑務所とほとんど違わぬ生活が待っていた……寄宿学校だ。惨めな学校生活ではあったけれど、ウォーリック城に遠足に行ったとき、オリヴァー・クロムウェルを描いた様々な肖像画がいっぱい飾られた部屋に入ったときのことを彼は今もよく覚えている。どの肖像画もまったく違う人物に見えることが不思議でならなかったのだ。一番の得意科目が美術だった彼は、もしかしたら昔の画家は絵が下手くそだったのか、それとも、クロムウェルが画家たちにイボなどもすべて描き込むようにと依頼したことは有名だけど、それでもなお、どの画家もクロムウェルの虚栄心に忖度したのかもしれない、などと思いを巡らせた。腑に落ちない気持ちを抱えながらその部屋を出ようと回れ右をすると、目の前の壁にクロムウェルのデスマスクが掛けられていた。これでようやくクロムウェルの顔の本当の見た目を彼は理解した。

その数十年後、ニックは両親の家で造形彫刻の教科書をめくっていた。一九九五年のことだ。テレビではロニー・クレイの葬儀のニュースが流れており、それを見ている父親の横で、ニックは鋳型の章を読んでいた。その教科書には人間の顔から鋳型を取る方法が細かく書かれていた。一方でテレビ画面には、人々から偶像視されている大物犯罪者に別れを告げるための盛大な儀式が映し出されていた。ニックは子どもの頃、刑務所に父の面会に行ったとき、隣の面会ブースに座っている服役者のひとりとして、この男を見たことがあった。「彼の葬式にあんなにたくさん参列者が別れを告げに押しかけていたことを知って、俺は呆気にとられたよ」と彼は言う、「犯罪者でさえ偶像に変えてしまうほどの力がメディアにはあるのかってね」。ニックの父が起こした事件は、新聞が「大列車強盗」と勝手に命名してセンセーショナルに書き立てる以前は、単純に「チェディントン郵便列車襲撃事件」と呼ばれていた。メディアが泥棒を英雄に仕立て上げたのだ。「そのとき俺は心に引っかかるものを感じたんだ。そして、悪者をこき下ろしていたかと思ったら、今度は手のひらを返したように有名人として崇めたてるメディアの矛盾をテーマにしたエキシビションを開こうと思い立ったわけさ」。彼は父が犯した罪を恥とは思わなかったけれど、けっして誇りにしてもいなかった。ニックは父に頼んで一〇人の悪名高き存命の犯罪者リストを作ってもらい、その一〇人の顔の彫像を作成して「コンズ・トゥ・アイコンズ（罪人から偶像へ）」というエキシビションを開催することにした。

デスマスクは歴史的に王族と深い繋がりがあるが、それとはまったく別の理由で、デスマスクと罪人の深い繋がりの歴史も長い。十九世紀の一時期には、罪人の頭部全体の鋳型を取ることが骨相学《こっそうがく》の研究には不可欠とされていた。当時、骨相学は人間心理の解明に役立つ科学であると誤解されており、その誤解がさらに発展して、頭蓋骨の形からその人物の犯罪や暴力に走りやすい傾向を生物学的に判断できると考えられていた。ロンドン警視庁の黒博物館（警察官訓練のためにかつて収集された犯罪資料を所蔵する、一般には非公開の資料館）には、ニューゲート刑務所の屋外で死刑に処された犯罪者たち（妻殺しのダニエル・グッド、宝石店店主をこん棒で殴打して殺したロバート・マーレイなど）のデスマスクがある。また、ロンドン大学には、衣服を着せられたあのジェレミー・ベンサムの骸骨から少し廊下を下ったところに、三七個のデスマスクがある。[5] どれも昔の骨相学者たちが収集したデスマスクの残物で、もはや大学はこれらをどう扱うべきか決めかねているようだ。そういうデスマスクの中には、処刑人が仕留め損じた一度目の斧の傷痕が残っているものもあれば、絞首刑の縄の痕が残っているものもある。

しかし、ニックが生まれて初めて取った顔の鋳型は死んだ罪人のそれではなかった。まだ生きている元罪人のものだ。まずはモルモット代わりに父を使った。そのときはレモンの酸でやけどを負わせてしまった。黄金の列車を飲み込んでいる彫像に仕上げるため、口にレモンを咥えさせた状態で鋳型を取ったのだ（「モビィ・ディックを喉に詰まらせているエイハブ船長に自分を重ね合わせるっていうロマンティックなそのアイデアは、親父が自分で考えたものだよ」）。次いで彼はブラジルに飛びロニー・ビッグスの鋳型を取った。その次は、相手を床に押し付けて金メッキのペンチで歯を引き抜く拷問がトレードマークだったことから「ザ・デンティスト（歯医者）」の異名で恐れられた凶暴な暗黒街の犯罪者〝マッド〟・フランキー・フレイザーだったが、ニックは彼を殺しかけてしまった。フレイザーの鼻は何度も骨折していたせいで、もはや鼻として機能していなかったので、いつものようにストローを鼻孔に入れても鼻呼吸ができなかったのだ。「彼の指関節が白くなって身体が震えはじめたから、大丈夫ですかって聞いたんだ。だけど俺が塗った石膏のせいで俺の声は聞こえていなかったんだね。そのことにやっと気づいて、大慌てでプラスターを全部引き剥がしたら、大きく息を吸って喘いでいたよ。降参のサインを出すことならいくらでもできたのに、そんなことするくらいなら、息をずっと止めている方がましだと思ったんだとさ！　あの男の人間性がそういうところにも出ていたね」。完成した彫像をニックは「マッド・フランキー」と題した。マッドと冠したのは彼が受刑中に三回以上も狂人として公式認定されたからだ。本人は罰を軽くするために狂人のふりをしただけだと主張している。刑が重くなるよりは拘束衣を着せられる方がずっとましというわけだ。

ニックの父が作ってくれたリストの一番上にあった名前は、父の師匠にあたるジョージ・〝テイターズ〟・チャッサムだった。かつてガーディアン紙に「今世紀最大の大泥棒」と称された男だ。(6) しかし、彼の所在はなかなか見つからなかった。ようやく居場所を見つけたとき、彼はすでに亡くなっていた……が、ちょうど死んだばかりだった。ニックはチャッサムの妹に連絡をとり、死体から鋳型を取らせてほしいとお願いした。ニックはその時点でまだ死体からマスクを作ったことはなかったけれど、きっと生きた人間とほとんど変わらないだろう、むしろストローがいらないだけ楽かもしれないと思った。鼻が潰れていても問題ないし。

チャッサムの妹は、彼の願いを聞いて奇妙なリクエストだと思ったものの、ちょうどその日の午後に葬儀社で兄の遺体と対面する予定だから、その姿を見てから決めさせてもらいたい、と答えた。その日の夜遅くニックの元に彼女から電話がきた。兄の死に顔は微笑んでいた、それは神に許されたからに違いない、どうぞ兄の鋳型を取ってあげてください、と彼女は言った。

「次の日、俺は生まれて初めて死体置き場に入った。彼に会うのも初めてだったし、すごく不思議な気分だったな。俺はそこで生まれて初めてデスマスクを作ったんだ。彼は確かに微笑んでいたよ」とニックは言う。「それが顎の重さのせいだってことは妹さんには伏せておいたけどね」

§

寄宿学校を卒業したニックは海軍に入隊した。その理由は、視力不適合で海軍に入れなかった父の夢を自分が叶えてあげようということもあったけれど、人格形成期のほとんどを逃亡生活で過ごしたニックにとって、転々と生活場所が変わる仕事になじみを覚えたからでもあった。彼は電子兵器の技術兵および潜水士として航空母艦ＨＭＳハーミーズ（この艦名の由来となったギリシア神ヘルメースは様々なものの神とされているが、そのひとつは盗賊の神だ）に乗り込み、フォークランドで四年間の任務をつとめた後、陸上勤務に配置転換された。潜水する機会がなくなるということは、特定の総潜水時間を満たした者に支給される潜水夫手当を将来受けられなくなることを意味する。これはパイロットの総飛行時間と同じような制度だ。彼は不足分の潜水時間を満たすため、テムズ・ウォッピング警察の潜水ユニットに転職した。フォークランドで血だらけの兵士やバラバラになった死体など、戦争の現実を嫌というほど目にしたニックだが、警察の潜水夫たちがロンドンの水底で毎日のように目にするものと比べたら、フォークランドなど取るに足りないものに思えてくると彼は言う。

「あの潜水ユニットは狂人の集まりだよ」とニックは言う、「全員が朝の九時からずっと飲んだくれていたけど、その理由は入ってすぐにわかったね。毎日のようにクソ酷いものばかり見まくっているからさ。川底に沈んでいるのは、拳銃とか車とかもあるけど、たいていの場合は死体なんだ。俺が入ってすぐにやらされた仕事は、湖に潜って、沈んだ車の中に運転手がいることを確認してから、バンパーにチェーンを繋ぐ作業だったよ。窓から車の中を見まいとすればするほど目がそっちに行っちまうんだ。あの有様はひどかったな」。

死体を身近で見たこと、死者の真の姿を目の当たりにするようになったことで、死についての考えは変わっただろうか。また、ここのキッチンのベンチの上に載っている死んだ人の顔をいつも見ていることで、ゆっくり進行するパレードのようにいつの間にか気が沈んだりはしないのだろうか。わたしはそう質問する。

「ごく限られたものだけしか頭に入れておかないことにしているんだ」と彼は言う。わたしたちのいる居間の天井はもう薄暗くなっている。「俺の少年時代はとても殺伐としていて、特に寄宿学校時代はひどかった。考えたくないことを区分けして締め出すのが得意になったのは、そういう人生を送ったせいかもしれないな。だれもが多かれ少なかれそういうことをしているんだろうけど、俺の場合は、それをやりまくらなければやっていられない環境にいたからね。だからどんどんうまくなっていったんだろうな。嫌なものは寄せつけないようにする。必要とあれば頭の中でドアを閉ざすこともできる。たいていの場合は、別のことに集中すれば締め出せるよ。そもそもやるべきことならいっぱいあるから、困ることはないんだが、裏を返せばそこが問題なのかもしれないね。やるべきことをたくさん持っておくことで現実逃避しているんじゃないか、現実を見据えて考える時間を作らないようにしているんじゃないかって、うちの子に言われたことがあるよ」

「もし考える時間ができてしまったら、それは悪いことだと思いますか？」とわたしは尋ねながら、シャーリイ・ジャクスンの『山荘綺談』の「現実以外になにもない状況下で正気を失うことなく長く生きられる生物はこの世に存在しない」という出だしの一文を思い出す。[7] どれほどの現実をどれほど長く突きつけられたら人の心は潰れてしまうのだろう。

「あまり有益なことではないと思うな。死にこだわってそのことばかり考えていたら落ち込んでしまうよ。特に自殺についてとかね……どうしてそんなこと考えようと思うんだろう？　死についてあれこれ考える暇なんかないほど、生きていてやるべきことは山ほどある。死について考えることに没頭して良いことなんてひとつもないね。憂鬱になるだけさ」

彼はこだわっていないと言うが、自らを多忙さに追い込んでまで避けている死という現実と向き合わなければできない作品を創作しつづけているのも事実だ。それはなぜだろう。何日も、何ヶ月も、物音ひとつ発しない相手と彼が向き合うのはなぜだろう。デスマスク創作を別にすれば、彼の生活はむしろ活発な爆音で溢れているというのに。

「俺がやっているほかの仕事はどれも意味のない自分勝手な楽しいものばかりなんだ」と彼は言う。「昨日は小さな女の子の足の鋳型を取りながら胸が張り裂けそうになったけど、少なくともこの仕事をしていると、俺の人生はお祭り騒ぎのジェットコースターだけで成り立っているわけじゃないって思うことができるよ」。その言葉には、オークションハウスで絵画を売ることよりも、自分の心の栄養になる仕事を探し求めていたポピーと重なるものがある。「とても価値のあることをやっているんだって思える」と彼は言う。「俺がやっているほかのアートはどれもエゴのかたまりさ。バンドをやっているのだってエゴだよ。だけど、この仕事だけはとても価値のあるものだって思える。そうでもなければやっていないよ。天啓みたいなものかな。俺以外にこれをやっている奴がいないんだからね。もしいたら、きっと『だったら俺がやる必要はないな』と思っていただろうな。そのほかの仕事は全部やりたいからやっているだけ。特にやりたいわけではないけど、やるべきだと思うからやっている。それがある人生って悪くないと思うよ」

ライフマスクにはスピリチュアルなパワーは感じられないけれど、もしも選べるなら、その人が生きている間に鋳型を取りたいとニックは思っている。できることなら、死相や窪みを修正する必要の言えないマスク作りをしたい。しかし、人というのは、ごくたまに良いアイデアが浮かぶことがあるとは言え、そのほとんどはなにかが起こった後で思いつくものなので、大切な人がこの世を去ってからようやく生前のエッセンスを残しておきたいと思うのが普通だ。どのデスマスクも必ず悲しみの因子を含んでいるけれど、それは、デスマスクは失うものがあってはじめて生まれるものだからではないだろうか。ニックは、生きていたときに作った父親のマスクを見上げる。彼は時々、かつて世界屈指の指名手配犯だったこの人物のライフマスクを仰ぎ見ながら、これをハイゲート・セメタリーの日陰のお墓に鎮座している悲しげなあのデスマスクと交換してみようかと考えることがある。なぜなら、あのデスマスクの目の窪みや重力によって垂れている顔立ちに心を揺さぶられてしまうからだ。彼が父を亡くしたのは五年前のことだけれど、いまだにそのことについて話すのは辛いという。今日もその話題はずっと避けていて、煙草を巻く自分の手元に目を逸らしながら、ほかの質問に替えてくれないかと言いつづけていた。しかし、わたしが帰ろうとした直前になって、彼は父の死体を椅子に座らせて鋳型を取ったことを後悔しているのだと語りだす……それはニックのいつものやり方ではないのだが、そのときだけなぜそのやり方を選んだのか自分でもわからないし、父の死を知らされてからの数ヶ月のことは、ほとんどぼんやりとしか覚えていないという。頭の中のどこかにあるドアに閉じ込めてしまったみたいに、今でもよく思い出せない。ただ、少なくとも、あのライフマスクの方が、今はデスマスクが鎮座しているあのスペースには確かにしっくりきそうだ。左には「きたぞ！（THIS IS IT!）」という文句（一九六三年の強盗の夜、耳を当てていた線路から顔をあげてトランシーバーに向かって彼が放った言葉）が、右には「仕方ない！（C'EST LA VIE!）」（逮捕されたときに放った言葉）が手彫りされているその真ん中のスペースだ。

後日、ハイゲート・セメタリーを訪れたとき（ヘレボルスの花が強風に煽られて傾き、頭上の木々がギシギシと音をたてる冬の日だった）、彼のお墓の前には小さなベンチがあったことをわたしははじめて知った。ふたつの石を脚にして小さな木板を載せただけのシンプルなそのベンチは、ほかのお墓の陰に隠れて本通路からは見えない位置に置かれていた。そのベンチに座ってみると、ちょうど目線の先にニックの父親の顔があった。ニックと同じく魅力的な顔だ。ブロンズの肌を伝い落ちる雨の雫は、彼が生涯かけて少しずつ刻んだデリケートな目尻の皺にあたってコースを変えていた。

4　生殺し――被災者身元確認業務

ロータリーと駐車場しか見当たらないロンドン郊外の殺風景な産業地区にある無個性なレンガ造りのビルにケニヨン社はオフィスを構えている。この辺の店舗は、ハルフォーズ、オートセンター、ウィックス、ホームベースと、どれもマイカーや自宅や庭の修理・改修に使うもの、つまりは生活の体裁を良く見せるための道具を売るチェーン店ばかりだ。みすぼらしいピザハットの前には、廃墟としか思えないがどうやらまだ営業しているらしいハリウッド・ボウルというボウリング場がそびえている。この地域は、造園技術を駆使してコンクリートの景観をなんとか美しく見せようという自意識過剰気味な努力は見て取れる（池には短い橋が架けられているし、ここの美しさを書き立てた切り株の看板まである）が、それを除けば殺風景なアスファルトだらけだ。隣の駐車場の向こう側から、ひときわ目につく黄色い安全ベストを身に着けた人物がわたしに向かって手を振る。そのジェスチャーは「そう、ここで合っているよ」と教えてくれている。ケニヨン社がこの場所をオフィスに選んだのはヒースロー空港に近いからで、それ以上でも以下でもない。世界のどこで起こるかわからない大量災害死の連絡を受けたとき、一秒たりとも無駄にすることはできないからだ。

ケニヨン社という社名をわたしはそれまで一度も聞いたことがなかった。社名ロゴの下には「国際緊急サービス」と書かれている。その表現は確かに曖昧だが、彼らの仕事を的確に言い当ててもいる。わたしがこの会社を知らなかったのは当然だ、と業務部長のイワンが教えてくれる。そもそもケニヨンという社名を耳にしたことのある人はほとんどいない。「うちの会社はホワイトラベルだからね。災害の当事者となったクライアントに代わって仕事に当たるのがうちの仕事なんだ。だから社名を名乗るときも、そのクライアントの社名を使うわけさ」。彼は受付エリアのガラステーブルにパーティリング・クッキーを山盛りに乗せた小皿とコーヒーを出しながらそう教えてくれる。わたしは刑事に取材したいと思って探し回ったのがきっかけで、この会社の存在を知った。多くの元警察官がこの会社に勤めている。だからと言ってケニヨン社の存在や業務内容が極秘事項というわけでもない。公式サイトには、ここで働く人々のことが細かく書かれており、これまでやった仕事の内容や赴任先について本人が語ったりもしている。受付で待機するわたしの前には雑誌が山と積まれている。フューネラル・サービス・タイムズ誌、航空ジャーナル誌、インサイト誌のインディペンデント葬祭ディレクター特集、エアライン・ワールド誌。どの雑誌もベン図みたいにわたしの好奇心と重なっている。

たとえば、彼らのクライアントの航空会社の飛行機が墜落した場合とか、クライアントが所有するビルが大火災にあった場合とか、クライアントの鉄道会社の列車が踏切でバスと衝突した場合とか、そういった災害が起きたとき、ケニヨン社が代行して地元自治体と協力しながらその災害の事後処理にあたる。クライアントに代わって彼らがメディア対応を行ない、発表する声明の明確さや一貫性も確保する。彼らのおかげでクライアントは、そういうときに起こりがちな社内の内部崩壊阻止に全精力を傾けることができる。ケニヨン社はまた、災害に見舞われたクライアントのウェブサイトを即座に修正することもやる。たとえば、ジャーマンウィングス社の副操縦士が意図的にアルプスの山中に飛行機を墜落させ一四四人の乗客と六人の乗務員たち全員が亡くなったあの事故のときは、彼らが派遣した緊急作業員がアルプスで残骸処理を行なう一方で、この航空会社のホームページからは格安航空券の旅を宣伝するために使われていたアルプスの素敵な写真がすべて、たちどころに取り除かれている。

ケニヨン社はまた、被災者の家族や関係者が電話をかけて行方不明者を登録したり進捗を尋ねたりできる緊急連絡先をすみやかに設定する。遺族との連絡専門の担当者を用意して、真実は曲げることなく、それでもなんとか遺族の正気が保たれるレベルで、その恐ろしい出来事について伝える。会社側の声明としてメガホンで一斉に伝えるのではなく、いつも同じ担当者を通して親身に連絡を取り合う。ほかにも、会社のウェブサイト内には、被災者の家族がログインすればリアルタイムで情報を得られる、いわゆる「裏サイト」をセットアップしたり、家族が待機するためのファミリー・アシスタンス・センターを用意したりもする。そのセンターには家族がいつでも祈りを捧げられるよう、各宗教の経典が用意され、精神医療の専門家にいつでも診てもらえる環境が整えられ、必要とされるあらゆる言語で情報が届けられるよう手配される。

ケニヨン社はまた、大切な人が亡くなった現場に遺族が駆けつけられるよう、地球の最果ての地であったとしても、飛行機、列車、馬、馬車など、ありとあらゆる移動手段を駆使して、たとえブラジルの森林の奥地からでも現場まで呼び寄せられるよう旅程を立てる。遺族の滞在先も確保するし、その際には、飛行機事故を伝える報道陣や四〇〇人の結婚式の出席者と同じホテルにならないよう陰から手を回したり、ホリデーでやってきた浮かれた宿泊客と食事時間がかち合わないようアレンジすることも忘れない。被災者の追悼式も企画する。百年以上にわたって様々な災害処理に当たってきたケニヨン社（一九〇六年にイギリスのソールズベリーで起こった船車連絡列車の脱線事故が最初だ）は、どの災害も個々にまったく違うものであることをよく理解しているし、文化によって死や死体にたいする扱いがまるで違うことも心得ている。たとえば日本人の遺族のためにバラの花を供花として選ぶのは不適切で、白い菊を用意すべきことも彼らは承知している。報道記者がIDカードを偽造してファミリー・アシスタンス・センターに潜り込もうとする可能性も含めて、ありとあらゆる実務的な懸念点があらかじめ考慮され、手が打たれている。二〇一〇年に一〇三名が命を落としたリビアの空港の滑走路で起きた衝突事故のときには、ひとりの記者が実際にそれを試みて逮捕された。また、その災害が火災だとしたら、ケータリング会社に連絡して、遺族にバーベキュー肉を提供しないよう依頼することも忘れない。

ケニヨン社は、だれも考えたことのないようなことを、そして今後だれも考えることがないだろうことも、あらゆる角度から検討する。大惨事のただ中に立たされたとき、かつて同じことを経験したことのある人や会社などほとんど皆無だからだ。

今日はケニヨン社の一般公開日だ。今後起こるかもしれない問題を段階的に解決できる彼らの能力を売り込むために設けられた日だ（この会社は結局のところ営利企業なのだ）。航空会社、地方自治体、サービス業界、鉄道会社、バス会社、消防サービス、運輸会社、石油会社、ガス会社など、将来的に大量死傷事故が起こってもおかしくはない種々様々な会社から多くの代表者が集まっている。ケニヨン社は、これから七時間かけて、最悪の事態が起きる前に彼らと契約を交わすことの重要性について説明することになっている。しっかりしたプランを持っておくことが、遺族や社員にとってだけでなく、会社の名誉のためにも不可欠であると彼らは説く。二〇一四年に二度の墜落事故を起こして五三七名の死亡者を出したマレーシア航空には今後おそらく名誉回復の見込みはないだろうという話が教訓として何度も引き合いに出される。わたしたちは、窓辺にいくつもの模型飛行機が飾られているこの部屋で、折りたたみ椅子に座って、ケニヨン社の社名入り文房具が入った紙袋を手に握りしめながら、人というのは概して災害を受け入れることができるものだと聞かされる。大切な人を突然亡くして深い悲しみに包まれているときでさえも、こちらが思っている以上に、その悲惨な出来事が起こったという事実を受け入れることができるのだという。ただ、会社側が遺族にたいしても死者にたいしてもまったくなんのプランも示すことなく不十分な対応をすれば、彼らがそれを受け入れることは絶対にありえない。

§

「モー」の愛称で親しまれるマーク・オリヴァーは現在五十三歳だ。彼の身体的特徴を警察が発表するとしたら、中肉中背、眼鏡をかけ、軍人と言っても通用するほどしっかり整えられた白髪交じりの短髪、といった感じだろうか。彼は、被災地に赴くとき以外はスーツ姿で仕事をする。被災地で着用するのは、このオフィスの裏手にある広大な倉庫にいつでも使えるよう用意されている緊急持ち出しバッグの中の服だ。彼はわたしをそこに案内するため、赤と黒の大文字で「**とまれ！　確認！　お前は汚れていないか？？？**」と書かれたラミネート加工のA4用紙が張られているドアを抜け、学校によくある背の高いグレーのロッカーがずらりと立ち並ぶエリアに入ってゆく。近くの棚にはポータブルのエンバーミング・キットがあり、その上には折りたたみのエンバーミング用テーブルが一〇個重ねて置かれている。彼はロッカーを開け、自慢気な素振りをまったく見せることなく、その中をわたしに見せてくれる。彼らの緊急持ち出しバッグには、荷造りが容易にできるように、大きな証拠品用ビニール袋が使われている。バッグの中には、暑さ、寒さ、湿気、乾燥の各気候に適した衣服がすべて揃っている。どの服も丁寧にたたまれていて、ひとつのバッグで一週間は十分に使える分量が入っている。一週間あれば、必要に応じて現地まで追加の衣服を空輸できるからだ。彼は別のロッカーを開け、あるものを指さす。「ほら、あそこ」とニンマリと笑う。「これできみは、わたしの上司のパンツを見てしまったことになるね」

二〇一四年にケニヨン社に入社したモーは、二〇一八年にオペレーション部門本部長になった。現場作業とトレーニングとコンサルタント業務を統括し、膨大な人数のチームメンバーを管理している。二千人いる社員の中には、かつて航空業界で働いていた者、喪失感やPTSDを専門とする精神分析医、消防士、放射線技師、海軍士官、刑事巡査、さらにはロンドン警視庁の警視総監だった人物もいる。航空旅行関連と銀行関連のどちらの危機管理にも精通した専門家、エンバーマー、葬祭ディレクター、パイロット、爆弾処理専門家、ロンドン市長のアドバイザーだった人たちもいる。世界の終末に際してチームを集めるとしたら、なかなか悪くないメンツだ。これに外科医でも足せば、きっとゴキブリや深海魚と共に地球上で生き残れるかもしれない。

モーはこの仕事に就く前は三〇年間イギリス各地の警察で働いており、上級捜査官として、殺人事件、暴力団犯罪取り締まり、汚職防止、テロ防止などにたずさわってきた。そういう真面目な役割に反して、大の冗談好きだ。デヴィッド・サイモンのノンフィクション書籍『殺人課（*Homicide*）』に書かれている、死んだドラッグディーラーの指名手配写真に天使の羽をつけて署のクリスマスツリーに飾ったボルチモア警察の刑事の軽薄さとは少し違うかもしれないが、どちらにせよ、その手のユーモアは殺伐とした職場にありがちで、モーもその例外ではない。きっと、そうでもしなければ、やっていられないのだ。ユーモアは心の励みになる。今ここにも重苦しさがのしかかっている。わたしたちがいるこの倉庫には、大火災にあったグレンフェルタワーに暮らしていた人々の所有物が何万点も保管されている。あの焼け落ちた高層マンションの黒い骨格は、市民が目を逸らしてくれることを祈って当局が巨大な防水シートで覆うまでずっと西ロンドンにそびえ立っていた。あの火災からどれほど時間が経過しようと、二〇一七年六月一四日の出来事はいまだに生傷のように人々の心に重苦しくこびりついている。様々な形で政治や社会の欠点を露呈させたあの火災では、七二人が命を落とし、七〇人が負傷し、二二三人が救出された。身元確認のために検死が行なわれる一方で、ケニヨン社は火災時にこの建物に暮らしていた人々の私物を回収し、それらを所有者やその家族の元に届けるため、各人の現在の仮住所を突き止める作業をしていた。一二九世帯あったほぼ全世帯からなんらかの私物が見つかっている。七五万点におよぶアイテムが箱詰めにされてノース・ケンジントンの火災現場からここに送られ、ひとつひとつきれいにしてから返還される。わたしがケニヨン社を訪れたのは、あの火災から二年が過ぎた二〇一九年のことだったけれど、その時点でもなお作業は続いていた。

遺品の持つパワーと重要性については、ちょうど先ほどモーがわたしたちに向かって力説したところだ。復興のために金銭を管理してどう分配すべきか判断を下す権限も重要だが、それと同じくらいのパワーと重要性が遺品にはあるという。遺品は単なる品物ではない。最期を迎えたときに持っていたアイテムには計り知れない感情の重みが残るもので、その重さを判断するのは遺族であって、けっしてこちらではない、と彼は語る。当局は得てして遺品の存在を軽視しがちだ。警察はそれらを段ボール箱に詰めて放置したり、他人に渡したまま忘れてしまうことさえある（かつてわたしと組んで仕事をしていたある事件記者は、警察から借りた殺人事件の被害者の衣服をビニール袋に入れたまま自分のデスクの引き出しに放置していて「いつかは返さなければいけないけど、特に急ぐ必要はない」と言っていた）。しかし、死は様々なものに変化をもたらす。死んだ本人や遺族に変化をもたらすだけでなく、家の中に遺された品物にも変化をもたらす。死者の私物は、マギー・ネルソンが『ザ・レッド・パーツ（*The Red Parts*）』（殺された彼女の叔母とその裁判について書かれた本）でも書いているように、「護符」のような存在に変化する。

モーはグレンフェルの火災現場で見つかった数々の品が収められている通路にわたしを案内する。段ボール箱がわたしたちの背丈よりも高く積まれている。「前まではギッシリ入っていたよ」と彼は言うが、わたしから見れば、今でも十分にギッシリだ。以前ほどではないのかもしれないけれど、今なおこのスペースの大半を品々が占拠している。何千個もの段ボール箱が棚に並んでいるだけでなく、箱に収まらないサイズの物が種類別に壁沿いに積まれている。子ども用ＢＭＸから大人用ロードバイクまで様々な自転車もあれば、ベビーカー、名前は知らないけれど赤ちゃんを入れるための弾むやつ(赤ちゃんを泣き止ませるモビール付き)もある。スーツケースもたくさんある。子ども用の椅子は名前付きのものもあればそうでないものもある。処理部門はこの倉庫の表側にある。玩具の自動車であれ、パジャマのズボンであれ、コインであれ、品物が届いた段階でケニヨン社が遺族に連絡し、その品物をきれいにした状態で返却されることを希望するかどうか確認するのだという。「きみが来るのがほんの数日早かったら、この通路の頭上いっぱいにロープを張って干している衣服の洗濯物を拝むことができたのにな」と彼はニンマリ笑いながら両手を広げ、案山子《かかし》のようなポーズをして見せる。どうやらこの一般公開日の直前に大慌てでこの辺を整理したらしい。棚には色々な洗剤やヘアドライヤーやアイロンがいくつも並んでいる。同じ倉庫内の隣接するエリアにある写真室には、品物ごとの写真撮影例を示したA4方眼紙がある。ペンの撮り方はこう。ブラジャーの撮り方はこう。セーターは片袖だけたたみ、もう一方の袖は伸ばして撮る。

先ほど受付で待っているとき、わたしは「身元不明の私物」と題されたバインダーをめくっていた。どの写真も過去の色々な災害後に現場で回収されたものの、所有者を特定できなかった品物だ。それらは今なおＩＤナンバーが振られた状態でファイリングされ、持主が見つかる日を待ちつづけている。一緒に受付で待機していた今日の参加者たちは、紙皿を手に三角サンドをパクついたり、紅茶ポットと格闘したりしていたけれど、わたしは我を忘れてそのバインダーのページをめくっていた。ＩＤナンバーが横に添えられたいくつもの私物たち。バインダーの厚み。まだ見つからぬ持主以外の人にとってはまったくなんの意味もない品物たち。おそらく炎か、それとも爆発か、またはその両方によってフレームが歪んでしまった鼈甲《べっこう》の老眼鏡。家の鍵。アルファロメオの鍵。カトリックの祈祷カード。海から引き揚げられたというイアン・ランキンの本はすっかり膨らんでいる。

　遺族が判明し、連絡を取った結果、その品物は欲しくないという明確な返答を得た場合、その品物はいったん所有者不明として扱われた上で破棄される。モーはわたしを倉庫の奥にある別の部署に案内する。白いツナギを着てフェイスシールドをつけた六人の人たちが九〇年代のＶＨＳテープをハンマーで粉砕しているところだ。手袋をはめた彼らの指の隙間から、油性マーカーで丁寧に書かれたラベルの文字がチラリと見える。ハンマーで打ち砕かれたプラスチックの破片が近くの床に舞い落ちてゆく中、その騒音に負けないよう声を張り上げてモーがジョークを言う。給料をもらってストレス解消できるとかなんとか言っているようだけれど、騒音のせいでよく聞こえない。積まれたＶＨＳの中には、ドラマ『刑事タガート』の上から『フレンズ』をダビングしたらしきものがある。実家に保管されているわたしの幼少時代の映像が記録されたかけがえのないテープとまったく同じ銘柄のテープも見える。床にはブリトニー・スピアーズのＣＤの破片が落ちている。

　あのタワーマンションが鎮火してちょうど三ヶ月経った頃、黒焦げの現場で煤にまみれた残骸をくまなく探し回っていたケニヨン社の作業員たちは、ひとつの水槽を発見した。餌も酸素を供給する電力もない水槽の中で二三匹の死んだ魚が腹を見せて水面に浮かんでいたが、まだ七匹が生きたまま泳いでいた。そこに暮らしていた家族と連絡はついたが、仮住まいをはじめたばかりの彼らに魚を飼える余裕はなかった。彼らの承諾を得てケニヨン社のある社員がこの魚を引き取ることになったのだが、その人物はこの魚を単に育てただけでなく見事に孵化まで成功させた。新たな命が、焼け落ちた建物の灰の中という、これ以上ありえないような場所から誕生したのだ。

その魚はフェニックスと名付けられた。

§

モーは自分がここで働くことになるとは思ってもいなかったと語る。この仕事のオファーを受けたとき、彼はすでに警察を退職していた。ただ、この仕事に繋がる種は、彼がある任務についた二〇年前にすでに蒔かれていたようだ。

西暦二〇〇〇年、コソボ紛争に終止符を打つという名目でNATO軍が一一週間にわたる空爆を決行し、世界的物議をかもした。空爆後、その残虐行為を捜査すべく国際支援団体が現地に送り込まれた。諜報機関が集団墓地の場所を特定すると、そこに埋められた死者たちを遺族のもとに返すべく、死体を掘り起こして解剖し身元確認する鑑識チームが必要となった。五週間に及ぶこの大仕事を遂行できる人材が急遽集められることになったのだ。モーはその当時、未解決の殺人事件を専門に捜査する殺人課を取り仕切っていた。死体解剖にも慣れていたし、秩序だったチームワークにも長けていたし、この手の仕事に必要なコンピュータ・システムをセットアップする技能も持っていた。優秀な警察官としてのスキルを併せ持つ彼はこの大仕事に理想的な存在だった。「現地に飛ぶと、すぐにランドローバーの鍵を渡されたよ。で、翌日にはもう打ち合わせのため三〇人のチームのもとに連れて行かれた」。今でもなお、当時を思い出すと彼の目は大きく見開かれる。コソボの集団墓地は彼の本拠地である北ロンドンのヘンドンとは天と地ほどに違う世界だった。「うわぁ」という言葉しか出なかった、と彼は言う。

四年後の一二月二六日、大津波がスリランカを襲った。何万人もの死者の身元を特定するためロンドン警視庁からも人員が送られることになった。コソボで（白骨化した死体から生きていた頃とほぼ同じ状態の死体まで）様々な死者の身元を確認した経歴が買われたモーは、この多国籍チームを取り仕切る立場として現地に送り込まれた。その地で彼は六ヶ月間、ほとんど寝る間もなく働きつづけた。このとき仕事を共にした様々な災害対応の専門家たちと親しくなり、それから何年も経って警察官を引退して間もないモーを、彼らがケニヨン社の正社員として引き抜いた。

ケニヨン社の一般公開日から数日が過ぎたこの日はとても静かだ。わたしはモーのオフィスで彼がたずさわった様々な災害処理の話を聞いている。二〇一五年にアルプスに墜落したジャーマンウィングス機墜落事故、二〇一五年に三八名の死者を出したチュニジアの銃乱射事件、二〇一六年に地中海に墜落し乗客乗員全員が死亡したエジプト航空804便墜落事故、二〇一六年にドバイ空港に墜落したが死者は地上にいた一名だけだったエミレーツ航空の着陸失敗事故。モーによると、ほとんどの航空会社の事故対応計画（その計画すら持たない会社もあるが）に見られる最も明白な欠点は、どれも本拠地空港での墜落を基礎に想定したものばかりで、他国のインフラや富裕度の違いについてまったく考慮していないところだという。

　オフィスの棚には膨大な死亡事故マニュアルの横に警察官時代の写真や小物の数々が置かれている。わたしはその中のひとつを指さす。クネクネした手書き文字のラベルが貼られたボロボロの南京錠が、ニスでコーティングされた小さな木製スタンドに掛けられている。それについて尋ねると、彼は「スリランカの最終日に取り外した南京錠なんだ」と言いながらそれを棚から取り上げ、テーブルのわたしの前に置く。それは二〇〇四年の大津波災害で回収した身元不明の死体を収容するのに使われた四〇フィートの海運用冷蔵コンテナ（よく道路で見かける大型トレーラーが引いているタイプのコンテナ）につけられていた南京錠だ。最後の死体の身元が判明し、六ヶ月に及んだ辛苦の作業がやっと終わってコンテナがすっかり空になったとき、スリランカ人検視官が最後の南京錠を取り外してモーに贈呈した。「やっとの思いでやりとげて、死者全員を安らかに眠らせることができたんだって実感した瞬間だったね」と彼は言う。「わたしたち全員にとって、ものすごく意味深い瞬間だったんだ」

　インドネシア、タイ、インド、スリランカ、南アフリカの沿岸を襲ったその巨大津波は、合計二二万七八九八名の死者を出した。スリランカだけで三万人以上が亡くなっている。スリランカの地元当局は、熱帯の暑さの中で死体を放置すれば生者の健康被害を招くかもしれないと考え、すぐに死体を埋葬することに決めた。死体は集団墓地に埋葬されたが、後で国際支援団体が独自調査で掘り起こすかもしれないことを想定して、多くの集団墓地は病院に隣接した土地に設けられた。「スリランカ当局が大量死の身元確認調査をやりたがらなかったのは、国民の意思を反映してのことでもあったんだ」とモーは説明する。「スリランカ人の多くは仏教徒やヒンズー教徒で、津波の死者たちがまとめて集団墓地に埋葬されることに肯定的だったんだ。だけど、外国人にその文化が理解されないだろうことも政府や地元当局は理解していた。外国人の死者は集団墓地に埋められたままではいたくないはずだとね。そこで彼らは、明白に外国人とわかる死者の埋葬場所を記録に残し、その死者たちの身元確認に協力すると言ったんだ」

　イギリスの警察官と鑑識官からなる複数のチームが交代制で、集団墓地の外国人が埋葬されているらしき各所を調査しては掘り起こし、七個の冷蔵コンテナに三〇〇人ほどの死体を収容した。どの死体も身元不明で検死が必要とされるものばかりだった。行方不明者の歯科の記録やＤＮＡや指紋など、生存中の識別情報となるものを各国から集め、コンテナに収容された死体と照合していった。何万人もいる行方不明の外国人について、生存中の識別情報を集めること自体が実はものすごい大仕事だった。ケニヨン社の一般公開日にも、モーがその作業の進め方をわたしたちにわかりやすく教えてくれた。死体がどのような状態で発見されるかわからないので、身体のありとあらゆる箇所の様々な識別情報を可能な限り集めることが重要だ。たとえば、腕にタトゥーが彫られていれば、それは確かに素晴らしい識別情報だけれど、腕のない状態で発見された遺体の身元を割り出すことはできない。それにタトゥーのデザインはそれぞれ唯一無二だと思われがちだが、実際に過去にあったケースとしてワイリー・コヨーテのタトゥーの話もある。ワイリー・コヨーテは海兵隊輸送部隊のマスコットなので、何百人もの隊員が同じタトゥーを彫っていたのだ。また、爆発や墜落の衝撃で私物が混同される可能性があるため、死体から身分証明書の入った財布が見つかったとしても、本当にその人の財布であると断定することはできない。そうやってあらゆる可能性を疑ってかからなければいけないのだ。一般公開日では、モーの指導でわたしたちもその作業を疑似体験した。隣にいる人とペアを組み、生前の識別情報を集めるロールプレイをやったのだ。埋め込み型医療機器（ペースメーカーや人工乳房など）はすべて記録するようにとモーはアドバイスした。それらに記されているシリアルナンバーは身元照合資料としてとても優秀だ。モー自身、ごく最近、人工膝蓋骨からある男性の身元を確認したという。その男性のように、身元確認の最大の決め手が膝のお皿だったというケースもあるのだ。このロールプレイングでわたしはわたしの実の母を演じ、わたしとペアを組んだ物静かな消防監督官はケニヨン社のスタッフ役を演じて、わたしの身体識別情報を聞き出した。膝の手術に使われている両脚のボルト、左太ももにある薄れかけた母斑、一〇代のとき怒りにまかせて窓ガラスを割ったときについた手首の傷痕、ピンクの三輪車で大型ゴミ箱に突っ込んだときについた肩の白い一本線の痕のことをわたしは伝えた。そうやって自分の身体的特徴の識別情報となり得そうなものについて答えながら、わたしは両親にほとんどなにも伝えていないことを思い知った。今のわたしの主治医も歯科医も両親は知らないし、血液検査を受けたことがあるかどうかも、最近医療行為を受けたことがあるかどうかも、自分のルーツを知ることができる23andMe みたいなサービスに遺伝子解析用のDNAを提出したことも、職場のビルに入館するのに指紋が必要なことも、両親はまったく知らないはずだ。ポケットの中の糸くずほどしかない情報をひねり出して遺族連絡担当者に伝える両親の姿をわたしは想像した。そんなわずかな情報からわたしの子ども時代の傷痕を持つ死体を見つけ出そうとする死体置場のスタッフの姿をわたしは想像した。その作業は、金銭的にも時間的にも、ものすごいコストが費やされるものに違いない。

「スリランカの当局が自国民を身元不明のままにしておくことを良しとした理由は、純粋に宗教的な理由だけでしたか?」とわたしはオフィスでモーに質問する。「それとも被災者の多くが貧困層だったことも関係しているのでしょうか?」

「確かに政治的な側面がないわけではないね」と彼は答える。「たとえばあの津波によるタイの死亡者数はずっと少なかったのに国際的な活動はもっと大々的だった。なぜだと思う? 死亡者全員の身元確認を断行したからだよ。完了まで一八ヶ月から二年は必要なことも厭わずにね。タイの死亡者の多くが裕福な旅行者だったことがその決断と無関係だったとは言い難いね」。彼は、結局いつだって金が絡んでくるもので、それについて自分にはどうすることもできないんだ、と言いたげに首をすくめてみせる。「だから世界各国の目もタイばかりに向けられた。災害へのアプローチも資金調達も要は政治次第なのさ」

被災地の貧困によって活動内容が左右された、もうひとつのケースがある。フィリピンでのことだ。二〇一三年一一月にフィリピンに上陸した台風第30号は記録史上最大級の台風で、自動車を石ころのように吹き飛ばし、建物を全壊させ、複数の町を壊滅させた。この台風はフィリピンだけで六三〇〇人以上の死者を出している。タクロバン市は市の九割が消失したと推定されると発表した。この台風の直後にモーはチームを引き連れてタクロバン市に向かった。タクロバン市の壊滅状態はあまりにもひどく、その二年後には、ローマ教皇フランシスコが当地の人々の心に希望をもたらすために訪れ、空港に集まった三万人の前でミサを行なったほどだ。

死体が何週間もそのまま放置されていたという記事をニューヨークタイムズ紙で読んだ覚えがある

とわたしがモーに言うと、彼は、あのとき見た光景はいまだに信じられないと言いたげに視線を逸らした。「写真を見せてあげよう」と彼は言い、後方にあるデスクに戻って「ちくしょうめ、クソ忌々しいプレゼンテーションをやらされすぎだよ」と罵りながらコンピュータ・フォルダをサーチした末、ようやくお目当てのパワーポイントを見つけ出して大スクリーンに写し出す。最初の写真は、地元当局がその場で調達できるものを寄せ集めて仕立て上げた急ごしらえの作戦本部だ。それは使われていない建物でトイレがひとつだけ備わっている。また、テントや薄っぺらな布製のガゼボの数々が仮設死体置き場として使用されていた。この地域には公的機関から仮設死体置き場も遺体冷蔵設備も提供されなかったのだ。あるガゼボの布には「I ♡ TACLOBAN（アイ・ラブ・タクロバン）」とプリントされている。その土地のすぐ脇は、蚊が集団で飛び交う湿地帯で、そこに並べられた何千もの死体袋は、暑さのせいで破裂していた。平均気温二七度、湿度八四％というこの季節のタクロバン市では、死体腐敗率がとても高く、腐敗ガスによってプラスチックが裂け、そこから流れ出た中身が地面に溜まってしまう。どんな匂いだったかとモーに尋ねると、彼は少しだけ押し黙った。匂いについては一度も考えたことがなかったらしい。「きっと嗅覚があまり良い方じゃないんだろうな」と彼は言いながらスクリーンを見上げた。「この仕事にはちょうどいいかもしれないね。でも、スリランカのときは、車で一四時間移動している間ずっと死体の甘い匂いがしていたのを覚えているよ」

写真はまだたくさんある。フィリピンのラグーンからモーが自分の手で引き揚げた三人の死者の写真。その三つの死体は台風に流されてそのラグーンに行き着いたわけではない。ひとりの地元警察官が良かれと思ってそこに移したのだ。街中に放置されて腐敗していた死体の腐臭や見た目の恐ろしさから生き残った人たちを守ろうと、そこから一番近いラグーンにこの三人の死体を隠したのだが、結果的には、その近郊に暮らす人々の水源を汚染させることになってしまった。膨れ上がって真っ白になった三人の死体はうつ伏せ状態で水面に浮かんでいた。モーは、二本の木板を持ち出し、一本を骨盤の下に、もう一本を両腕の下に差し込んでぐったりした死体を持ち上げ、カヤックに載せて海岸まで運んだ。水に漬かっていない背中側の肌は滑らかでふっくらしていたが、胴体の前側は骸骨みたいになっていたし、顔には海の生物に齧られた痕があった。「ある墜落事故の被災者を回収したときは、サメに食われた痕のある死体もあったよ」とモーはスライド写真を進めながら言う。それが自然の摂理だ。その三人の死体が防水シートの上に並べられている写真が映し出される。その次の写真ではモーが死者の片足を持ち上げながら青いロープを指さしている。そのロープは例の警察官が、死体が人目につかなくなるよう、ラグーンの底に縛りつけようと用意したものだった。

地面にずらりと並べられた死体袋を目の当たりにして「これはさすがに解決できないかもしれない」と思ったときの光景をわたしに見せようと、モーは素早くマウスをクリックしてスライドショーを先に進める。台風が人々の命を奪った一週間後に撮られた数々の写真がスクリーンに映し出されてゆく。死体袋の中に茶色い汁が満ちていたり、クリーム色の肋骨が袋を破って突き出していたり、蛆《うじ》虫《むし》がうごめいていたりするのもはっきりと見える。識別に使えるはずだった顔の皮膚が剝がれ落ちた頭蓋骨から出ている貧相な髪の毛が頬や目にかかっている。さらに水着姿の膨れ上がった死体もある。津波前はビーチに寝そべっていたであろうその人が、今やずっと離れた陸の地面に横たえられている。大人もいるし子どももいる。もう何時間もモーからこの仕事について話を聞かせてもらっていたけれど、これらの写真を実際に目にしてようやく、身元確認がいかに難しい作業なのかを真に理解できたような気がする。湖から引き揚げられた溺死体とはまったく違い、どの死体も腐敗しはじめた肉と骨しか残っていないので、タトゥーどころか顔さえ失っているのだ。唯一の救いは、たとえば飛行機墜落事故の瓦礫から回収されるような四七のバラバラの断片になった一人分の肉体とは違い、どの死体も五体が揃っていたことだ。つまり、あくまでも理論上の話だが、身元確認の希望がまったくない状況ではなく、DNAや歯型の記録から身元を割り出すことが可能だ。ただ、この台風第30号は人々の命だけでなく時間も奪っていたので、遺伝子情報が眠っているはずの生前の抜け毛や歯ブラシも、指紋を採取できるはずの鏡やドアノブも、死体と照合するのに使える生前の身体識別情報を集める機会が得られなかった。しかも、貧困であればあるほど、歯医者に通っていた可能性は低くなる。そしておそらくここに並べられた死者たちの中に、指紋をかざして入館する超高層オフィスビルで働いていた人はいなかっただろう。

そんな状況だったのに、フィリピンの死体保管チームは、身元確認に使える可能性が極めて低い識別情報を集めつづけ、数千人の死者にたいして一日平均一五体という遅々としたペースで作業を進めていた。それをする意味があるかどうか考えもせずに、ひたすら作業を進めていたのだ。腐敗が進んでいるのに死体を放置したままこの作業を進める地元当局のやり方は人道的でないとモーは判断した。身元確認のための適切な作業計画もなく、他国の政府はこの国に興味を示さないため、資金もまったくない状況だった。被災して精神を疲弊させている生存者の心に追い打ちをかけるようなこの恐ろしい状況は、別のやり方をすれば阻止できたはずの状況だった。

「懸命に作業していた彼らを非難するつもりはないけど、わたしの目には、あの状況はあってはならないことにしか見えなかった。そこで、各死体から歯を一本だけ採取するなどしてから、すぐに個別の墓に埋めるべきだと説得したんだ」と彼は言う。歯はとても容易に保管できるし、身元確認の可能性をわずかでも残すことができるので、まったくなにもないよりはましだ。「最終的には、クリスマスになって国際支援で来ていた人たちが全員帰国した段階で、彼らはようやくJCB社のでっかい採掘用重機を使って死体を埋めたよ。手に負える状況じゃないことにようやく気がついてね」

§

数ヶ月前、春の陽光が差し込む遺体安置室でわたしたちはアダムを注意深く横たえ、丁寧に脱がせた彼のTシャツを遺族に返すため几帳面にたたんだ。今こうしてモーの話を聞きながら、あのときのことを思い浮かべると、平穏な状況における「丁寧さ」と、大量の死者が出た状況での「丁寧さ」は大きく違うことを思い知らされる。ひとりの死者に心を向けることと、最悪な状況下で最善を尽くすことに心を向けることの違いだ。災害処理は起きた個々の災害によってまったく異なるものだとは言え、不変の基本原則がいくつか存在する。ほとんどの基本原則がそうであるように、災害処理の基本原則もまた、過去の間違いから学んだものばかりだ。

一九八九年、テムズ川で一隻の船が沈没した。沈没したパーティ用小型船マーショネス号は、一九四〇年にダンケルクの戦いで脱出に使用された船のひとつでもあった。夜中のテムズ川で巨大な浚渫《しゅんせつ》船《せん》ボウベル号と衝突したマーショネス号は、わずか三〇秒で沈没し、五一名の死者を出した（その大半が三十歳以下だった）。この事故処理に大失敗したことがひとつのきっかけとなって、公的な災害時の死体の扱い方が大きく変化した。当時ロンドン及びイングランド南東部を管轄にしていた法病理学者リチャード・シェパードによると、あの事故は、一連の列車衝突事故、銃乱射事件、そしてキングス・クロス駅のエスカレーターの隙間に一本のマッチが落ちて起こったあの大火災（あの火災で亡くなった人々を追悼する駅通路のプレート横をわたしは毎週通り過ぎている）と共に、災害処理に変革をもたらした災害のひとつに数えられるという。(1) これらの災害で何百人もの人々が命を落とし、当時の制度のお粗末さが露呈したからだ。訓練、管理責任、安全衛生といった、会社や自治体が有していた制度や方法論を徹底的に見直す必要に迫られた。

当時若手巡査だったモーは別の地域に勤務していたため、マーショネス号沈没事故に直接的にはかかわってはいない。しかしマーショネス号沈没事故の一一年後に発表された「大規模交通事故後における犠牲者の身元確認のための公的調査——クラーク最高法院次長の報告書」のバインダーをオフィスの本棚から取り出しながら、あの沈没事故から広がった大きな波紋について彼は説明をはじめる。波紋の根本は被災者の手を切断することにあった。

「たとえば、ホームレスの人たち、当時は浮浪者と呼んでいたけど、彼らがテムズに落ちて二～三日後に引き揚げられたりすると、そういう溺死体はたいてい膨張しているから、とてもじゃないが身元確認なんかできる状態ではない」と彼は説明する、「だれだって水にずっと漬かっていれば膨らむものだからね」。死体というのは、死んですぐであってさえ外見が変わってしまうものなので、見た目だけで身元確認を行なうのは不可能だし賢明ではない。大英帝国勲章を受章した法医学者バーナード・ナイト（この報告書にも紹介されている人物）によると、たとえ亡くなったばかりの死体であっても、身元確認に来た近親者が、その人物だと断言できる自信がないと答えたり、この人物ではないと答えたり、誤認したりすることは少なくないという。(2) 重力によって生前の特徴が変わってしまったり、強い衝撃で身体の一部が潰れてしまっていたり、腫れたり青ざめていたりすると、自分の知る人物とは別人に見えてしまうからだ。人間から動的要素（表情の作り方や動かし方、視線の合わせ方など）が失われただけで、その人物かどうかわからなくなってもけっして不思議ではないらしい。

当時テムズ川から引き揚げられていた溺死体の大半は、生前に警察のお世話になって指紋がデータベースに残っている人たちばかりだったため、理論上は、指紋照合をすれば短時間で身元確認ができた。しかし、ずっと水に漬かっていた死体はそれほど簡単にはいかない。人種に関係なく皮膚は白くなるし、長風呂をしたときみたいに皺だらけにもなる。そうなると指紋は採れない。「そこで当時は死体から手を切断していたんだ」とモーは言う。「切り取った手を指紋ラボの乾燥キャビネットに入れて乾かすのさ。そうすれば指紋を採れるからね」

マーショネス号沈没事故の被災者たちの指紋が警察のデータベースに収められている可能性は極めて低く、しかもこれは多数の死者が出た大事故だったのだが、警察は溺死した小悪党の身元確認と同じ方法で犠牲者たちの身元捜査をした。水浸しになった皮膚が弛んで指から剥がれはじめていたため、彼らが必要だと信じて疑わなかった指紋を採ることが困難だった。また、管轄のサザックにある鑑識ラボは、遺体収容所よりもずっと洗練された指紋判定装置を備えてはいたが、全身の死体を寝かせられるだけの設備は有していなかった。そこで、いつもテムズ川の溺死体にやっているのと同じように、犠牲者たちの手だけを切断することにした。

手を切断したことで、新たな問題が雪だるま式に生み出されていった。なんの説明も聞かされていなかった遺族は両手を失った遺体と面会することになっただけでなく、犠牲者が埋葬や火葬されてから何年も後になってようやく行方不明になっていた手が遺体収容所の冷凍室の隅っこから見つかったりもした。「その身元確認捜査にあたっていた人たちだって、もちろん信念を持ってやっていたのかもしれないけど、しっかりした計画があったわけではなかったんだろう」とモーは推測する。クラークの報告書にもそう立証されている。クラーク報告では、まず五六ページにわたって、手を断ち切ることになった経緯を段階的に細かく検証している。その後の二〇〇ページほどは、今後の災害時に、死体の身元確認をどのように遂行すべきか、その権限を持つのはだれであるべきか、遺族にどう対応し、どう話すべきかなど、将来的な基本原則についての意見が明確に述べられている。

「今では身元確認指標と呼ばれるものが確立している。たいていはDNAと指紋と歯科記録があれば十分ということになっているけど、例外的な要因や原因不明の不一致がまったくないわけではない。わたしも以前、遺体安置室で明らかに女性だとわかる死体のDNAを検査に出したら、異物が混じっていたせいで、男性の遺伝子だという結果が返ってきたことがあった。だから、あらゆる角度から病理学的な検証をしなければいけないんだ」

マーショネス号沈没事故では、死体との面会を許された遺族もいれば、それが認められなかった遺族もいた。遺族がいくら強く求めても、葬祭ディレクターと警察が面会を認めるべきではないという判断を下していた。その事実を後で知った法医学者シェパードは、その決定を下した担当者たちは、おそらく、すでに深く悲しんでいる遺族にとって腐敗死体を目にするのは悲しみに追い打ちをかけるだけだという「筋違いの同情心」で判断したのではないだろうかと推測している。シェパードは回顧録『不自然な死因～イギリス法医学者が見てきた死と人生』にこう記している。「しかしながら、死体を見ないことの方が心理的にずっと悪い結果をもたらすことを、その担当者が知らなかったことは明らかだ[3]」

遺族と死体の面会についてわたしはモーにある質問をする。ここまで話してくれた様々なケースの中で、彼が目にした死体を遺族には見せないようにしたことはあったのだろうか。

「ここイギリスでは、遺族は死体と面会できる権利を持っているんだ」と彼は言う。「布を被せたままの死体のそばでしばらく一緒に過ごすだけの場合もあるし、身体の一部だけとか、顔だけとか、部分的に見せる場合もある。だけどわたしたちが扱うような災害では、死体が極度にバラバラになってしまっていることも多く、ほんの小さな肉の断片しか残っていないことだってあるんだ。だからわたしたちは、面会に向いている状態のご遺体ではないかもしれないです、とかなり早い段階であらかじめ遺族に伝えるようにはしている。ただ、その理由についてもしっかりと説明するし、一方的に遺族の求めを拒否することとはまったくの別物だよ」

遺族との連絡担当者がその理由について説明する際にはとても率直に話す必要がある。飛行機墜落事故の遺族には、新たに見つかった肉体の一部が該当人物のものだと判明するたびに毎回連絡を入れてほしいかどうか確認される。たとえば新たに四七の断片が発見されたとき、そのことを報告してもらいたいのか、それとも、必要とされた最初の身元確認だけで十分で、それ以上の報告は聞きたくないのかといった選択だ。どうしても髪の束だけは取り戻したいと言う遺族もいれば、一切なにも望まない遺族もいる。ただ、頭部が発見できなければ髪の束を届けること自体が不可能だ。遺族が伝統的な形で宗教儀式を行なえない場合もある。儀式に必要な死体がなければどうすることもできないからだ。そういう状況について遺族が納得してくれるまで彼らは真摯に話しつづけなければならない。

「エジプト航空804便墜落事故のときには、回収した死体を置く部屋に六六人分のバラバラの死体が家庭用冷蔵庫三台に収容されていたよ。引き出しが五つあるタイプの冷蔵庫にね。肉体の断片は一番大きなやつでもオレンジぐらいのサイズしかなかった。しかも発見された断片の数が最も多かった被災者で五つしかなかったんだ。死体を置いて清めたいイスラム教徒の遺族にとって、それはとても辛い状況なんだ。医療サンプル容器に入った小さな肉片しかないんだからね。でも、それがどんなに小さなものだとしても、その人物だとわかる肉体の一部が存在すること自体がものすごく重要なんだ」

§

時をケニヨン社一般公開日に戻そう。コーヒー・ブレークの後、ゲイル・ダナムという女性が演台に上がって講演した。七〇代半ばの彼女は、きれいなウェーブのかかった銀髪で、その襟元には可愛らしいブローチやスローガンの書かれたブローチがたくさん並んでいた。各航空会社を代表してやってきた人たちのすぐ近くに座っていた彼女は、スーツ族たちの中でひときわ異彩を放っていた。彼女は、航空機墜落事故にあった死亡者や生存者の家族で構成される、航空の安全と保安と生存率の水準向上を目的とした団体である全米航空災害同盟・基金のエグゼクティブディレクターだ。率直で礼儀正しい物腰の彼女がこの一般公開日に参加したことにケニヨン社も興奮を隠せない様子だった。彼女は航空会社の内情をよく知る（アメリカン航空に二七年間つとめた経験がある）だけでなく、墜落事故で大切な人を亡くすことについても、遺族が航空会社から受ける扱いが場合によっては酷いものになり得ることについても、身をもって理解している。一九九一年三月、ユナイテッド航空585便のボーイング737－200機は、目的地コロラド・スプリングス空港に向けて着陸態勢に入った際、右に大きく傾き、機首を下に向けたままほぼ垂直状態で墜落した。(4,5) 墜落現場となった空港の南に位置する地元公園の映像には、黒い焦げ跡、焼けた芝生、そして蒸発してしまったのではないかと思えるほど細かくバラバラになった機体が映されている。生存者はなく、二人の操縦士、三人の客室乗務員、二〇人の乗客が全員死亡した。この飛行機の機長は、ダナムの前夫であり、二人の間には娘がいた。事故の内部関係者であると同時に遺族でもある彼女がこの一般公開日にやってきた唯一の目的は、ここに集まった何百社もの航空会社の代表者たちに直接語りかけて、「終結」という言葉を使うのをやめるよう訴えるためだった。「終結」とはまったく意味をわかっていない保険会社の用語でしかない。終結を迎えられる者などひとりもいない。遺族にとって墜落事故が完全に終結することなどありえないのだ。

彼らの言う終結とは、もうそれ以上のことはなにもできないポイントでしかなく、本当の終わりは存在しない。終結のない中で、遺族の今後の生活は死体の有無によってどのように変わってくるのだろう。遺族は今後なにを求めてどう生きればいいのか、それを見いだすことに死体の存在がどう貢献するのだろう。死体を取り戻したいと願うのは当然の心理だし、それについて異論を唱える人はいないだろう。だけど、大切な人の死体になかなか目を向けることができない人もいれば、見ることを拒否する人もいる。宗教によっては、死体にほとんど意味を見いださない人たちもいる。魂の抜けた空虚な容器でしかなくなったものはさほど重要でなく、むしろその魂が今では別のもっと良い場所にいるのだという霊的な発想を重要視する考え方だ。また、天災や人災や戦争で大量の死者が出た場合、それが全身であれ身体の一部であれ、死体を遺族の元に返すには莫大な費用がかかる。なぜそこまでする必要があるのか。棺の中が空っぽだとしても、棺担ぎ人夫《ポールベアラー》を除けばだれも気づかないはずなのに、それでも葬儀の場に死体が存在することが大切だとされるのはどうしてだろう。

フランコ将軍が一九七五年に死亡し、四〇年近くに及んだ独裁政権が終わりを告げたとき、スペイン政府はフランコ政権が犯した罪（歴史家たちが「スペイン版ホロコースト」と呼ぶ数万人の虐殺）を追究することに心血を注ぐことはやめて、純粋にスペインの未来だけに目を向けることに決めた。法制化された記憶喪失とも言うべき「沈黙の協定」を採択したのだ。これは、国家として先に進むために多くの人々を苦しめたフランコ政権下の残虐行為を断罪しないことにするという特赦法だ。ドイツのように、強制収容所を記念博物館にすることもなければ、役人たちを法廷で審理することも、そんな彼らの名を冠した道路の名称を変更することもなく、役人たちはそれまでと同じ権力に居座り、すべての罪が帳消しにされた。それはまた、フランコ政権下に軍に殺されて集団墓地に投げ捨てられたすべての死者をそのまま放っておくことも意味していた。彼らを掘り起こすことは、文字通り過去を掘り起こすこととされ、法律で禁じられたからだ。家族の死体がどこに埋められているのかおおよその見当がついていた遺族は、塀越しに花を投げ入れたり、近くのガードレールに花を結わえつけたりした。彼らは家族の死体が埋められていると思われる場所に磁石のように引きつけられていった。そのひとり、アセンシオン・メンディエータは、二〇一七年にようやく父の眠る場所が判明したとき、九十二歳になっていた。彼女の父は一九三九年にスペインの数ある集団墓地のひとつで銃殺刑執行隊に殺され、その場に埋められた。アルゼンチンで下された判決を受けて（人権侵害裁判については、被告にあたる国家が法を利用して訴訟を抑えることを回避するため、世界のどこででも審理できることになっている）、父を掘り起こしてDNA検査で身元確認をすることになったという知らせを受けた彼女は、「これでわたしも思い残すことなく死ねるわね。だって、骨か灰になっているにせよ、やっと父と再会できるんだもの」と言った。[6]

銃殺刑が執行された墓地で父の遺骨が見つかった一年後、メンディエータは亡くなった。[7] その墓地の塀にはまだ銃の弾痕がいくつも残っていた。メンディエータは父の遺骨を取り戻すことに生涯を捧げたのだ。

死体とは、大切な人を亡くした悲しみの道程に区切りをつけるひとつの道標なのかもしれない。大切な人を亡くした人を慰めるとき「あなたの心の中に生きつづける限りはその人は本当の意味で死んではいない」とよく言うけれど、この言葉はそれを言っている人が思っている以上に、様々な意味で真実をついている。亡くなった息子や赤ちゃんの死体を自分の目で見さえしなければ、心理的には、なんらかの形で生きつづけているように思える。これは正論では打ち負かすことのできない心理だ。飛行機墜落事故の遺族は、被災した大切な人が墜落の衝撃をなんとか生き延び、熱帯の島に打ち上げられ、砂浜に岩や丸太を並べて「ＳＯＳ」の文字を作り、今でも救助を待っているに違いないと自分を信じ込ませることもできる。死体が存在しなければ、その人が死んだという概念が薄暗がりの中で滞ってしまい、もはや納得せざるを得ない真っ暗闇に到達することができない。

「この生殺し状態が遺族にとっては一番辛いんだ」とモーは言う。「死体がどこにあるのかわからない。身元確認ができるかどうかさえわからない。死体が彼らの元に返ってくるのかもわからない。通常の死だったら当たり前にある大切なけじめを、彼らはつけることができないんだ。病院で亡くなる人の家族は徐々に病に侵されてゆく姿を目の前で見るだろうし、葬式の準備を進めることだってできる。死ぬ前に家族とゆっくり話せる人だっている。それから殺人事件の遺族もこれと同じ辛さを味わっているよ。殺人も予期せず突然起こるものだからね。わたしがかつては殺人事件の遺族に向かって言っていたのと同じような言葉を、今は災害の遺族に言っているよ。『なにがあったのかきちんと解明してお伝えするために全力を尽くさせていただきます』とね。肝心なのはそこだよ。なにが起こったのかということ。どうすれば真実を突き止めてそれを伝えることができるのか。とてもむごい真実だってあるけど、それでも遺族は真実を知りたいと思うものなんだ。だからわたしたちはすべてを伝える。遺族の求めをすべてかなえるのは不可能かもしれない。でも死体を取り戻すことで、遺族が今後立ち直るために必要ななにかを提供できると信じているよ」

オフィスのカーペット敷きの床にはモーの緊急持ち出しバッグの中身がずらりと並べられている。その横にはまだなにも入れていない機内持ち込み用の茶色い革のカバンも置かれている。彼は今、ある飛行機墜落事故の被災者たちのＤＮＡ鑑定結果が届くのを待っているところだ。それを持って明日の朝にはアメリカに飛び、死体袋をひとつずつ開けて、その中にあるべきものがあるかどうか確認する予定だ。被災者の身元の確認が取れたら、今は床に置かれているケニヨン社のロゴ入りのジップロックの表にその人物の名前をモーが書き込むことになる。彼はもう何度も遺族に電話を入れ、わかっていることはすべて伝え、次のステップの説明も済ませている……火葬にするか土葬にするかは遺族の意向次第だ。遺体安置室から被災者を搬出するときには、モーが立ち会うことになっている。サイズも形も普通の棺だが、その中にあるのは数個の肉片が入った小さな袋がひとつということになるだろう。

この仕事はモー本人にどんな影響をあたえているのだろう。集団墓地に重なる死体や死体袋の中で腐敗していく死体や容器に入れられた肉片を目にすることで、精神的にどんな影響を受けてきたのだろう。そう質問すると、死についての考え方はまったく変わっていないと思う、という答えが返ってくる。「死ぬことも人生の一部だよ」と彼は言う、「生きている人が必ずやることのひとつだからね」。ただ、この仕事をしたことで、彼の中の優先順位が変わったのは確かだという。彼が目にしてきたようなことを実際に目にして、考えがまったく変わらない人などきっといないのだろう。モーは、津波直後のスリランカに派遣される前は、警察業務に必ずついて回る書類や規則や法規にまつわるお役所仕事が大の得意だった。しかし、スリランカから戻ってからは、そういうことがまったく重要に思えなくなっていた。「そのせいで昇進にも大きく響いたんじゃないかな。ああいう仕事は単に見栄えを良くするためだけもので、虚飾と言えばいいかな？　つまりどうでもいいことだって思うようになったんだ。そういう仕事に怒りを感じたわけではないよ。単純にどうでもよくなっただけさ」

また彼はこの仕事を通して、人が自らの感情や心や精神とどう向き合うものなのか深く理解できるようにもなった。スリランカでは、彼の部下のひとりがPTSDを発症し、二度と仕事ができそうもない状態になった。「あれはわたしのせいだ」モーはぶっきらぼうだが真剣な口調で言う。「彼はわたしの下で三週間ずっと休みもとらずノンストップで働きまくった。しかも、そもそも、ああいう現場に送り込まれるには繊細すぎる性格だったんだ」。すぐにアフターケアを受けられなかった彼には、国務省から賠償金が支払われたという。ケニヨン社はどの職員がどの仕事に当たるべきか注意深く決定しているだけでなく、職務中や職務後のメンタルヘルス・サポートも充実させている。モーも現在、グレンフェルタワー火災の任務にあたったひとりひとりの職員から任務後の報告を聴取しているところだ。また、コソボ紛争の集団墓地から死体を掘り起こすボランティア・チームが二週間ぶっつづけで作業をし、吐き気に苦しみながらもけっして止めようとはしなかった姿を見た経験から、作業をやりたいという意欲を持っていることと、それをこなせるだけの精神的な強さを持っていることの違いを彼は学んでいた。作業にあたる人員は実践的な技術があるだけでなく、精神的な余裕も持っていなければならない。たとえば、最近大切な人を亡くしたばかりの人は適任ではないし、過去に犯した過ちを正そうという義務感でやろうとする人も適任ではない。

彼自身もこの仕事をしていて精神的に追い詰められてしまうことがまったくなかったわけではない。ケニヨン社に入る前の二〇〇九年、彼はロンドン警視庁からブラジルに派遣され、二二八人の死者を出したエールフランス447便墜落事故の被災者身元確認作業についた。彼にとって航空機墜落事故を扱うのはそれが初めてだった。その任務の途中でロンドンの上司から殺人事件捜査のため急遽帰国するようにという指令が入った。午前六時にヒースロー空港に到着し、そこから車を運転して直接仕事場に向かう道のりで彼は交通事故を起こしてしまった。「あの時は自分を取り巻く世界がまったく違うものに見えていたよ。集中力をすっかりなくしていたんだね。ああいう仕事をした後は、しっかり休息をとって、精神状態を回復させておかなければいけないんだ」

しかし今のモーは休みなく働いているように見える。常に忙しいんだと本人も言っている。スリランカで一緒に仕事をした仲間たちとは違い（今でもお互いに近況を語り合うため毎年バーベキュー・パーティが開かれているが、彼以外の全員があの任務以来もう二度と大量災害死の仕事はしないと心に決めている）、モーはその後も次から次へと大規模災害の処理をこなしてきた。現地へ向かう飛行機の中では、絶対に靴を脱がず、必ず非常口の場所を確認し、安全のためのビデオも最後までしっかりと見る。今だって、就寝中に焼死した被災者たちの煤だらけになった遺品が収容されているあの倉庫からほんの数メートルのところにあるオフィスの中で、わたしの目の前で忙しく働いている。あのデスマスク彫刻家のニック・レイノルズと同じように、彼もまた、ゆっくり座りこんでしまったらきっと様々な考えに追いつかれてしまうだろうと恐れているのかもしれない。そう質問すると、彼は「うちの家内と同じようなことを言いはじめたな」と言ってニヤリと笑う。

取材道具を鞄にしまって帰り支度をはじめたわたしに、モーが、これまでの取材でこういう仕事を辞めずにつづけている理由をきちんと返答できた人はいたかい、と尋ねる。わたしがここに到着したときの彼と今の彼とでは、少しだけ様子が違って見える。やんちゃさが減り、ちょっと沈痛な表情になっている。彼とわたしは今日、彼がこの仕事に耐えられる理由を探ることに何時間も費やしていた。

彼はずっと、自分は深く掘り下げても出てくるものなどなにもない「単純な男」だから、この仕事に行き着いたのだって、たいした理由があったわけではない、と言い張りつづけてきた。「完璧な娘《パーフェクト・ドーター》」と印刷されたマグから紅茶を飲みながら、「わたしの薄っぺらな外面《そとづら》の下を探したところで、もっと薄っぺらなものが出てくるだけだよ」と冗談めかして言うばかりだった。そう言うわりには、自分が捜査して未解決に終わった殺人事件はひとつもなかったんだと、ほとんど唐突に教えてくれたりもする。彼の後ろの壁には、ウィリアム・グラッドストンの名言が額縁に入れて飾られている……「国が自国の死者をどう扱っているのかさえ知ることができれば、その国の人々の持つあわれみ深き慈悲心についても、遵方精神についても、高遠な理想への忠誠心についても、数学的なまでの厳密さで推し量ることができるだろう」。

　わたしは彼に、この数ヶ月間で取材してきた人たちの答えを紹介しながら、特にたいした理由があって今の仕事をしているわけではないと思っている人たちも、突き詰めると、他者の助けになることをしたい、自分が正しいと信じていることをやりたい、という想いに集約されているようだと話す。起こったことを巻き戻して死者を生き返らせることはできないけれど、死者への扱いを変えること、尊厳を持って死者に接することならできると彼らは考えている。挿げ替えられた顔を元の献体に返すため、やらなくてもだれにもわからないことだと知りつつ、深夜まで解剖ラボで待機していたメイヨー・クリニックのテリーのことをわたしは話しはじめる。モーは前のめりに座り、黙って頷きながらその話を聞いている。わたしたちの前のテーブルには、まだあの南京錠が置かれたままだ。聞き終えた彼は静かに言う。「死んだ後であれ人のアイデンティティは大切にしなければね、そうだろう？」

5 恐怖――犯罪現場清掃人

アメリカには、殺人現場に残された血の汚れを掃除してくれる政府機関は存在しない。血に染まった事件現場は、そのまま家主やその家族に残される。死体が輸送車に収められ、必要な供述がすべて記録され、指紋がすべて採取され、立入禁止テープが取り外され、警察が立ち去ると、そこには静寂と酷い汚れだけが残される。その汚れを後始末するのは「家族でもなければ、友人でもない、赤の他人さ」と話すのは、プロの犯罪現場清掃業者ニール・スミザーだ。彼の口調には、カリフォルニアによくいそうなマリファナ愛好家の「お気楽に生きようぜ」的な雰囲気が漂っている。実際に彼は、この仕事をはじめる前は「女とヤッたり、大麻を吸ったり、ビーチで寝そべったり」する生活を送っていた。そんな彼が死亡現場や殺人現場を清掃する仕事をはじめ、かれこれ二二年になる。呼び出されれば二四時間いつでも現場に駆けつける仕事だ。わたしは今、大衆食堂で彼とテーブルをはさんで座っている。彼の傍らには食堂の白い紙ナプキンの束が置かれている。パリッとしたデニム地の作業シャツの胸ポケットには、そのシャツが防護服であることを示すバイオハザード・マークが刺繍されている。わたしは彼に、最悪の死に方はどんな死に方ですか、と質問する。きっと彼ならそれを目にしているに違いないと思ったからだ。

「準備のできていない死だね」

彼がこれまで清掃してきた現場で殺された人の大半は死ぬ準備が整っていなかった。まさか殺されるとは思っていなかった人々、眠っている間に死んでしまい家賃滞納でずっと後になってから発見されるまで身体が腐っていくことになるのを予想もしていなかった人々、酷いことが自分の身に起こるなどと想像もしていなかった人々だ。彼のスマートフォンが数分おきに振動しながら着信音を鳴らし、新たな仕事が入ってきたことを知らせる。取材中の彼はどの着信も無視する。背は低く、髪はきちんと整えられていて、眼鏡のレンズには曇りひとつない。取材中にも幾度となくレンズを拭いている。紙ナプキンが足りないと彼に催促されたウエイトレスが一〇枚ほど追加のナプキンを持ってくる。この後もおそらく少なくとも二度は紙ナプキンに手を伸ばし、もう目には見えないレンズの汚れを拭くことになるのだろう。彼の声は人目もはばからない大声だが、それでもなおグリルがジュージューと立てる音に言葉の端々がかき消されてしまうので、いくつかの単語を繰り返すはめになる。そのたびにほかの客たちがこちらに視線を送る。「腐敗」と彼は声を高めて言い直す。「脳みそ」と何度も繰り返す。「ディルド」と声を張る。

この店には、わたしたちのほかに、ブルージーンズを穿いた尻をクロムメッキの黒い金属脚のスツールにおさめたアメリカ人の客が、指先から一インチほど突き出たアクリル・ネイルの手でコーヒーポットを注ぐウエイトレスの給仕を受けている。別の席にひとりで座っている隻眼の男はメラミン樹脂のカウンターに寄りかかっている。老カップルはシャツがバーガーの脂でギトギトのテーブルに擦れていることに気づかないまま、お互いを元気づけるよう背中をポンポン叩き合っている。フロアはチェッカー柄だ。二五セントのミントパティが入った大瓶、スイッチが切られた小さなテレビもある。

「殺人現場を掃除していて必ずと言っていいほど出てくるものは三つある」彼は指を三本立ててから、ボードゲーム「ゲス・フー〜だれでしょう?〜」のフェイスカードを倒すみたいに一本ずつ気軽な感じで立てた指を折りながら話を進める。「ひとつはポルノやポルノ関連の品物……SMグッズとかそういうやつさ。ふたつめはガスなりマリファナなり、そこは好みしだいだけど、とにかく気分をハイにしてくれる代物。もうひとつは武器さ。中でもセックスにまつわる品物に関しては置き場所が様々だな。だれもがディルドをドレッサーに置きっぱなしにしているわけじゃないけど、でも必ずどこかしらにあるもんだよ。確実にどこかから出てくるのさ」。わたしは、頭の中で、彼は誇張を交えて話しているに違いないと考える。殺人現場には必ずディルドがあるだなんてあり得るようには思えない。わたしの表情を見た彼は、きみは人を過小評価しているのか過大評価しているのか、とにかく他人のことをなにもわかっちゃいないな、という目を向ける。「俺たちが到着したとき、すでにその人の人生は終わっている」と彼は言う。「もちろん部屋を片付ける暇もなくね」

ニールが経営するクライム・シーン・クリーナーズ株式会社は、普通の見た目と凶行の痕跡の間をとりもつ会社だ。殺人が起きた家を不動産市場に出せるようにするためのリセットボタンや、警察に押収された車をオークションで売りさばけるようにするためのリセットボタンがあるとすれば、それが彼だ。この手の会社が出現する前は、現場の所有者が自分の手や膝を汚しながらひたすら血の汚れをゴシゴシ洗い落とすしかなかった。今ではニールに電話さえ入れれば、一時間以内にトラックで駆けつける。後のことはすべて彼らに任せて、そこから目を背け、コーヒーでも飲みに行けばいい。帰ってきた頃には、なにも起こらなかったかのような見た目に戻っている。

わたしがこうしてニールに取材をしているのは、もちろん彼の仕事内容をもっと知りたいからだけれど、ずっと前から彼の存在を知っていたという経緯もあった。彼は、今やだれもがやっているように、ビジネスをインターネットで展開している。会社のグッズ（パーカー、Tシャツ、ニット帽）も売られていて、どの商品にもクライム・シーン・クリーナーズ株式会社のロゴが入っている。彼の前腕にもタトゥーで彫られているそのロゴは、会社のタグライン「HOMICIDE－SUICIDE－ACCIDENTAL DEATH（殺人－自殺－事故死）」という言葉が頭蓋骨を取り巻いたデザインだ。五〇万人近いフォロワーがいるインスタグラム・アカウント（@crimescenecleanersinc）には、ハンドルネームのすぐ下に「うだうだ言うやつはブロックする」という文言とニールの略歴がある。投稿の多くは彼らがきれいに清掃した現場のビフォーアフター写真だ。何気なくスクロールしていると、血しぶきと脳みそが部屋の至るところに飛び散って天井の火災探知機や照明にまで付着しているショットガン自殺現場の写真が出てきたりする。悲惨な自動車衝突事故現場の写真では、飛び散った頭蓋骨や脳幹の欠片が舗装道路に落ちている。歯も見える。インターネットで死体の写真を探すという、わたしがしょっちゅうやっていることを通してニールの存在を知り、何年も前からずっと彼のインスタグラムをフォローしていた。

わたしはインターネットがない時代に幼少期を過ごした最後の世代であると同時に、インターネットのある世界をティーンエイジャーとして過ごした最初の世代でもある。わたしがティーンエイジャーの頃にはまだセーフサーチなども存在しなかったので、オンラインで提供されているものなら、考え得るどんなものでも好きなだけ追い求めることができた。ポップスターやポルノを追い求める人がいたように、わたしみたいに死体を追い求める人もいた。今ではURLバーに「rotten.com」と打ち込んでもなにも出てこない。あのサイトはもう消滅しているが、当時は確実に存在していた。無機質な画面にプログラミングされた質素な作りのそのサイトは、一九九〇年代にジオシティーズがウェブサイトを開設したのをきっかけに多くのティーンエイジャーが自力で習得したのと同じような基本的なhtmlだけで作られていた。このサイトは、病死や暴力死や拷問死や腐敗死や残酷死といった死体を写した粒子の粗いJPEG写真を次から次へと見られるサイトだった。有名人の写真もあれば、一般人の写真もあり、身元不明者の死体もあれば、身元確認など絶対に不可能な死体もあった。薬物過剰摂取で死亡し紫色の顔で自宅マンションの床に横たわる「サタデー・ナイト・ライブ」のスター・コメディアン、クリス・ファーレイの死体。クリック。腐敗の初期段階に入り緑色や黄色のまだら模様になった皮膚の表面が剝けはじめている若いブロンド女性の死体。クリック。ある警察官から送られてきた一連の写真（入浴中の風呂に電気ケトルを落として死亡した後、図らずも二週間ゆっくり茹で上げられることになった九〇代男性の死体）。クリック。撮影禁止のはずの著名人専用遺体安置室に眠る、またもやコメディアンのレニー・ブルースの死体。このウェブサイトを開設したのはトーマス・デルという人物で、アップル社やネットスケープ社の仕事を手がける三〇代のコンピュータ・プログラマーだったが、このサイトの運営は「ソイレント」という匿名のハンドルネームで行なっていた。[1] これが開設されて一年ほど経った一九九七年九月、彼はダイアナ妃の死体写真をこのサイトに投稿した。実はこの写真は偽物だったのだが、彼がその写真を投稿したという大胆な行動自体が世界中のマスコミの逆鱗に触れ、Rotten.com は悪名高きサイトとして広く知れ渡るようになった。[2] そのため、このサイトをわざわざ閲覧するのは、のぞき見趣味の者か、このサイトを訴えようとしている人たちか、ティーンエイジャーだけになった。わたしもそのひとりだった。

わたしがこのサイトを見たいと思ったのは、ごく普通の死体を目にすることで、死について考え理解したかったからだ。でも、インターネットで提供される写真はどれも恐怖を覚えるものばかりだった。結局のところ、切り裂きジャックの犯行現場シーンを見つめていた幼少期となんら変わらないことをしていただけだ。あのサイトで自然な死体の写真を見られた記憶は一度もない。どれもこれも、切断されたものだったり、破裂してバラバラになったものだったりで、暴力や惨劇による異常なものばかりだった。かろうじて普通の死体に近いように思えたのは、遺体安置室に眠るマリリン・モンローの斑点だらけの顔で、それは比較的穏やかに見えた。しかし、どの写真からも本当の死を実感することはできず、自分の暮らすこの町で日常的に起こっている死とは関連の薄いものばかりだった。それに加えて、わたしはティーンエイジャーだったのだ。ティーンエイジャーだって不死身ではないという事実があの友人の死によって証明された後でさえ、まだ自分は不死身だと思っていた。

あのサイトが開設されたのはわたしが十歳のときで、その存在を知ったのはハリエットの葬儀の一年後にあたる十三歳のときだ。インターネットが広まりはじめた時期に育った多くの人たちにとって（いや、もしかすると年齢も性別も国も関係なく）、あの時代は形成期にあたる時代だった。電話代がかさんでしまうため一日一時間だけ両親から許されていたダイヤルアップ接続時間を目いっぱい使って、わたしはそういう画像を見まくっていた。それと同時に、別のウィンドウではMSNメッセンジャーを開き、学校の友だちと日常的な普通のチャットも楽しんでいた。メッセンジャーのディスプレイネームには、コーエン兄弟の映画のセリフをもじった内輪受けジョークを使っていた。コンピュータ画面上では、髪が血と脳みそにまみれたジョン・F・ケネディの後頭部の写真から、一回クリックするだけで、クラスの男子の噂話をするチャットに移れた。平凡なティーンエイジャーの日常と恐怖の死体の画像が隣り合わせに存在していた。スーザン・ソンタグは彼女の最後の著書となった『他者の苦痛へのまなざし』の中で、凄惨な写真が人にもたらす影響について分析しており、「凄惨な光景は、わたしたちを見物人にするか、もしくは、それに目を向けることのできない臆病者にするか、そのどちらかだ」と書いている。(3) わたしは見物人か臆病者のどちらになるか選ばなければならなかった。でも選ぶ余地なんてなかった。絶対に見なければいけないという衝動があったからだ。そして、見つづけていると、見ること自体に意味が生まれてきた。ある凄惨な画像を見ても耐えられるようになると、もう少し凄惨なものを探さずにいられなくなった。喘ぎ声みたいな音を立てる56Kモデムのゆっくりしたスピードで線状に一本ずつ見えてくる画像を待ちながら、心はすでにそれがスクリーン全体に映し出された画像を想像していた……予想を超えて惨い画像だろうか、それとも思った通りの画像だろうか？　映し出された光景があまりにも具体的すぎるせいで、自分がなにを見ているのか理解できないこともあった。頭蓋骨が卵の殻みたいに割れて、まるで脳みそが卵黄のように床に落ちるものだなんて、考えたこともなかったからだ。学校のコンピュータ・ラボの先生は、まだわたしたちほど賢くはなかったので、ポルノ映像さえブロックしていなかった。見たいものならなんだって見られた。死体の写真を見ては、不安と勇気の入り混じった身震いが体中に走った。その震えを感じたくて、わたしたちは画像を探しつづけた。そして何度もクリックしつづけるうちにもう震えなくなった。麻痺していったのだ。

わたしは今、犯罪現場清掃業者のニールの言葉を聞きながら、この麻痺についてずっと考えている。彼はこれまで、数本のドキュメンタリー番組にも取り上げられていたし、リアリティ番組「トゥルー・グリム」の題材にもなっている。彼本人もその番組の「怪しい伝説」のエピソードに出演しているほか、様々なYouTubeチャンネルにも数多くゲスト出演している。そういった番組の視聴者からは、彼は冷酷な人間だと評されることが多い。今こうして深夜放送のB級映画の吹き替えの声みたいな口調で仕事について語る彼を見ていると、確かに視聴者の言う通りかもしれないと思えてくる。インスタグラムの投稿内容だってそうだ。だけど、その冷酷さのうち、どこまでが生まれ持ったもので、どこまでがこの仕事をしているうちに備わったものなのだろう。

§

九〇年代に高校を中退した多くのマリファナ漬けの若者たちは、二〇代のとき『パルプ・フィクション』を観て人生が変わった。ニールもあの映画を観て自分のたどるべき道を悟った者のひとりだ。ただし、二四目のドジョウを狙う脚本を書きはじめた者たちとは違い、ニールがたどった道はもっと独特なものだった。彼の人生を変えたのは、ハーヴェイ・カイテル演じるウィンストン・ウルフが登場するシーンだ。[4] 早朝にタキシード姿で現れたウルフは、ジョン・トラボルタ演じるヴィンセント・ヴェガが車の後部座席でマーヴィンの頭をうっかり撃ちぬいてしまった厄介事の解決方法をすでに心得ている。「頭のない死体が入った車がガレージにあるんだな」とウルフは言う、「見せてくれ」。彼は、トラボルタとサミュエル・L・ジャクソンに、座席の死体をトランクに移してから、キッチンシンクの下にある洗剤を使ってできるだけ手早く車の中を掃除しろと指示する。トラボルタとジャクソンは、血まみれのシャツと細い黒ネクタイ姿のまま、きまり悪そうにキッチンに立ち、ウルフの細かい指示に耳を傾ける。クエンティン・タランティーノ演じるジミーはドレッシングガウン姿で妻の帰宅時間が迫っていることにやきもきしている。「さっさと後部座席に乗り込んで、飛び散った脳みそや頭蓋骨をすっかりこそぎ落とせ。シートの血も拭き取るんだぞ。ピカピカにする必要はない。舐めるようにきれいにしろとは言わないが、とにかくできるだけのことをするんだ。特に汚れの酷いところを重点的にやれ。ベットリついた血をきれいに拭き取るんだ」。そう指示されたトラボルタとジャクソンは、トボトボとガレージに向かう。このシーンを見てニールはマリファナ漬けの生活をやめ、このビジネスを立ち上げることにした。

ライバルになりそうな清掃業者をリサーチしてみると、こういう血まみれの仕事を手がける清掃業者はいくつかあったが、どの会社も「ふざけてるんじゃないかってほどバカ高い」料金だったので、彼はひと安心した。持ってもいない五〇ドルをなんとか捻出してビジネス・ライセンスを取得すると、街に出て、彼のサービスが必要になりそうな通行人の顔先に次々とチラシを突きつけた。遺体安置室や不動産業者にもしつこく訪問し、ベイエリアの警察署には賄賂としてドーナツを何度も差し入れた。

「しばらくすると、俺の姿を見ただけで警察署のドア口の警官がロック解除ボタンを押して入れてくれるようになったよ。中に入りさえすればこっちのもんさ。殺人課に顔を出したり、パトロール課に顔を出したり、自由にやっていたね。同時多発テロ事件の前だったから、そういうことも簡単にできたんだ。『ヘイ、クソ野郎、いつになったら俺に仕事を回してくれるんだ?』なんて言いながらサブウェイのサンドイッチとかを差し入れするのさ。俺は会話の間の取り方がすごくうまかったし、まあ、とにかくしつこかったね。警察中どこを向いても俺の話題が聞こえてくるようにしていったんだ」。当時八〇代だった彼の祖母は、たまたまサンタクルーズ警察署でボランティア活動をしていた。彼女は、いかにもサンタクルーズ署が彼の顧客であるかのような文脈で、彼の仕事ぶりを称賛する手紙を書いた。検視官とか巡査部長とか、とにかく殺人現場の後始末に影響力を持っていそうな思いつく限りの人物に祖母は手紙を送りまくった。

今、ニールとわたしが座っているレッド・オニオンという安食堂は、サンフランシスコ湾北側のリッチモンドのサン・パブロ通りにある。「この食堂のオーナーは、超典型的な昔気質のリッチモンド警察署の巡査部長だった人でね」とニールはコカ・コーラ柄の壁紙や古いコーヒーマシンを眼鏡越しに見やる。「容疑者を警棒で好きなだけぶっ叩いてもなにも言われなかった時代の男さ。俺の最初の仕事相手のひとりなんだ」

今から一時間ほど前、わたしがタクシーでここに到着したとき、タクシー運転手は目を凝らしてこの辺りを見渡してから、本当にここで降ろしていいのかと確認し、わたしが降りた後もしばらくその場で待機してくれた。明らかにクスリ漬けだとわかる半裸の男性が毛布を引きずりながらダラー・ツリー(「全商品一ドルの店!」が謳い文句の店)の大駐車場を抜け、ウォルグリーンズ薬局のドライブスルーの前を歩いていた。その様子をわたしと運転手は一緒に眺めた。この安食堂は専用駐車スペースのど真ん中に小島のようにたたずんでいて、まるで一九五〇年代からテレポートしてきたような外観だ。ほんの数ヶ月前、キム・ウォールというスウェーデン人ジャーナリストが潜水艦の中で殺害され、バラバラに切断されて、デンマークとスウェーデンの海峡に捨てられたというニュースを聞いたばかりだ。彼女のことを個人的には知らないけれど、彼女の記事は読んだことがあったし、亡くなるまではわたしと同じ雑誌に寄稿していた。潜水艦を自力で作った男がいると知れば、わたしだってきっとその記事を書こうと思っただろう。わたしはこの街角に立ち、殺人現場を帳消しにする仕事をしている男を待ちながら、ずっと彼女のことを考えていた。タクシー運転手がわたしを見上げ、本当に置いて行って大丈夫なのかともう一度念を押した。わたしは頷いた。「わかったよ、お嬢さん」と運転手は言い、さっき来た道を引き返していった。

「ここはクソみたいなことが起こりまくる土地さ」とニールは窓の外を眺めながら言う。そう聞かされたところで、もちろん気休めにはならない。「俺の商売にとっては魔法みたいな市場だよ。こんな小さいエリアに人口が密集している。半径六〇マイルの中に俺を必要とするやつは何万人もいるんだ」。人間は縄張り意識の強い動物なのだ、と彼は言う。人口が多ければ多いほど、殺し合ったり自殺したりする確率は上がるし、緊張状態は最高潮に高まるのだと持論を展開する。

「クソみたいなこと」はこの安食堂でも二〇〇七年四月に起こっていた。お粗末な強盗に遭遇した当時のオーナーが覆面をした四人の犯人に射殺されたのだ。この事件の捜査にあたった刑事はイーストベイ・タイムズ紙に「とても凶悪な押し込み強盗事件だ」と語っている。(5)犯人たちが料理人を殴り、ほかの従業員を脅していたちょうどそのとき、オーナーのアルフレード・フィゲロアが裏の事務所から店に入ってきた。驚いた強盗犯は彼の上半身を銃撃し、なにも盗らずに逃走した。フィゲロアは緊急救命室で死んだ。彼のトヨタ・フォーランナーはその後何日も封鎖された駐車場に停められたままだったという。強盗犯はまだ逮捕されておらず、わたしがエル・セリート警察署のロベルト・デ・ラ・キャンパ警部に直接問い合わせた二〇一九年時点で、まだ捜査中ということだ。事件後の数週間、彼の遺族はこの食堂でキャンペーンを張り、情報提供報酬基金に二五ドル以上寄付した人たちに、殺害現場のグリルで焼いた作り立てのバーガーを手渡し配布した。

ニールは、プロになる前にも、人が死んだ現場の清掃をした経験があった。彼が十二歳のとき、隣人が自殺したのだ。隣人の頭を貫通したライフルの銃弾は窓を破り、ニールが祖父母と共に夏を過ごしていた家の壁には飛び散った脳みそがこびりついた。彼はさっそく金属タワシとホースを持ち出して清掃をはじめた。「あれはグロかったけど、そんなことクソほども気にならなかったね。むしろ『すげぇな、あいつは本当に自分の頭に銃をぶっ放したのか！』って思ってハイになったくらいさ。とにかくだれかが掃除しなくちゃいけないけど、祖父母は年を取りすぎていた。だから俺がやったまでのことさ」。彼は隣人のライフルが発射されてからほどなくしてすぐに掃除をはじめた。彼自身、何年も後になってその事実を知るのだが、もしも長く放置していたら、飛び散って壁に付着した脳みそが乾いて大理石のような跡を残していただろう。そうなってしまうと汚れを落とすのは格段に難しいらしい。

咽頭反射を起こさない家主なら死者が出た部屋を自力で掃除することもできるだろう。それでも、それなりの金額を支払える余裕があり、人目につかない部分もしっかりきれいにしたいのなら、絶対にプロの清掃業者を雇うべきだという。たとえば死んでしばらく経ち、腐りはじめた段階で死体が見つかった部屋を想像してごらん、とニールはわたしに言う。死体が運び出された後、その部屋には体液がしみ込んだマットレスと蛆虫と血の跡が染みついた床が残っている。そこでマットレスを捨て、床には漂白剤をぶちまけて掃除すれば、パッと見には汚れがなくなるし、それで十分なように思えるかもしれない。しかし実はそうではないらしい。蝿でなければ気づけない超微細な汚れが放置されたままだからだ。「俺もかなり後になってから気づいたことだけど、掃除した後で窓から入ってきた蝿を見ていると、飛び散って残っている小さな汚れのあるところにたかるんだ」と彼は言う。「そこにあると知らなけりゃ、到底見つけることなんてできないほど微かな汚れだよ。壁の天井近くまで近づいて目を凝らすとか、手で触れてやっと気づくような小さいシミさ。ああいう汚物ってのはクソ忌々しい壁の至るところに飛び散るものだから、大元を掃除するだけでは済まない」彼は両目を剝いて続ける。「そういう汚れもすっかり擦り落とさないといけない。あと、依頼主にもそういう汚れがあることを見せておく必要がある。口で説明しただけじゃ信じてもらえないからね。俺だって最初は信じられなかったんだ。仕事をしていくうちにわかったことさ。インストラクション・マニュアルなんてものは存在しなかったしね。当たり前の話だよな！　そんなことを初めからわかってる奴なんているわけがないだろう？」

クライム・シーン・クリーナー社が請け負う仕事（男ばかり八人の正社員が分担して作業にあたる）の大半は、物で溢れかえった部屋か、ネズミがいる部屋か、血にまつわる汚れのある部屋ばかりだ。血の流れ方は様々だが、中でも依頼者が特に見くびりがちなもののひとつが血溜まりだという。「カーペットに血溜まりがあるとしたら、そのカーペットの下には四倍の血が溜まっていると思った方がいい。ちょうどマッシュルームを逆さにしたような比率さ。マッシュルームの軸の切り口くらいの大きさに見えたとしたら、カーペットの下にはおいしいカサくらいの大きさに血が溜まってるよ。だから、血のシミが小皿くらいの大きさだとしたら、その部分のカーペットは少なくとも四フィートは切り取って捨てないといけない。血液は分離するものだからね。白血球と血漿《けっしょう》とかナントカってやつが分離して、とにかくでかくて頑固なシミを作る。素人はそういう小さなクソを見逃してしまうのさ」

ニールは毎回仕事を終えると、すぐに現場のシャワーに駆け込み、全身を洗って服を着替えてから帰ることにしている。ハーヴェイ・カイテルはタキシードを着ていたかもしれないが、現実のこの仕事は、とことん手作業の肉体労働なのだ。「めちゃくちゃ地味で惨めな仕事だよ」とニールは言う、「防護服を着たとたんに汗が吹き出てくるし、あのクソ忌々しいマスクをしてると顔もびしょびしょになる。最悪さ」。わたしはメイヨー・クリニックで見たエンバーミング溶液や目地のない床を思い出しながら、シャワーを浴びても臭いは消えないのではないですか、とニールに質問する。「ああ、それな。現場に入るときは防毒マスクをつけて入るから問題ない。むしろ重要なのは、作業を終えて防毒マスクを外したときだね。まだ臭いがするかどうかがひとつの試金石なんだ。まだ臭うようならその清掃は不合格。きれいにしきれていないってこと。他人の微粒子がまだ空中に漂っているってこと。吸い込むにせよ、喰うにせよ、ほかの方法にせよ、他人の微粒子を摂取したいやつなんていないだろう？」

それまでずっと聞き耳を立てていたひとりの客が、おもむろに盗み聞きをやめて、自分のミルクシェイクを飲むことに専念しはじめた。

§

九〇年代から二〇〇〇年代にかけてティーンエイジャーだったわたしは、自らの意思で能動的にRotten.com の画像を見ていた。自分でそうしたいと思わなければ、そういう画像にたどりつくことはできなかったからだ。今のように不快なアップロードを弾くシステムの網をくぐり抜けて画面に現れた画像を偶然見てしまい、「頭の中に消去ボタンがあればいいのに」と後悔するのとは違い、ソーシャルメディアで偶発的にそういう画像に出くわすことはほとんどありえない時代だった。こちらから探し出すしか方法はなかった。あのウェブサイトは今はもう存在せず、ウェイバックマシンのアーカイブの中で化石になっているけれど、それ以降も似たようなサイトがいくつも台頭している。クライム・シーン・クリーナーズ社のインスタグラムもまた、新世代の死体のぞき見趣味者たちに独自ブランドの恐怖《ホラー》を提供している。彼らのインスタグラムのプラットフォームやタイムラインには、普通の写真に紛れてそういう写真が投稿されている。無意識にスクロールしていると、一瞬自分が見ているものがなんの写真なのかわからなくなってしまうほどだ。そのように日常の写真に紛れる形で提出されることには、恐怖を日常化させてしまう危険性がある。

死体を描いた作品はどこにだってあるが、そのように遍在しているせいで、人の頭は死体を死体として認識処理できなくなっている。死体の存在に慣れすぎて麻痺しているのだ。教会に入って、おや、この像は十字架で拷問死した男の死体の像だな、と改めて思う人はいない。美術史上最も頻繁にモチーフにされている場面のひとつ「キリストの磔」を見て改めてショックを受ける人などいない。幾度となく聞かされてきた話だからだ。首を絞めるポーズで写真を撮ったことがある人も多いと思う。だけど、そのポーズを見て絞首刑や純粋な殺害現場を連想する人はまずいない。わたしが一二年間通ったカトリック系の学校には「十字架の道行き」や「キリストの死」のシーンを描いた作品が至るところにあった。精巧に作られたステンドグラスは太陽光を通してそういうシーンを燃え上がらせていたし、各教室の隅には血が横腹を流れ伝うキリストの彫像が立っていた。復活祭の期間中には、教会の硬い座席の後ろに跪いて、キリストが復活まで何日間墓の中に横たわっていたかを話す司祭の言葉を聞きながら、わたしはそのときのキリストの死体はどんな見た目だったんだろう、入り口を塞いでいたその石が転がって開いたとき、彼の全身は緑色に変色していたのだろうか、などと考えていた(あの話が目新しく聞こえた子どもの頃だけだけれど)。「金曜日に死んで日曜日に復活したとき、どんな匂いだったのかな?」「そのときのゴルゴタの丘はどれくらい暑かったのかな?」。あなたのお子さんも、ぜひカトリック系の学校に入学させてみるといい。きっとこんなサイコーな学校生活を送れることだろう。

アンディ・ウォーホルもカトリック系の学校で育ったけれど、彼もまた、ずっと死のイメージに執着しながら人生を送った。(6) そうなって当然なのだ……死を礎《いしずえ》にして組み上げられた宗教なのだから。ウォーホルの情緒障害が深刻化したのは、当時彼の取り巻きだった人たちの話によれば、三〇代半ばに入った一九六〇年代前半だったという。三〇代半ば……ちょうど今のわたしと同じだ。一九六二年六月、ウォーホルの友人でキュレーターでもあるヘンリー・ゲルツァーラーは、彼との昼食中、その日のニューヨーク・ミラー紙を手渡した。その新聞の一面には「一二九人がジェット機事故で死亡」という大見出しが躍り、その死者の多数が美術界関係者だったという記事が書かれていた。ウォーホルはキャンバスに手描きでその墜落機の絵を描いた。その二ヶ月後にマリリン・モンローが死んだ。遺体安置室の保管資料として死後わずか数日しか経っていない彼女の死体の白黒写真が撮影された（その写真は後にインターネット上に出回ることになった）。ウォーホルもまた彼女の笑顔を用いたあの有名なシルクスクリーンを作成した。ウォーホルが「死と惨劇のシリーズ」と呼んだこれらを含む一連の作品は、その後の数ヶ月間で続々と増えていった。自殺者、自動車事故、原爆、警察犬に襲われる市民権抗議活動者、有害物質の入ったツナ缶を食べて亡くなったふたりの主婦、そしてニューヨーク市の北三十マイルに位置するシンシン刑務所の電気椅子の写真を元にした何枚ものシルクスクリーン。この電気椅子の版画を繰り返し刷りつづけるうちに（キャンバス上にいくつもしつらえたグリッドのひとつだけを執拗に何度も刷り重ねた版もある）、ウォーホルはこの光景から受ける挑発をどんどん遠ざけてゆき、この光景と自身の間に一定の距離を築いていった。そこには、彼が教会で学んだに違いない「話を繰り返し聞かされていると、まったく意味をなさなくなること」との共通点を感じずにいられない。

クライム・シーン・クリーナーズ社のインスタグラムにもそれと同じ効果を見ることができる。彼らの撮った写真が、横に三個、縦に数十個と続くそのインスタグラムのグリッドは、さながらアマチュア版「死と惨劇のシリーズ」だ。悲劇や苦痛や暴力の写真ばかりだというのに、そういうものを何百個も見せられているうちに感覚がすっかり麻痺してくる。Rotten.com を見ていた頃とまったく同じだ。「まったく同じものを見れば見るほど」とウォーホルは言う。「その意味はどんどん失われ、見る者の感覚は、より良い、空虚なものになってゆくのだ[7]」

ティーンエイジャーだったわたしが美術の作品集をめくっていて必ず手が止まるページはウォーホルのこのシリーズだった。彼とわたしの興味の対象は確かに一致していた。ただし、当時のわたしは、彼が死のイメージを追い求めた理由について考えたことは一度もなかった。彼とわたしでは動機がまるで違っていたことに気づいたのは、ずっと後になってからのことだ。わたしが追い求めていたのは死を理解することで、彼がやろうとしていたのは死から逃げることだった。

アンディ・ウォーホルが死体を怖がっていたと知って意外だった。わたしは挑発的な人だとばかり思っていた。しかし彼は夜中に暗闇の中で泣きながらゲルツァーラーに電話で助けを求め、心に抱える恐怖について何度も話していたという。「そのまま死んでしまうかもしれないから眠るのが怖い、と言っていたことも何度かあった」とゲルツァーラーは語っている。「そんなとき彼はベッドに横たわって自分の心臓の音に耳を澄ますことにしていたようだね[8]」。ウォーホルのふたりの兄、ジョンとポールによると、アンディの死体への恐怖心が最初に深刻化したのは、父親が亡くなったときだという。彼は十三歳だった。父親の死体が家に運ばれ、三日間リビングルームに安置されることになった。アンディはベッドの下に隠れ、お願いだから僕を叔母の家に泊まらせてほしいと泣きながら母親に懇願した。母親は（舞踏病という病名でも知られる神経性のシデナム病の再発を恐れたこともあって）彼の希望どおりにさせてあげた。

ウォーホルは生涯一度も死体を自分の目で見たことがなかった。カメラのレンズを通した死体を新聞で見るのがせいぜいだった。十三歳の彼には、（わたしとは違って）死体を間近で見られるチャンスがあったけれど、彼はノーと答えた。彼が自画像や頭蓋骨を描いて自己の死すべき運命について探求するようになったのは、ヴァレリー・ソラナスの銃弾で死にかけた経験を経て、七〇代になってからのことだ。それでも死への恐れは生涯消えることはなかった。葬儀やお通夜に出席したことは一度もなく、一九七二年には母親の葬儀にも出席を拒んだ。彼は死のイメージの被害者だ。死のイメージには彼を取り憑かせる強い力があった。死体は恐れるべきものではないことを自分の目で確かめられたはずのチャンスを拒絶した彼は、自らのアート作品を通して、あの強い力から逃れようとしたのだ。彼の美しき逃避行動の結晶は世界中の美術館に掛けられている。

「一八三九年にカメラが発明されて以来、写真と死体は切っても切れない間柄になった」とソンタグは書いている(9)。死体を見たいと思う人たちの動機が様々であるのと同じように、死体の写真を撮る理由も様々だ。ヴィクトリア朝時代には、ベッドで死に瀕している人やすでに死んだ人の横に三脚を据えて写真撮影がなされた。死んだ我が子の唯一の写真を残すためにそうした人たちもいた。死んだ赤ちゃんが母の腕の中でふっくらと厚手の毛布に包まれている写真もあれば、まだ動揺を隠せない両親が小さな棺の中に寝かされた赤ちゃんの横に立ち、ぎこちないポーズで長い露出時間を待っている写真も残っている。また、この時代の警察が捜査目的で撮影した、犯罪現場や検死解剖の写真も残っている。わたしがよく知るあの一八八八年に殺された五人の女性、ポリー・ニコルズ、アニー・チャップマン、エリザベス・ストライド、キャサリン・エドウッズ、メアリー・ケリーの写真もそうだ。その数十年後には、ウィージー（本名はアシェル・フェリグ）という名の写真家が、一九三〇年代の残酷な事件現場を記録したセンセーショナルな死体写真で新聞の売上に貢献した。その時代は禁酒法や組織犯罪取り締まり法が廃止されたばかりで、ちょうど大恐慌時代が終わろうとしていた時期だったため、ニューヨーク市のそこここで殺人事件が起こっていた。ウィージーが撮影したのはどれも犯行直後の現場で、犯行そのものを撮影したものはない。警察無線機を所持していたおかげ（フリーランスの新聞写真カメラマンでそれを許可されていたのは彼だけだった）で、舗道の血だまりで息絶えたギャングの死体と逆さに落ちた彼の帽子に白いシートが掛けられるより先に、その現場に駆けつけて撮影することができた。彼が撮った数々の写真は新聞の一面を飾り立てた。彼はニューヨーク市警察署の向かいにある、薄汚れた小さな自宅アパートの壁一面に、まるでトロフィーのように、何百枚もの死体写真や新聞記事の切り抜きをピンで貼りつけていた。あたかも犠牲者たちが並ぶ壁だ。彼は「殺人、それはわたしのビジネスである」という言葉を残している。(10)

こういった倫理的にグレーな側面を持つタブロイド紙の世界とは大きくかけ離れたところでも、フォトジャーナリズムは大きな役割を果たすようになり、人の記憶だけに頼った証言を補うための証拠としても利用された。アメリカ人の女性フォトジャーナリストとしてはじめて戦場での写真撮影を許可されたマーガレット・バーク＝ホワイトは、一九四五年、パットン将軍の第三軍に同行し、陥落しつつあるドイツ各地を回った。彼女が四十歳のとき撮影したナチスによる残虐行為の証拠写真の数々は、とても重要にして確かな記録となった。その写真を撮った張本人である彼女でさえ、暗室の中に立ってようやく、あのとき自分の目で見た光景の意味を頭で理解できたと語っている。彼女はブーヘンヴァルト強制収容所での撮影について、それらの写真を撮った翌年の回顧録に「わたしはそれを撮影しながら、『きっと、この写真が現像されて見る機会を得たときにようやく、目の前に広がる言葉を失うほど恐ろしいこの中庭の光景を自分でも信じられるだろう』と自分に言い聞かせていました」と書いている。[11]「カメラの介在が苦痛の軽減に役立っていたのです。カメラがわたしの目の前に広がる恐怖とわたし自身との間にちょっとしたバリアを作ってくれていました」。ライフ誌で公開された彼女の写真は、それまでほとんどの大衆が信じようとしなかったナチスの死の収容所の現実を見せつけた先駆け的な記事のひとつになった。[12]

フォトジャーナリストは記録と行動の境界線に立っている。彼らの仕事はなにが起こっているのかを世界の人々に知らせるために不可欠だが、それをするには大きな犠牲をともなう場合もある。ケヴィン・カーターは、一九九三年、うずくまる少女をハゲワシが狙っている場面を捉えた写真でスーダンの飢餓を伝え、ピューリッツァー賞を受賞した。この写真がニューヨークタイムズ紙に掲載されたとき、「この少女はその後どうなったのか知りたい」、「この写真家が少女を助けたのかどうか知りたい」という問い合わせが多数の読者から寄せられた。数日後、同紙は、この後ハゲワシは飛び去り、少女はまた歩きはじめたが、彼女が食料配給テントまでたどりつけたかどうかは不明である、という記事を載せた。[13] ピューリッツァー賞を受賞した約三ヶ月後、三十三歳のカーターは遺書を残し、自身のピックアップトラックの中でガス自殺をとげた。遺書の一部には次のような一節がある。「わたしは鮮烈な記憶に取りつかれ悩まされている……それは殺戮と死体と怒りと苦痛の記憶であり、飢えていたり傷を負っている子どもたちの記憶であり、その多くは警官である銃をやたらと撃ちたがる狂人たちの記憶であり、死刑執行人という名の殺人者たちの記憶だ[14]」

死体の写真を見るとき、見る者にとって必要不可欠なのは、その写真のコンテクストだ。なにが起こってこうなったのかを知らなければ、それらの写真は錨のない恐怖となって記憶の中をフワフワとさまよってしまう。そうなってしまうと恐怖か麻痺のどちらかが心に累積してゆく。どちらになるかはその人の性格次第だ。ニールのインスタグラムに投稿されている犯罪現場の写真は、今まで挙げてきたどの例にもあてはまらない。なにかを伝えようとするものでもなく、共感や深い理解を引き出す物語もない。新聞に売るためのものですらない。どれも意味のない血みどろでしかない。それらが意味をなさない大きな理由は、わたしたち見る側が写真の背景にある物語を知らないからだ。通常ニールは作業時間を見積もる目的で、警察から事件の大まかな説明を受けているけれど、彼が投稿写真につけるキャプションはその真実とは異なるものだ。死者の身元をごまかすために、背後にある物語をまったく別の内容に書き変えているからだ（それでもなお遺族に気づかれて怒りのコメントが書き込まれることも少なくはないけれど）。そういう写真にはこれといった目的がない。強いてあげるなら、のぞき見趣味とビジネス上のプロモーションくらいだけれど、売り上げ目的で商品を展示するというよりは、むしろ、パフォーマンス的なものに近い。彼がこのアカウントをはじめたのは、この仕事がどういう仕事なのか人々に見せるためだった。投稿のおかげで顧客が大幅に増えることはないが、投稿の内容の曖昧さのせいでビジネスとは別のところでバズっているのだ（ディテールを伏せた投稿内容を見たフォロワーたちが、ニールの提供する曇りガラスの窓を通して見える個人の死の現場から小さなピースを組み合わせて、この現場でなにが起こったのかを独自に推測してコメント欄に書き込むのだ）。

それらの物語の中で唯一間違いのない真実として確定しているのは、クライム・シーン・クリーナーズ社がその現場にやってきたのは、事が起こった後であるということだけだ。犯行なりリストカットなりが起こった後であるという事実だけは、ニールをもってしても絶対に変えることができない。現場で実際に起こったことをニールは真摯に受け止めているのだろうか？　そうは見えない。「正直、俺には関係ないことだね」と彼も言う。どうしても忘れられない写真はあるかと質問すると、なかなか思いつかずに苦労してからようやく、両親の血で廊下についた幼児の足跡かな、と答える。ほかには特に思い出せない。「どの社員もこの仕事をはじめたばかりの頃は、最初の五〇件ぐらいは、そこでなにがあったのか知りたがるけど、どんどん気にならなくなり、目もくれなくなっていくのさ」と彼は言う。「だからさ、たいていは現場の部屋を出る頃にはもう忘れているね」

ソンタグは、恐怖を呼び起こす写真が人の心にあたえる影響について分析しているくだりの終盤で「同情心という感情は不安定な感情だ。行動という形に変換しなければ萎えてしまい……ついには退屈したりシニカルになったり無関心になったりする」と書いている。[15] ニールが同情心という不安定な感情を持ち合わせて生まれてきたかどうかはともかく、今の彼の心に君臨しているのはシニシズム（冷笑主義）のようだ。わたしの前で仕事について語る彼の話し方にもシニシズムを感じる。写真に添える露骨なキャプションにもそれを感じる。彼がハッシュタグ「#p4d」つまり「死者に祈りを(pray for death)」を使うのは、死者イコール現金だからでしかない(彼にとってもまた、「殺人、それはわたしのビジネスである」なのだ)。わたしに話す言葉の一部は、すでに彼がテレビやYouTubeで語った言葉と一字一句同じだったりもする。「テレビで色んな奴らを激怒させたことが最高な宣伝材料になったし、それがなかったらこの会社は今ほど儲かっていなかったよ」と彼は言う。インターネットでバズっている犯罪現場清掃業者という顔さえもパフォーマンスの一環なのだ。わたしはニールの真の感情を読むことができずにいる。それどころか、わたしの彼にたいする感情さえよくわからない。わたし自身、ずっと前から、稽古しつくしてピカピカに磨き上げられた彼のショーの観客のひとりだった。

それでも、真実らしきものがチラリと垣間見える瞬間が何度かある。

最近では、ニール本人が清掃作業に出向くことはほとんどないという。オンライン上に投稿される写真はスタッフから送られてきたものだ。今年五十歳になる彼は、今の視力では蝿にしかわからないような壁の微かな汚れを見つけるのが難しくなったのもその理由のひとつだ。しかし実は、彼が現場作業に加わらなくなった最大の理由は、自分の感情を隠しきれなくなったからなのだという。「もう顧客に同情心を持てなくなっちまったんだ。しかも俺が望んでいる以上にそのことが顔に出てしまうらしい。それで奴らをムカつかせてしまうのさ」と彼は言う。「俺が奴らのことをクソ野郎だと思っているなんて、言葉には一度も出してないのに、向こうにちゃんと伝わっちまうんだよ」

クライアントへのうんざりした気持ちは彼の中で増長しつづけている。クライアントの態度にも、汚れた彼らの家にも、うんざりしている。それは昔からずっとあった感情ではない。二二年間ずっと恐怖と悲劇を掃除しつづけてきたことで、人間の持つ最悪な部分ばかりが目につくようになってしまったのだ。「俺に言わせれば、人間なんてみんな自分のことしか考えないご都合主義者だよ」と彼は前置きする。そして「誠実なんてものは実在しない」証拠を語りはじめる。たとえば、死んでから何ヶ月も気づかれずにいた死体がようやく発見されると、遺族たちがそそくさとやってきて、金になりそうな宝物はないかと家中の品物を漁りまわる。「俺が掃除している横で、奴らは自分の物にできそうな品はないかと引き出しを開けまくるのさ。まるでそれは持って生まれた権利だとでも言いたげにね。まったく反吐《へど》が出るよ」

彼は冷静な資本主義者的発想でこの仕事をはじめた。今でも彼にとってこの仕事は清掃と収入以外の何物でもない。「俺は奴らの友だちでもないし、精神分析医でもない」と言いながら彼はバーガーの残りを口に放り込む。「ただの管理人みたいなものさ。だからやつらにどう思われようと関係ない」。この仕事を通して世界を少しでも良くしようとは思っていないし、死者に人間としての尊厳をあたえようとも思っていない。彼の仕事は、隣の部屋で引き出しを漁る遠縁の親戚が近い将来その家を売りに出せるよう、死亡現場の部屋から死者の痕跡をすべて消し去ること、その場から文字通り人間性を奪うことだ。突き詰めれば彼もまた彼が忌み嫌うクライアントと同じ理由でその場にいる。もしかしたら、その事実がクライアントへの嫌悪の根本にあるのかもしれない。ニールはハゲタカから報酬を貰っているのだ。

退職後に妻と一緒に暮らすための家をアイダホに買ってある、と彼は教えてくれる。殺人とも自殺ともドブネズミとも放置された死体ともかけ離れた清潔なオアシスで、妻と共に隠居生活を送ろうと彼は考えている。テーブルからスマホを取り上げ、仕事を知らせる画面をいくつもスワイプしてようやく出てきたのはカウントダウンのアプリだ。彼はそれをわたしに見せてくれる。時計が、ある時間に向かって一秒ずつカウントダウンしている。「あと一五四二日でここはおさらばだ。四年と二ヶ月と二〇日か」。アイダホに移り住む日が待ちきれない様子だ。「あの土地に骨をうずめようってもう決めてるのさ」と彼は言う。死への心づもりはもうできている。自分が死んだ後のこともきちんと整えてある。身体がまだ動くうちに山に登り、野生のクマに食い殺されるのが彼の望みだ。清掃業者に後始末してもらう死に方だけは絶対にしたくない。

「死ぬのは怖いですか？」わたしは尋ねる。

「ああ、死にたくはないね」

彼は、わたしの取材が終わったことを確認してから、テーブルに置いてあった鍵を手に取って立ち上がり、店員と話しながら出口に向かう。腰の傾いたホルダーに伝票パッドをたくし込んでいるウエイトレスがカウンターに寄りかかりながら「仕事は忙しい？」と社交辞令的に尋ねる。「いつだって忙しいよ」と彼は答える。彼のスマホがまた着信音を鳴らす。彼はわたしに、この辺は危ないから食堂の中でタクシーを待った方がいい、とアドバイスしてから店を出る。ニールのきれいに洗車された白いラム・トラックが去ってゆくのをわたしは見送る。一点の汚れもないそのトラックは陽の光を反射してキラキラ輝いている。それに引き換え、この辺のほかの車はどれも埃まみれで、まるでブラックホールみたいに太陽光を吸収している。彼の車のナンバープレートは「HMOGLBN（ヘモグロビン)」だ。インスタグラムによると、ごく最近従業員のために新車のトラックを購入したらしい。そのトラックのナンバープレートは「BLUDBBL(血の樽《ブラッドバレル》)」だ。

わたしはブース席に戻りタクシーが迎えに来るのを待つ。スマホを取り出してSNSの画面をスクロールする。犬の写真や自撮り写真やローズゴールド色の植木鉢に植えられた植物の写真に紛れて、新たに投稿された犯罪現場の写真が出てくる。

6 死刑執行人と夕食を——死刑執行人

二〇一七年二月二七日、アーカンソー州はわずか一一日という短い期間に大急ぎで八人の死刑囚の処刑を執行すると発表した。これはアメリカ近代史上前例のないペースであり、しかもアーカンソー州はそれまでの一二年間ずっと死刑を執行してこなかった州でもあった。州政府がこの決定を下したのは、供給に限りのあるミダゾラム（同州の薬物注射処刑規定で使用が認められている三種類の薬品のひとつ）の使用期限が迫っているからだった。それが理由で八人の男たちの命の期限も終わりを迎えることになった（アーカンソー州は以前にも死刑にまつわるニュース報道で世間を賑わせたことがある。一九九二年、当時この州の知事だったビル・クリントンは、リッキー・レイ・レクターの死刑に立ち会うため大統領候補選挙運動の合間を縫ってわざわざ帰省した。リッキー・レイ・レクターは事件を起こした直後に銃弾を自らの頭に撃ち込んだことで知能障害をきたしていたため、最後の食事を出された際にはデザートのピーカンパイを「死刑の後で食べるから」と言って残していたという。レクターの減刑をクリントンが認めなかったのは選挙PRの一環だった。世間で言われているほど弱腰ではないところを見せつけたかったのだ[1]。

アメリカの死刑囚監房で働いた経験を持つ二三名の元職員たちが連名でアーカンソー州知事のハッチンソン宛てに送付した二〇一七年三月二八日付の嘆願書には、次のような文が綴られている。

このような短期間にこれほど多くの処刑が執行されれば、それを実施するスタッフに不必要にして途方もないストレスとトラウマをきたすでしょう。（中略）そこまで過酷ではない状況であってさえ、死刑を執り行なうことは刑務官の心身の健康に多大な負担がかかるものです。当の我々の中にも、処刑を実施もしくは監督したことで精神に及ぼす影響や後遺症を経験した者たちがいます。そうでない者も、同僚がそのような精神的苦痛に苦しむ姿を目の当たりにしています。四人の安全と心身の健康を守ることにプロの従事者として献身する刑務官の職務におけるこのような矛盾点は頻繁に見過ごされ、うやむやにされています[2]。

ハッチンソン知事に宛てたこの嘆願書は効力を示さなかった。嘆願書が送られてから一ヶ月もしないうちに四人の処刑が執り行なわれたのだ。残りの四人は執行停止が認められたものの、その理由は嘆願書とは無関係だった。四人に減ったとはいえ、ひとつの施設で一週間の間にそれだけの数の処刑が執り行われたことはアメリカの現代史において他に類を見ないペースだった。

たまたま朝刊でその記事を読んだわたしは、記事に添えられている嘆願書の末尾に署名した二三人の中にジェリー・ギヴンズという人物を見つけた。現役時代の役職を「死刑執行人」と書いていたのは彼だけだ（ほかの人たちは刑務所長、看守長、刑務所付き牧師などだ）。現代では、死刑執行人は匿名とされ、少なくとも一般人にはその名が伏せられるのが普通だ。死刑執行人の身元が新聞記事で明かされることはないし、仕事そのものは閉ざされた刑務所の塀の向こう側で執り行なわれる。それなのにこの人物は自分の名前を公表し、処刑のトラウマについて書かれたこの嘆願書に署名している。それはなぜだろう？　彼はどういう心境だったのだろう？

ずっと死にたずさわる職業に強い関心を抱いていたわたしにとって、死刑執行人のイメージは死にたずさわる職業というグループに属しているというよりは、むしろ、そのグループの周囲の軌道を浮遊する目に見えない存在、そう、ちょうど人工衛星のようなイメージだった。たとえば犯罪現場清掃業者は、自分以外のだれかがやった取り返しのつかない出来事の後始末として汚れた床を磨く。葬儀業者の遺体安置室の職員は、すでに死んだ人物の身体を受け取り、冷蔵庫の扉にその人物の名前を書き入れる。しかし死刑執行人は、人が生から死に移行するその場に居合わせ、極めて実際的な意味で、その移行の張本人となる。政府や裁判所の指令を実行する機械の最後の部品となって、普通の人ならたじろいで当然の仕事を彼らは行なう。処刑室に入り、ひとりの人間を電気椅子に縛りつけ、電源を入れる。それはどんな気持ちなのだろう？　健康な人間を死体に変えてその人生を終わらせるという作業を終えて、家に帰宅する。それはどんな気持ちなのだろう？　この仕事をやろうと思った理由、やりつづけた理由は？

この死刑執行人があの嘆願書に署名したのは、自分以外の死刑執行チームに自分のような経験をさせたくないと思っているからだ。そんな人物なら、きっとわたしの取材を受け、彼自身の思いを語ってくれるのではないだろうか。今の彼はそういうことをしたいと思っているのではないだろうか。国が認可した計画的殺人を実行して人の命を絶つ仕事をしていた人物は、その事実からくる精神的抑圧とどのように向き合っているのだろう？　彼にとって死とはなにを意味するものなのだろう？　死刑は裁判所が下す単なる刑罰のひとつに過ぎないと考えているのだろうか？　単に死体を見るのではなく、死の瞬間そのものを見てきたことで、死への恐れは増したのだろうか、それとも減じたのだろうか？　わたしはそういうことを知りたかった。

ホテルのチェックインデスクで受付女性がわたしのクレジットカード番号をコンピュータに打ち込みながら、もう疲れて家に帰りたそうな表情を隠そうともしない正直な声で、「あらまあ。どうしてわざわざバージニア州のリッチモンドなんかまできたの？」とわたしに尋ねた。もちろん彼女に本当の理由を教えるつもりはなかった。

§

わたしはこの一年間、何度もジェリーとの面会をアレンジしようとしてきた。彼に都合の良い日を問い合わせるたびに、「あなたがこの町にくる一週間ほど前に連絡をくれればいい」というお気軽な返答が返ってくるばかりだ。そんな曖昧な口約束だけを頼りに長距離国際便に飛び乗るのはどうかしているけれど、これまでだってもっとバカなことをしてきたんだし、とわたしは自分に言い聞かせた。もし彼が姿を見せなかったとしても完全な無駄足にはならないよう、半ば無理やりに、別口でアメリカの雑誌仕事も入れておくことにした。そのため、バージニアに行く途中で別の土地にも寄らなければならなくなった（地理的には途中とは呼べないような場所だったけれど）。

ジェリーと会う約束の日、わたしは恋人のクリントと一緒に、日産のオンボロのレンタカーを借りてフィラデルフィアから二五〇マイルを運転した。説得して彼に一緒に来てもらったのは、今回の旅はタクシーだけでは難しかったこと、そしてまた、奇妙な場所（地下室とか、僻地の映画ロケ現場とか、町で唯一のタクシー運転手に電話するとなぜかいつも入浴中だと言われてしまう小さなスコットランドの村とか）で色んな人たちから話を聞くのがわたしの仕事だとは言え、あの犯罪現場清掃人を取材して以来、アプリの地図上で迎車タクシーを示す点がゆっくりとこちらに向かっているのを眺めながら、世界の終わりみたいな環境から自分を救い出せる唯一のものがこの途切れ途切れの通信環境だけという心細い状況にうんざりしていたからだ。今回の死刑執行人との待ち合わせにしても、当の本人からまだ具体的な待ち合わせ場所すら教えてもらっていなかったし、あの地域にわたしの知り合いはひとりもいない。正直に言わせてもらうと、あまり良い予感がしなかった。危なそうなときこそ頼りになるのがイギリス人コメディアンだ、とまでは言わないけれど、少なくとも、イギリス人コメディアンはオンボロ車で長距離を運転するのに長けているというのは周知の事実だ。

今は一月の夕方。日は暮れている。わたしたちはリッチモンドを目指しているけれど、それがどこにあるのか正確な位置までは知らない。ジェリーから、今どの辺りを走っているんだい、という電話がかかってくる。ほかに客がいないガソリンスタンドでポテトチップスを口いっぱいに頬張りながら、これほどルーズなスケジュールの取材旅行なんてはじめてかも、とわたしは考える。ガソリンスタンドで購入可能な食べ物だけで人は何日生き延びられるのだろう、とも考える。わたしたちのどちらかが昼食休憩を盛り込んだ旅程表を作っていたらこんなことにならなかったのに、とも考える。車の中には古いピザの匂いが充満していて、その匂いがわたしたちにも染みついている。電話口でジェリーが「学校で会おう」と言う。「学校の正門で待っているよ」。「どの学校？」。彼からメールで住所が送られてくる。町の郊外にある高校だ……この死刑執行人はどうして放課後から何時間も経った夜の学校を待ち合わせ場所に選んだのだろう？　わたしたちは、ジェリーが落としたパン屑をたどるように車を進める。わたしたちの前を走る車のナンバープレートには「恋人たちの町バージニア」と書かれている。(3)　これらのナンバープレートは市街地の西側にある刑務所の服役囚たちが作ったものだ。

午後七時。わたしたちの車は閑静な道を走る。この辺の街灯はほとんど役に立たない。車のヘッドライトが公民館の屋根から吊るされている「ブラック・ライブズ・マター」のバナーをチラリと光らせる。わたしたちはアームストロング高校の前に車を停める。外を照らす光はないので、学校のロビーから歩道に漏れる微かな明かりだけが頼りだ。路上駐車の車の中で煙草を吸っている人物が見える。それ以外は人っ子ひとりいない。その人はわたしたちの到着にまったく反応しなかったので、たぶんジェリーではない。わたしたちはバッグを手に学校の入り口に向かって歩く。結束バンドを使って補強したバンパーと片方しか動かないワイパーの車で長旅をしてきた後なので、この後どんな不条理なことがあっても、きっと驚かないだろう。州刑務所の死刑執行人を一七年間つとめた人物がどんな人物なのか、わたしには想像もつかない。

ガラス扉越しに学校の中を覗く。ふたりの守衛と金属探知機（アメリカの高校ならではのシュールな光景だ)が見える。そこから階段を数段上った中二階に、白いあごひげを蓄え眼鏡をかけた六〇代くらいの黒人男性がいて、セキュリティ・ゲート越しにわたしたちの顔を確かめようと身をかがめている。彼は温かい満面の笑みを浮かべると、こちらに向かって手を振る。この学校には、少なくともここから見える範囲では、彼ら以外だれもいない。ロビーの先の廊下も照明が消されている。

「ジェリー、あんたの客かい？」と守衛のひとりが彼に尋ねる。

「ああ、そうさ。それも遥々ロンドンからのね！」彼はクスクスと笑う。南部男らしいゆっくりしたしゃべり方で、ラジオの深夜放送で聴きたいような低音だ。

守衛たちがわたしたちのバッグの中身を確認し、全身をポンポン叩いて銃やナイフを隠し持っていないか確かめる。「イギリスから来たのよ」とわたしはぎこちなく言う、「武器なんて持ってないわ」。ふたりの守衛は微笑みながら、手振りで入っていいよと告げる。ジェリーはわたしに歓迎のハグをしながら、わざわざ会いに来てくれてありがとうと挨拶する。「じゃあ、今から一緒にバスケットボールの試合を観よう」と彼は言う。「バスケットボールは好きかい？」

まさかバスケットボールの試合を観ることになるとは思っていなかった。

わたしたちは高校の薄暗い廊下を歩く。黄褐色のズボンに紺のジャケットを着ているジェリーは、最近膝の手術を受けたばかりなので、少しだけ足を引きずっている。現金を入れるための弁当箱が置かれたデスクの前に座る受付男性にわたしたちは一四ドル支払う。男性はわたしに「どうぞゲームを楽しんでくれ」と言いながらチケットの半券を手渡してから、ジェリーに向かって「ジェリー、あんたの客かい？」と尋ねる。

「ああ、わたしのツレなんだ」ジェリーは笑顔で答えてから、足を引きずって先に進む。

ジェリーが体育館の両開き扉を押し開くと、まぶしい光が飛び込んでくる。ニスの匂いと甘い香りが混じっている。ピカピカの床の上でバッシュがキュッキュッと大きな摩擦音をたてる。ワイルドキャッツ対ホークスの試合だ。ちょうど第三ピリオドの開始に間に合ったらしい。ジェリーは知り合いに手を振って挨拶しながら観覧席を進み、空いている場所を見つけて座る。ホームチームのゴールの傍らには、紫のネクタイにスーツ姿の校長が、にこやかな笑顔で立っている。髪をコーンロウ編みにした小さな女の子は、お兄ちゃんの巨大なナイキのバッシュを膝に抱えて座っている。

クリントとわたしはジェリーの隣に体を押し込むようにして座り、樹幹が触れ合わないよう気をつけながら成長する森林の木々みたいに両肩を縮こまらせる。シューズの摩擦音や歓声のせいでジェリーの言葉の端々が時おり聞こえないが、彼はこの高校の卒業生で入学は一九六七年度だったと教えてくれる。一八七〇年代に開校したこの高校は、バージニア州で最初にアフリカ系アメリカ人の生徒を受け入れた。彼はこの三〇年間ずっとここの子どもたちのメンターとして指導している。時には仕事帰りに刑務所の制服を着たままやってきて、フットボールのボールを蹴る傍らで、刑務所の中の生活について子どもたちから聞かれればなんでも答えてきた。「子どもたちを正しい道に導く機会をあたえてもらったんだと思っているよ。ここの生徒の多くは、卒業したら両親や悪い仲間と同じ道をたどって、最終的にスプリング・ストリート行きになってしまうのが普通だったからね。あそこには刑務所があったのさ」と彼は言う。「死刑もそこで執行されていたんだ」

「トラベリングだ！」コーチの怒鳴り声が響く。

笛が鳴る。

§

ジェリーが州刑務所刑務官の職に就いたのは一九七四年のことだが、その時期のバージニア州に死刑はなかった。というか、この国のどの州にも死刑はなかった。アメリカ合衆国全体が短い死刑廃止期間のど真ん中にあったのだ。[4]その期間が始まったきっかけも終わったきっかけも、それぞれ死刑にまつわる判決だった。一九七二年のファーマン対ジョージア州事件で下った判決は、それまで下されたすべての死刑判決は残酷かつ異常であるため無効、よってどの判決内容も無期懲役に減刑とし、国家が（少なくとも建前上は）人種差別のない、より一貫性のある死刑適用方法を見いだすまでは死刑判決は下されるべきではないというものだ。この連邦最高裁の判断に従い各州の法律が改正された。その後、一九七六年のグレッッグ対ジョージア州事件の判決を受けて、アメリカの死刑執行室のドアは再び開けられることになった。

かつてのイギリス一三植民地のひとつで、アメリカの建国の父トーマス・ジェファーソンのシャーロッツビル・プランテーション発祥の地でもあるバージニア州には、長い死刑の歴史がある。アメリカで最初の死刑が執行されたのは同州のジェームズタウンだと言われている。[5]伝えられるところによると、一六〇八年、イギリスを裏切ってスペインに寝返る企てをしたジョージ・ケンドール船長が銃殺刑でその命を終えたのだ。しかし、一九七七年にジェリーが上司から「デス・チーム」の職務に就かないかと打診されたとき、バージニア州に死刑囚はひとりもいなかった。一九六二年以来、同州は一度も死刑を執行していなかったのだ。

そのときジェリーはまだ二十四歳だった。当時の彼に、あなたは死刑賛成派ですか、と問うたとしたら、彼はイエスと答えただろう。人の命を奪った者は自分の命でそれを償うべきだと。彼は十四歳のときに参加したパーティで目撃したことが忘れられなかった。その家にやってきたある人物がひとりの娘を撃ち殺したのだ……動機は、その娘にずっと以前から話しかけたいと思っていたものの緊張して口がきけなかったからだという。その不公平さへの憤りは、二十四歳のジェリーの頭にもしっかりと残っていた。彼はこの職務を受けることにした。当時の契約では、死刑を執行するたびに現金でその分のボーナスを貰えることになっていたという。一度の処刑につき何ドルのボーナスを貰えたのか質問すると、彼は「わからないよ」と答える。一度も受け取ったことがないからだ。処刑の追加報酬を一度も受け取ったことがないのは、それを受け取ってしまうことで、仕事の目的が変わってしまうのが嫌だったからだ。「わたしの仕事の目的は命を救うことなんだ」と彼は言う。「服役囚や同僚の刑務官の命を救うために、わたしが何度死ぬほど危ない目にあったか、もう数えきれないよ」

「喧嘩とかですか?」

「そうだよ。刃物やらなんやらでね」

この職務に就かないかと打診されたとき、彼の上司は、彼以外のだれに打診しているのか教えてくれなかった。正式に申し出を受けた時点でようやく、ある夜に刑務所の地下室でほかの八人のメンバーと集合した。彼らはお互いの匿名性を守ろうと誓い合った。そこにいるデス・チームのメンバー以外に彼らの職務内容を知る者はひとりもいなかったのだ。ジェリーは、この職務に就いている間ずっと、妻にさえそのことを教えなかった。

アメリカで死刑を採用している州は、それぞれ独自のやり方で死刑執行人を任命している。あの短い死刑廃止期間の前は、死刑執行人を刑務官がつとめるのではなく、フリーランスの「電気技師」がスイッチを入れる役目だけのために呼び出されることが多かった。身元を知られたフリーランスのニューヨーク州の死刑執行人たちの中には、殺害の脅迫を何度も受けた者もいれば、自宅が爆破された者までいた。また、州から州へと渡り歩きながら死刑囚の命を奪うたびに小切手を貰って稼ぎつづけたフリーの死刑執行人もいた。その一方で、匿名を守り抜いた死刑執行人もいた。(6) 身元が割れたり尾行されたりしないよう、自宅の車庫で自家用車のナンバープレートを交換してから夜中にこっそり家を出てシンシン刑務所まで長い道中を運転していた人物もいる。フロリダ州で電気椅子のスイッチを入れる仕事をしていたある人物は、死刑執行当日の午前五時に迎えにきた車に乗り込むときからずっとフードを被りつづけ、帰宅して家の玄関に入るまでけっして脱ぐことはなかった。(7) 死刑廃止期間が終わると、全米で新たにチームが形成された（フロリダ州などは他州と比べて秘密性に無頓着で、新聞の求人欄で公募している。そして二〇人の応募があった(8)）。そうやって作られた新チームは、ガス室、電気椅子、首吊り縄、銃など、以前のチームが残した処刑装置の使い方を学んだ。

バージニア州で以前から使用されていた電気椅子は、一九〇八年に服役囚が古いオーク材で作った代物だ。(9) これが再び箱から取り出され、組み立て直された（キリストも大工だった。自分を殺すための武器を自分で作るというアイロニーはティーンエイジャーのわたしの心に——そしてニック・ケイヴの心にも——強い衝撃をあたえたものだ)。一九八二年、彼らは三十八歳の元警察官フランク・ジェームズ・コッポラを処刑するため、この電気椅子を準備した。フランク・ジェームズ・コッポラは押し入り強盗をはたらき、そこにいた女性をブラインドの紐で縛り、頭を床に何度も叩きつけて殺害した後、三一〇〇ドルの現金と宝石を持って逃げた人物だ。この処刑におけるジェリーの役目は死刑執行予備員だった。二〇年の時を経てこの電気椅子のボタンを押したのは彼の指ではなかった。

その部屋で起こった様子をレポートするメディアは一切なかった。そもそも死刑執行にまつわるニュースの多くは、どれも不確かで一貫性を欠くものが多く、新聞社の政治的立場を組み込みながら大げさにドラマチックに書かれる傾向がある。刑務所側から処刑のディテールが公表されることもない。しかし、バージニア州議会を代表してこの死刑に立ち会ったある弁護士の話によると、処刑はあまり順調にはいかなかったらしい。[10] 機械が古いせいで、コッポラの片足に火がついて天井まで煙が立ち上り、部屋全体が霞がかったように曇ってしまったのだ。ようやく二度目の電流が五五秒間にわたって流されると、その弁護士の言葉を借りるならジュージューという「肉を調理しているような音が聞こえたという。

不首尾な電流刑を最初に体験した死刑囚はコッポラではない。そのありがたくない称号がもしあるとすれば、それはウィリアム・ケムラーにあたえられることになる。一八九〇年のニューヨークで、アルコール依存症の彼は酔って内縁の妻と口論になった末、手斧で彼女の頭部を二五回にわたって殴打し殺害した。(テストに使われた一頭の老馬を除けば)電流刑に処せられた最初の命が彼の命だった。[11]

彼はまた、人間の頭蓋の導電性が皮膚と比べて弱いことを最初に身をもって証明してみせた人物にもなった。ニューヨークタイムズ紙に掲載された彼の解剖報告書によると、処刑の翌日に背中側の焼けた皮膚を除去したところ、棘筋《きょくきん》が、病理学者の言葉を借りると、「焼きすぎた牛肉」のようになっていた。[12] しかしながら、汗は伝導性に優れている（基本的には食塩水なので、純水よりも伝導性のあるイオンを含んでいる）ものだし、処刑室まで歩かされて電気椅子に縛りつけられれば、たいていの人が大量の汗をかくものだ。[13] この解剖報告が出て以降、彼ら死刑執行チームは、処刑される人物の剃り上げた頭にスポンジで生理食塩水を塗ってからヘルメットを被せるようになった。ジェリーによると、最近の不首尾に終わった処刑の多くは、食塩水を塗るスポンジが天然ではなく合成だったことが原因だという。合成スポンジを使うと頭に火がついてしまう可能性が高いのだ。

バージニア州のデス・チームがコッポラの処刑を行なった二年後には、この同じオーク材の椅子にリンウッド・アール・ブライリーが座った。彼を含む三兄弟は、一九七九年にリッチモンドのあちこちで起きた七ヶ月におよぶ強盗殺人事件の首謀者たちだ。判明しているだけでも一一人の殺害が確認されているが、捜査当局によると実際の被害者数はおそらくその倍近くいたという。彼の処刑の当日、死刑執行チームのリーダーが病欠したため、ジェリーが代わりにその役目をつとめることになった。リンウッドを椅子に縛りつけ、湿らせたスポンジで彼の剃り上げた頭を拭き、カーテンの後ろに立ち、彼の心臓を止めるため全身に電流を流すボタンを押す役目だ。本来これをやるはずだったリーダーは本当に病気だったのだろうか、それとも前回自分の指でコッポラの命を絶った経験から、もう処刑室に足を踏み入れることができなくなってしまったのだろうか。わたしにはジェリーにそう尋ねることができない。質問できたとしてもジェリーが答えてくれることはないだろう。彼は今でも、二十四歳の夜にあの地下室で交わした匿名の誓いを尊重しつづけているのだ。とにかく、その後その人物が再び死刑執行チームのリーダーをつとめることはなかった。死刑制度再開から数えて、バージニアの処刑室で殺された死刑囚は一一三人いるが、その内、リンウッド・アール・ブライリーからの六二人（電気椅子二五人、薬物注射三七人）がジェリーの手で処刑された。

§

わたしたちは一緒に夕食をとるため、ジェリーの運転するキアのテールライトを追ってレッド・ロブスターに向かった。アメリカでよく見かけるタイプの、駐車場の大海原に小島のように浮かぶ明るい照明のチェーン・レストランだ。この店の客は、店に入ってからテーブルに案内される前に四人たちと出会う……処刑を待つロブスターたちの水槽はアクリル樹脂で仕切られた監房のようで、四人たちにはハサミが使えないよう小さなゴム製の手錠がかけられている。その四人たちが瞬きもせずにわたしたちを見上げる。

「ここから好きなのを選びな」ジェリーはニコリと微笑みながら言う。

わたしはどのロブスターが次に死ぬべきかを決めようとしながらそこに立つ。見た目こそレインコートを着たままだけれど、なんだか皇帝カリグラにでもなったような気分だ。ロブスターたちはわたしたちの顔を見定めようと、お互いを押しのけるようにしながら前に出てくる。

わたしは時おり、チャールズ・アダムスが描いたマンガの一場面を思い出すことがある。斬首刑を執行する直前のふたりの死刑執行人が控室的なレンガ造りのアルコーブの中で服を着替えようと、半裸になり、フードを被り、マントを身に着け、長い黒い手袋をはめてゆく。ひとりが斧に寄りかかりながら相棒に向かって「もし俺たちがやらなかったとしても、いずれほかのだれかがやることになるんだもんな」と言うのだ。その一場面が今またわたしの頭の中に浮かんでくる。ここにいるロブスターたちは、すでに死刑宣告されていて、もしわたしが選ばなかったとしても、いずれほかのだれかに選ばれるだろう。そうとわかってはいても、わたしには選べない。ロブスターの命を終わらせるボタンを押すことがわたしにはできない。わたしは、別の料理を注文することにする、とジェリーに告げる。彼は笑う。クリントとわたしがまだ半ば呆然と水槽を見つめている間、彼は店員たちに手を振って挨拶しながらテーブルに向かって進んでいる。彼はこの店の人たちとも知り合いなのだ。ジェリーはテーブルまであと半分の距離まで進んでいるが、クリントとわたしはまだ重さ四ポンドのエビたちのそばに立ちつくしたまま、良心の呵責にさいなまれている。

わたしたちがようやくブース席に体を滑り込ませて座ろうとしたタイミングで、彼は唐突に「わたしを刑務所勤務に送り込んで人を殺させたのは神の意思だから、この仕事を選んだ理由を知りたいのなら、きみはわたしにではなく、神に尋ねてもらうしかないよ」と言う。

「わたしにそうさせる理由が神にはあった。わたしはその理由を尋ねることなく、ただその役目を受け入れただけだよ。自分から進んでやりたかったわけではない。考えてもごらん、二十四歳で、しかも黒人の若造だよ。そんな仕事に就きたがると思うかい？」と言いながら「就きたがるわけないよね」という表情を浮かべて見せる。「だけどね」と彼は肩をすくめる、「もしわたしでなかったとしても、だれかがあの仕事をやらなければならなかったんだよ」。例のチャールズ・アダムスのマンガと同じセリフだ。それを聞いてわたしはロブスターたちの方を振り返る。彼はメニューを手に取り、「きみたちはなにを頼む？　わたしは、今日は、この『アルティメット・フィースト』ってやつにしてみようかな」と言う。

ポール・フリードランドは、その著書『正義が下される日——フランスの華々しい極刑の時代（*Seeing Justice Done: The Age of Spectacular Capital Punishment in France*）』で、死刑執行人は法の代理人として上から命ぜられた処刑を仕事として実施する者であるという概念は、啓蒙改革運動家たちによって意図的に植えつけられた比較的現代的な概念であると述べている。啓蒙改革者は、それまでとは異なる刑罰制度（責任の所在や非難の矛先を多くの歯車で成り立つ大組織に分散させる合理的・官僚的な制度）を作り上げようとしていた。それ以前は、少なくともフランスでは、死刑執行人は、異常な存在であり、人非《にんぴ》人《にん》であり、人々から罵倒されてしかるべき者であるとされていて、「彼らに触れることは神への冒涜であり、触れてしまった人や物は間違いなく今までとは違う存在になってしまう」とさえ信じられていた[14]。死刑執行人たちは町はずれに暮らし、婚姻も同業の人々の間だけで行なわれた。死刑執行人の役割は基本的に代々受け継がれるものだったので、血管に死刑執行人の血が流れている者は、それだけで運の尽き、自分の手で自分の首にギロチンの刃を落とすにも等しかった。死刑執行人が死ぬと、墓地の中でも一般人とは別の区画に埋葬された。その存在が（生きていようが死んでいようが）一般人を汚染すると信じられていたからだ。彼らはまた、文字通りの意味でも、触れてはならない者たちで、市場の屋台で商品を受け取る際には柄の長いスプーンが使われ、また「道徳的人物」と間違われないように、それとわかる記章を身に着けていた。「近世の初期およびフランス革命の時期も含めて」とフリードランドは書いている、「だれかの品性を貶めようとするときに、最も効果的な方法のひとつは、その人が死刑執行人と食事を共にしていたとほのめかすことだった」[15]。ジェリーは上品にウエイターに合図を送り、注文する準備ができたことを告げる。

「死刑囚の中には、ボタンを押すのがあなたの役目だと気づいた人もいましたか？」とわたしは質問する。投獄された人たちには考える時間がたくさんある。刑務官や看守長があの役目を兼務しているに違いないという結論に至るのは難しくないはずだ……そもそも死刑執行だけを専門の仕事にしている人がいるとは考えにくい。

「うん」と彼は首を縦に振りながら言う。「そう推測した人も何人かいたよ。あれこれ考えた末に自分で結論を出して『俺はあんただと思うんだ、ギヴンズさん、あのスイッチをひねるのはあんたの役目なんだろ』と言ってくる。わたしは『違うよ、兄ちゃん。わたしじゃないよ』と答えていたよ。おもむろに真剣な表情になって、そう、実はわたしなんだ、なんて言えるわけがないからね！　だから笑い飛ばして言うんだ、『わたしじゃないよ、兄ちゃん。わたしじゃない』ってね」

ジェリーが現役の頃は、死刑は午後一一時に執行されるものと決まっていた。それは異議申し立てを受けることのできるギリギリの時間であり、また、機材不良があった場合に備えて日付が変わるまでに一時間の猶予を確保しておく目的もあった（もし午前零時を過ぎてしまうと仕切り直しとなり、裁判所から新たな執行日が言い渡されるのを待たなければならない）。だからおそらく処刑がある日のジュリーは、中止か執行か、生か死かが最終的に決定する午後一一時になるまで、時計の針を何度も確かめながら長い一日を過ごしたに違いない。そういう日の彼は、自分の準備だけでなく、死刑囚の準備を整えることに専念したという。

「わたしはその人物が人生の次の段階に進むための準備をしていたんだ」ジェリーはテーブルに滑るように出された目の前の料理皿から、小エビのフライをフォークで突きながら言う。「死後、彼がどこに行くのかなんてわたしにはわからない。それは彼と彼の創造主の問題、彼と神との問題だからね。わたしにできるのは、彼のために準備を整えてやることだけだ。殺される準備なんてどうしたらいいと思う？　わたしの場合は、彼のことを学び知って、彼と話して、彼と共に祈ったよ。それが彼にとって最後に残されたすべてだからね」

ジェリーが刑務所の中で死刑囚の（精神的・物理的両面の）身辺整理を手伝っている間、刑務所の外では死刑擁護論者たちが集まり、Tシャツを売ったり、バナーを掲げたりして、死刑の執行を祝っていた。その一方で死刑廃止論者たちがキャンドルを囲み、黙とうの通夜を行なうこともあった。死刑囚にとって、その日の数時間は数分間のように感じられただろう。死刑執行人であるジェリーにとっては、まるで時計の針が固まってしまったかのように、一秒一秒をとても遅く感じていた。それまで看守として面倒をみてきた人物の命を終わらせるための心の準備を彼はどうやって整えていたのだろう？

「なにもかも遮断したんだ」と彼は言う。「自分のやらなければならないことだけに集中した。他人とは一切口をきかなかった。鏡を見ることもしなかった。死刑執行人の自分を見たくなかったからね」

陽気なウエイターがやってきて飲み物をテーブルに置いている間、わたしは鏡を避けようとする男の姿を思い浮かべる。「この職務に就かれている間、奥さまはずっとそのことを知らなかったということですが、奥さまに打ち明けたいと思ったことは？」

「ないよ。きみがわたしの妻だとして、わたしが死刑執行人だと知ったら、きっとわたしが心に抱えるストレスをきみも抱えようとするだろう？　そうやって一緒に心を痛めることになる。妻をそんな目に遭わせたくはなかったんだ」

§

州によって異なるものの、その日の処刑に手を下す人物がだれなのかは、処刑される死刑囚や立会人にだけでなく、当の死刑執行チームにもはっきりとはわからないようにするのが一般的だ。チームの各人が自分かもしれないし、そうではないのかもしれないと思えるよう配慮しているのだ。二つのスイッチを同時に押すケースもある。[16]　機械がどちらかのスイッチをランダムに選び、その記録は自動的に消去されるため、（それが電気椅子であれ薬物注射であれ）最後の一撃を放った人物がだれなのか、だれにもわからない仕組みになっている。人間と行為の間にロボット工学を介在させることで、その出来事が自分とはほとんど関係のないことのように思うことができる。ドローン攻撃も同じ理論だ。その方法をとらない場合でも、死刑を執行する人物が心の中で責任の所在をうやむやにしていた例がある。一九二〇年から一九四一年にかけてシンシン刑務所で看守をつとめたルイス・E・ロウズは、二〇〇人以上の男女を電気椅子で処刑したが、スイッチを入れる瞬間だけ、まったく別の方向に目を逸らし、「処刑をこの目で見たことは一度もない」と自分に言い聞かせていた。[17] どのデス・チームもそうしているように、ジェリーのチームもまた、役割分担することでひとりの肩だけに重荷を背負わさないよう工夫していたものの、コントロールパネルのボタンを実際に押したのがジェリーだったことに変わりはない。自分の手の中にある注射器から致死量の薬物が流れだし、チューブを通り、担架に拘束されている人間の血管に入ってゆく様子を目にするのはジェリーだけだった。それは紛れもない事実だ。にもかかわらず、いや、もしかしたら、だからこそ、彼は人を殺す行為と自らの間にひとつの壁を築くことに成功していた。神という名の壁だ。

死は本当の終わりではない、死後の世界は存在する。ジェリーはそう信じている。死刑囚も、何年も死刑を待ちながら刑務所の中で過ごしている間にそう信じるようになる。無神論者だった人物でさえ、たとえ州法では許されなくとも、神の赦しが受けられるかもしれないと期待するようになる。もしかしたら、途方もない力が働いて、処刑室の壁に掛けられている電話が突然鳴り、土壇場で執行猶予が告げられるとか、そういう神の介入を期待せずにはいられなくなる（唯一の息子であるキリストの処刑すら許した神にそんな助けを乞うこと自体が皮肉ではあるけれど）。どうやら死刑囚も刑務官も、そして恩赦を認めなかった政治家も裁判官も、死刑にかかわっている全員が、その重い責任を神に転嫁させているようだ。盾や代理人として宗教を利用する人にわたしはどうしても懐疑的な目を向けたくなる。自分がやっていることなのに、自分には関係ない、別のだれかの行為なのだと信じ込むことで、深く考えることを放棄しているようにしか見えない。そんなの、なにも考えずに上からの命令に従っているだけではないか。バージニア州の死刑囚監房のような場所では、ソフトフォーカスで撮られた映画の一場面みたいに、神に優しい素敵なイメージがあたえられているのだ。

ジェリーが語る言葉は、まだ初稿原稿の回顧録のような感じで、話の筋に欠陥や矛盾がたくさんある。自分をあの立場に置いたのは神であり、神にあたえられた仕事をやっていただけだと言う。神とは毎日対話しているのだと言うけれど、そういう神との対話はいつごろからやるようになりましたか、と質問すると、返ってきた答えは退職して何年も経ってからの日付だ。時系列が矛盾している。それに処刑室で仕事をしていた頃の彼は、神どころか、だれとも言葉を交わしていなかったはずなのだ。わたしが手を替え品を替えて質問しても、あの職務に就いた頃の彼の頭の中を知ることができない。制服にアイロンをかけながら、鏡の中の自分の姿を見ないようにしながら、奥さんに「行ってきます」のキスをしながら、彼は一体どんなことを考えていたのだろう。もしかしたら、彼本人も忘れてしまったのかもしれない。人は自分でも気づかぬうちにトラウマを暗い空間に閉じ込めてしまえるものだから。自分が壊れてしまわないように、物語のそこここに空白を作り出すものなのだ。

いくら神や裁判官や陪審員に責任の所在を転嫁しようとも、州法によって処刑された人物の公式文書には死因欄に「殺人死」と記される。恐ろしい犯罪に見合った公正な刑罰なのかどうかという問題はさておき、「機械による死刑であれ、人間の手がそのダイアルを回さない限り行なうことはできない」とテキサスで最も古いイノセンス・プロジェクト（冤罪証明を目的とした非営利活動団体）の創立者デヴィッド・R・ダウは書いている。[18]ジェリーの手もその手だった。その事実を背負って生きていかなければならないことに間違いはない。ウエイターが身体を伸ばして空になった食器を下げている間、そのことについてしつこく聞こうとするわたしに、彼はフラストレーションを感じている様子だ。「いいかい」彼はナイフとフォークを握ったままテーブルの縁に上半身の体重をかける。けっして怒っているわけではない。その証拠に、その間もずっと、わたしの初心《うぶ》な意見に静かな笑みを絶やさないでいる。「殺意を持って殺したことは一度だってない」と彼は穏やかな笑顔を見せる。「どの死刑囚もどうしたって殺される運命にある人たちだった。わたしはただあのボタンを押す立場にいた。最後の道具がわたしだった。彼らが犯したことに最後のけじめをつける役目がたまたまわたしだった。わかるかい？　彼らは、人を殺そうと決意して、実際にそうしたとき、いずれこうなるだろうことを知っていたんだ。そのとき自分で自分の人生を奪おうとしていることを知りながらやったんだ。彼らは悪い選択をした。その結果どうなるのかわかっていたのにだよ。彼らは自殺を選んだんだ、お嬢ちゃん。自殺をね」

ジェリーとわたしは、食べ残しの魚と紙ナプキンの残骸をはさんで黙ったまま見つめ合う。わたしにはなにも言えない。彼は（刑務所の塀の中でも外でも）自己を崩壊させることなく任務を遂行するために、心の足場を何年もかけて築いてきたのだ。わたしはその足場を引き倒す立場にいない。ジョーン・ディディオンは著書『60年代の過ぎた朝――ジョーン・ディディオン集』でこう書いている、「人は生き抜くために自分の物語を語るものだ。（中略）わたしたちは、あの自殺事件に教訓を探し求め、あの五人の殺人事件に社会的または倫理的な教訓を探そうとする。わたしたちは目で見たものを頭の中で解釈しなおし、選択肢の中から一番良さそうな答えを選ぶ[19]」。一九六五年のインドネシア集団虐殺を行なった処刑部隊のリーダーでさえ、血まみれの屋上で数えきれない処刑を遂行しながら、自分たちはジェームズ・キャグニーみたいなクールなハリウッドのギャングスターなのだと自分に言い聞かせていたという。[20]沈黙するわたしたちの隣のブース席からは、明るい笑い声が聞こえてくる。当たり障りのないBGMのバラード曲、それを遮るキッチンのベルの音も聞こえる。とにかくジェリーはものすごく感じが良くて優しい……学校で学生たちと話していたときも、常連客としてこの店のスタッフと触れ合っているときも、わたしとこうして喋っているときも。そんな彼が死刑執行人だったということが、どうしてもわたしには想像できない。

「だけど」わたしは再び口を開く。「初めて人の命を奪わなければならなかったとき、本当に自分にできるだろうか、とは思いませんでしたか？　それとも自分なら大丈夫だという自信が……」

「いいかい」と言いながら彼はパン籠を手に取り、中に残っていた二つのチーズビスケットをテーブルに放り出す。「お嬢ちゃん。もう忘れたのかい。彼の命を奪ったのはわたしじゃない。彼は自分で自分の命を奪ったんだよ。たとえば、これが死刑囚だとしよう」と彼のスマホをヒラヒラと動かして見せる。「で、これが川だ」と空にしたばかりのパン籠をドサッとテーブルに落とす。「悪さをしたやつは、この川に落ちて死ぬことになる」彼はパン籠を玩具の機関車みたいに動かしはじめる。その「川」はビール瓶とアイスティの間を縫い、紙ナプキンの海原を掻き分けながら進んでゆく。ジェリーは「お前さんは悪さをしようってのか？」とスマホに語りかけると、パン籠の中に投げ入れる。「悪さをするなら、お前さんは死ぬことになるよ。わたしはこの大きな建物の中にいて」と今度はケチャップの瓶を取り出し「そこにはボタンがあるんだ。わたしはまだそれを押していない。使ってはいない。まだ使う必要がないからさ。お前さんが正しい決断をすれば、わたしのところに来る必要なんかない、通りすぎて進みつづけるだけだ」と彼はスマホの入ったパン籠を押し進める。パン籠はベトベトのケチャップ瓶のすぐ脇を過ぎて去ってゆく。「いいかい、わたしにあのボタンを押させるんじゃないよ。とまあ、そういうことだね。わたしの言いたいことが伝わったかな？　きみがわたしを責めるのはお門違いだ。その過ちはわたしが犯したものではないんだからね。だから、そのせいで眠れない夜を過ごすこともない」

「わたしだったらきっと眠れなくなってしまうでしょうね。そう思わずにいられないわ」とわたしは言う。同時に、今のたとえ話はきっと回転寿司レストランで聞いたらもっとわかりやすかったのかも、とも思わずにいられない。

「だろうね。どうして眠れなくなるかと言えば、きっときみは自分を責めるからだろう？　だけど、もしきみのところに誰一人来なかったとしたら、自分を責める理由はあるかい？　死刑になるようなことをする人がまったくいなければ、きみはどんな理由で自分を責める？　わからないって顔だね。もっとよく考えてごらん。自分を責める理由がどこにある？」

「……もし誰一人この川を通りさえしなければ、ボタンを押す必要はない、ということ？」

「そう」

「……だから、わたしはなにもしていないのと変わらない、ということ？」

「いかにも、その通り。そこで尋ねるが」彼は満足顔で深く座り直し、最終弁論を終えた弁護士みたいに両手を軽くあげる。わたしたちはパン籠をはさんで座っている。「なにもしていないのにその人を責める道理はあるかい？」

わたしはお酒を飲みすぎたとき必ずある表情をする。片方の目を固く閉じて視界のブレを防ぎながら、複雑で理解しがたい世界観（バス停の時刻表とかケバブ屋のメニューとか）を解読しようと試みるのだ。今のわたしは完全にしらふだけれど、それでもやっぱりその表情をしている。わたしの質問にたいする彼の答えは、答えになっているようでなっていない。この苛立たしい行き詰まりから抜け出す方法をわたしは考える。ジェリーがまた笑う。

§

ジェリーの行為が正当で善良な行為だったという理論を彼自身の中で成り立たせるためには、その根本で、彼が司法制度を全面的に信頼していることが条件になる。彼は犯罪現場にいたわけではないし、裁判に立ち会ったわけでも、陪審員をつとめたわけでもない。彼の元に到達するまでの一連の司法制度の流れにかかわった全員がそれぞれの義務をしっかりと果たして被告人に有罪判決を下したのだという確信が必要だ。それに、この司法制度そのものが問題なく機能しているという確信もなければならない。彼の司法制度への全面的信頼は人生の早い段階で固まっていた。きっかけはふたりの警察官と友情を結んだ少年時代だ。ふたりとも柔道と空手を教えるため学校によく来てくれていた黒人警察官だった。ふたりとも自家用車を持っていた。ジェリーは今でもそのふたりのIDナンバーを覚えているほど彼らを尊敬していた。612と613だ。当時九歳だったジェリーは、大きくなったら警察官になりたいと思うようになった。その動機の大部分は自分の車を乗り回したかったからだ。警察官への尊敬を通して、彼の司法制度への信頼は、後に抱く神への信仰心と同じく、確固たるものになった。

ところが、司法の判断は揺るぎのないものだという確信に疑問を持つことになるふたつの出来事が起こった。ひとつ目は、強姦罪と殺人罪で有罪判決を受けたＩＱが十歳相当のアール・ワシントン・Jr.のケースだ。彼は死刑囚として一八年近く服役した後、ＤＮＡ判定が証拠になって無罪になった。ジェリーの処刑室で死ぬ予定のわずか九日前のことだ。

ワシントン・Jr.の無実が証明されたことで、ジェリーは、過去も将来も含めて、あらゆる死刑判決の公正さについて疑いを持つようになった。ただし、確信こそ揺らいだものの、すぐに職を辞そうとまでは思わなかった。頭の中では、死刑を（切りのいい数字の）百回執行したら辞めようと思っていた。その頃にはすでに、彼自身も関係者も、彼のことをその道の専門家とみなしていた。フロリダなどの他州にも派遣され、不首尾に終わった処刑の原因を調査し、合成樹脂のスポンジを使わないよう助言するなど、従来の方法を改善させることもあったほどだ。そんなわけで、彼の言葉を借りるなら、神は、ひとつ目のヒントを出しても動じなかった彼を見て、ふたつ目のヒントとして変化球を投げ、もう十分だと伝えることにした。ジェリーは偽証罪とマネーロンダリングの罪で大陪審裁判にかけられて有罪判決を受け五七ヶ月の懲役刑に処された。

今でも彼は無実を主張している。ただ、刑務所のタイプライターに隠されていた弾丸入りの拳銃の話などを並べ立ててそう主張するのだが、時系列も理論的にも辻褄の合わないものばかりだし、そもそも彼が語る話の多くには「これは神の意志である」というスパイスが振りかけられている。また、法廷の証人席に座ったとき、彼は上の空だったという。三ヶ月という短いタイムスパンの中で一〇人の死刑を執行しなければならず、その準備を頭の中であれこれ考えあぐねていたからだ。それは死刑執行人になってから経験したことのないほど立て込んだスケジュールだった。それでも法廷でそのことを言うつもりはなかった。自分の妻にさえ言えないことを、見ず知らずの一二人の陪審員に打ち明けることなどできなかった。彼は今でも車の購入に使ったお金が麻薬にまつわるお金だったことを知らなかったと主張している。しかし当時、麻薬を売って作ったお金で車を購入したのかと尋問されたとき、彼の頭の中にはまったく別の嵐が吹き荒れていたという。それはともかく、こんな無実の罪を着せられることがあるのだから、だれがどんな濡れ衣を着せられてもおかしくはない、と彼は思うようになった。

この裁判がきっかけで、ついに彼の奥さんは夫がこの一七年間ずっとバージニア州（死刑制度再開後の死刑執行数がテキサス州に次いで二番目に多い州）の死刑執行人だと知ることになった。夫の有罪を伝える地元新聞の記事を読んでその事実を知ったのだ。だれがマスコミにその秘密をもらしたのか、ジェリーはいまだに知らないという。

§

ジェリーをはじめ、死刑囚監房で仕事をした経験を持つ二三名が署名したあのアーカンソー州知事宛ての嘆願書にも書かれているように、死刑執行が刑務官のメンタルヘルスに及ぼす長期的な影響については、死刑に関する議論の中でも軽視されがちだ。そういう議論でスポットライトをあてられるのはいつも、正義について、復讐について、そして統計学的には証明されていない抑止力についてばかりだ。[21] とは言え、きちんと探してみると、そういった議論がまったくないわけでもない。数十年にわたって眠れない夜を過ごした元刑務所長についての記録、人を繰り返し殺すことによって生じるストレスや心労についての考察、失敗することへの心配についての考察、この仕事とうまくつきあいながら生活することについての考察、短い意見が記された記録などがある。[22] 元死刑執行人の中には後に死刑廃止論者に転じた人たちもいる。彼らは回顧録を書き、世界を回りながら政府や権力者に死刑という名の人殺しをやめるよう説得する活動をしている。フリーランスの死刑執行人として六州で合計三八七人を処刑したロバート・G・エリオットは、自身の回顧録『死神の代理人(*Agent of Death*)』の最後をこんな一文で締めくくっている。「電気、絞首、ガス、その他いかなる方法によるものであれ、法的な殺人がアメリカ合衆国全土で非合法化される日がそう遠くないことを祈るばかりだ[23]」。この本が出版されたのは一九四〇年だった。その後、アメリカで死刑は廃止されるどころか薬物注射が死刑方法に加えられている。

電気椅子や注射針が使用される以前は、公開絞首刑が行なわれていた時代もあった。しかしアメリカでは一九三六年以降、公開処刑は一切行なわれていない。(ノーマン・メイラーやフィル・ドナヒューをはじめとする)多くの識者たちは、アメリカ合衆国が国民を殺すことにそれほど真剣なのなら、むしろ公衆の面前で行なうべきであり、そのスペクタクルをテレビ放映するのが筋だと論じている。[24,25,26] その様子を見ずして、なにが起こっているのかを真に理解することはできず、司法制度の水面下に広がりつづける膿を止めることは不可能である、と彼らは言う。法制度の一環として計画的に殺される人命について、その話だけを耳で聞かされるのではなく、実際に自分の目で見ることで、国民の死刑にたいする考え方は変わるだろう、という論旨だ。アルベール・カミュは、死刑賛成論者だった彼の父がギロチン処刑を見物に行って以来すっかり考え方を変えたことについて書いている。[27]彼の父は、子どもを殺した死刑囚の処刑を見物に行って帰宅すると、ベッド脇で嘔吐し、それ以来すっかり人が変わったようになった。カミュは、もしフランス国家が囚人殺しを本気で奨励したいのなら、かつてのようにギロチンを公衆の面前に引きずり出して行なうべきであり、刑務所の壁の中に隠れて執行し、翌朝のニュースで婉曲的な言い回しで報告すべきではないと書いている。フランスが死刑という行為を本気で支持するのなら、処刑を行なう死刑執行人の手を国民に見せるべきだとカミュは論じている。

ジェリーはわたしの前で神父みたいに両手を広げながら、四年の刑期を終えて出てきたとき、彼の気持ちはすっかり変わっていたのだと語る。「死刑判決は世界中のすべての人間にすでに下されているんだ」と彼は静かに言う。「死ぬことは全員にすべからく約束されている。確実にね。それは絶対に起こることとさ。重要なのは、人殺しが悪いことだと世間の見せしめにするために人を殺す必要はないってこと。人殺しが悪いってことはもうだれだって知っているんだからね」。今の彼は、司法制度が不公正で欠陥だらけだと知っているだけでなく、死刑そのものも意味はないと信じている。死刑に代わるべき刑罰について、彼の意見は、刑務所の中でただ座らせておくこと、自分がなにを犯したのか知りながら残りの人生を生きさせることだという。「自分が命を奪った少女なり老人なりの命日がやってくるたびに、そのことを思い出すことになるだろう」とジェリーは言う。「独房の中で犠牲者と共に生きつづけるんだ。壁がどんどん迫ってくるように感じはじめ、ついにはまるで墓の中にいるような気分になってくる。実際に囚人たちからそう聞かされたよ。『ギヴンズさん、俺は生きたまま墓に埋められてるような気分だよ』ってね」

ジェリーは転職して州間高速道路にガードレールを設置する会社のトラック運転手になった[28]。前の仕事もこの仕事も人の命を守る仕事に変わりはないと彼は考えている……ただし今回は人々の目に触れるものだ。また、死刑執行人としての匿名性はすでに新聞に暴かれていたので、彼は自らの体験談を公開することにした。今では世界中を回りながら、死刑について、それがいかに必要のないものかについて、処刑を執り行なう人にどのような影響をあたえるものかについて講演している。モーガン・フリーマンは、神をテーマにしたテレビのドキュメンタリー・シリーズにジェリーを出演させた[29]。正しいと信じていることを遂行するために、自分自身や信仰心と葛藤することがテーマのエピソードだ。先週は別の取材を受けていたし、今日の相手はわたしだし、今週中にスイスに講演に行く予定だ。彼はスマホ画面をスクロールしながら、自分がいかに引く手あまたなのか、どれほど求められているのかを見せてくれる。自分の目ですべてを見てきたからこそ、悪から学び善を生み出すことができるのだと語る。今でも母校の学生たちを指導して、これ以上死刑宣告される人が出ないよう努力している。彼はまた回顧録『明日は約束されていない（*Another Day Is Not Promised*）』の著者でもある。その本は書店の「宗教・フィクション」の棚に並んでいる。

そういった活動をしているにもかかわらず、彼は職務として六二人の命を奪う役割を果たしたことを後悔していないと言う。処刑によって彼らの苦しみは終わりを告げたのだと信じている。でもそれは、彼自身の苦しみの始まりだったのではないだろうか。わたしが彼の目を見て、それはどんな気持ちですかと尋ねても、芯を捉えた返答は返ってこない。世界中を講演して回っている今もなお、彼にはそのことについて話すことができない。神を介在させることで、そして死刑囚の犯した罪への非難を通して、自分が行なった死を司るという大きすぎる役割をなんとか矮小化させてはいるけれど、その役割には間違いなく、彼が頑なに目を向けようとはしない非道さが内在している。彼はずっと頑なにそれを頭から追い払ってきた。処刑の日でも普段と同じ朝食を食べられるほど頑なに。彼自身、わたしに語ってくれたことについておそらく半分しか納得していないのではないだろうか。魚やエビの食べ残しの前で、理論武装しながら話す彼の姿には、ある種の悲壮さを感じずにいられない。夜中に突然目覚めて孤独を感じたとき、彼は一体どうしているのだろう?

今の彼が特に気にかけているのは死刑執行チームのことで、死刑廃止論を擁護しているのもそういうスタッフたちを思ってのことだという。同業者たちが抱える痛みや苦しみについて語るときの彼はずっと明快になる。彼らのトラウマについて語るジェリーの言葉をじっと聞きながら、きっと彼自身にも当てはまるものに違いないとわたしは思う。「彼らは心の中にものすごく多くのものを抱え込んでいるんだ。普通の人だったら抱えきれないほど多くのものをね」と彼は言う。「自分で命を絶った人だって少なくはない。アルコールに溺れた人もいるし、ドラッグに頼った人もいる。死刑囚の方は死ぬ前からもう終わっているんだ。死刑囚監房に二〇年も座っていれば、精神的に死んだも同然になるからね。なにもかも受け入れて終わりにする心の準備ができている。問題なのは執行する側だよ。彼らは囚人を死なせなければならない。そしてその囚人の死は、彼らの中に生きつづける。自分が死ぬまでずっとね。殺した死刑囚たちが自分の一部となり、ゆくゆくは精神が壊れてゆくのさ」

壊れた人たちはたくさんいる。ダウ・B・ホーヴァー副保安官は、ニューヨーク州最後の死刑を執行した人物だ。彼の前任者ジョセフ・フランセルは、名前を公表していたため、この仕事に就いていた間ずっと舞い込んでくる殺しの脅迫状に悩まされつづけたが、ホーヴァーは自身の身元を最後まで隠し通した。処刑のためシンシン刑務所に行く日に自宅のガレージで車のナンバープレートを付け替えていたのが彼だ。一九九〇年、彼はその同じガレージでガス自殺をした。また、一九一三年から二六年にかけてニューヨーク州の死刑執行人をつとめたジョン・ハルバートは、神経衰弱になって退職した三年後、自宅の地下室で三八口径リボルバーで自殺した。[30] ミシシッピ州でガス室に使う化学薬品の調合をしていたドナルド・ホカットは、毎晩のように悪夢に苦しんだ。[31] 常に死刑囚がふたり順番待ちしている状況で死刑囚を永遠に殺しつづける夢だったという。彼は五十五歳の若さで心臓疾患で亡くなった。

「そこから逃れる方法なんかない」とジェリーは言う。「自分はまったくなんともないと言う人がいるとすれば、その人はどこかおかしいんだろうね。あれをしてなにも感じないってことは、どこかがおかしいってことさ。死刑囚は死ねばもう変な汗をかくこともなくなる。執行人はその後も汗をかき、息をしつづける。自分がしたことについて考えながら生きつづけなければならないんだ」

わたしたちはレストランの席を立つ。食べきれなかった料理をお持ち帰り用の箱に入れ、わたしたちの分をジェリーがわたしに手渡す。ゆっくり足を引きずりながら出口に向かう彼の後ろをクリントとわたしはついてゆく。わたしたちは水槽の脇を抜けてロブスターたちに見送られる。クリントはこの食事中ほとんど黙っていた……わたしの取材に同行するのは珍しいことだし、軽率な発言で会話を逸脱させてしまいたくなかったからだ。店のドアを押し開けて一月の冷たい外気に触れたところで、クリントがようやく質問をする。今でも死刑囚の希望で銃殺刑を選べる州はありますか。あるよ、どの州だったかな、確かユタだったと思うよ、とジェリーは答える。

「だけど、想像してごらんよ」明るすぎるライトに照らされた駐車場で、エビの入った自分のお持ち帰りの箱を抱えたジェリーが言う。「五人の銃殺隊のうち実弾が入った銃を持っているのはひとりだよ。だけど、その処刑は五人全員の心に一生残りつづけることになるだろうね。実弾が入っていたのは自分の銃だったに違いないって全員が思っているはずだからさ」[32]。わたしは手袋をはめた手を振って彼に別れの挨拶をする。わたしは銃殺隊の五人のことを想像する。彼らがこうして何気なく別れの挨拶をするとき、目に入った自分の手を見ながら、これは死刑執行人の手なのだと思っている様子を思い浮かべる。

ジェリーは二〇二〇年四月一三日新型コロナウイルス感染症で亡くなった。死亡通知によると、感染場所は彼が属している合唱隊のあるリッチモンドのシダー・ストリート・バプテスト教会だったらしい。

バージニア州で死刑が廃止されたのは、ジェリーが亡くなってから一年も経たない二〇二一年三月二五日のことだ。

7　永遠に続くものなんてない――エンバーマー

死にはプロセスがあり、瞬間的なものではない。身体のどこかが異常をきたし、そこからの連鎖で（酸素が絶たれたり、血の流れが止まったりして）ついにシステムがシャットダウンする。腐敗もまた瞬間的に起こるものではない。死体の腐敗速度は、環境的要素や個人的要素の違いでかなりの差があり、人によってまったく異なってくる。室温、衣服、脂肪といった様々な要素が絡み合って腐敗速度に影響をあたえるからだ。とは言え、腐敗のプロセスは基本的にほぼ同じで、まず、死後数分すると酸素に飢えた細胞が自己破壊をはじめる（細胞内の酵素が自身をまとめている細胞壁を攻撃しはじめる）。死後三〜四時間ほど経つと、体温の低下が引き金となって死後硬直が始まり、エネルギー源をなくした筋肉内タンパク質が固くなりはじめる。最初に固くなるのは瞼。次に顔、そして首。一二時間後には全身が硬直し、その体勢で固まった状態が二四時間、ときには四八時間続く。[1]次いで、硬直したのと同じ順序（瞼、顔、首……）で硬直が解けてゆき、死体が緩む。その次の段階が腐敗だ。

エンバーマーの仕事は、死体の腐敗を永久に止めることではなく、腐敗プロセスのスピードを緩めることにある。死体にそういった処置を施すことは、もう何千年にもわたって、地球上の全地域で行なわれてきた。その方法も様々なら、それをする理由も様々で、宗教上の理由もあればそれ以外の理由もある。ヨーロッパでエンバーミングが行なわれたのは、運搬しやすくすることと医学研究のふたつが主な目的だったけれど、例外もあり、たとえば十八世紀にはこんな風変わりなケースがあった。英国の無免許歯科医マーティン・ヴァン・バッチェルが、婚姻契約に記されたある条項を都合よく解釈して、死んだ妻にエンバーミングを施した。(2)その婚姻契約には、妻が地上に存在する限りは彼が妻の資産を自由に使えるとされていたのだ。ただし、この理由については、彼自身が触れ回った根も葉もない噂だという説もある。とにかく、理由はどうあれ、一七七五年、彼は妻の死体に防腐剤と染料を注射し、ウエディングドレスを着せ、ガラスの蓋の棺に寝かせて、新たに入れたガラス製の目玉が天井をじっと見つめる状態で、自宅の居間に置いた。彼が再婚するとき後妻に（あたりまえだけれど）却下されるまで、ずっとその状態で置かれていたという。

アメリカでエンバーミングが葬儀目的に広く用いられるようになったのは、南北戦争がきっかけだ。それ以前のアメリカでは、ヨーロッパと同じく、医学学校で死体を保存するために用いるのが主目的だった。しかし南北戦争が激化して死者数が累積し、戦場で死んだ兵士の数が（南軍も北軍も）病院の埋葬墓地だけでは追いつかなくなると、戦死者は戦友によって間に合わせの目印をつけた穴に埋められたり、命を落とした場所から一番近い塹壕《ざんごう》に転げ落とされたりしていた。(3)転げ落とす役は、本来はその戦闘における勝利者側がやる決まりになっていたが、後には、一番近くにいた人間（友なり敵なり現地の一般市民なり）がやるようになった。金持ちの遺族の中には、需品係将校を介して遺体の取り寄せを依頼する者たちもいた。(4) その場合は死体を探して故郷に送り返すためのチームが結成された。一方それほど裕福ではない遺族が自力で死体を探しに出向くこともあった。死体の輸送には、良くても密封性の高い金属の棺か、氷を入れられるよう設計された棺に入れて鉄道で運ぶのが精いっぱいで、どちらを使ったとしても腐敗を遅らせるには不十分だったため、その長旅を共にする人々は不快な旅を強いられることになった。

一八六一年、（かつてリンカーン大統領の選挙区事務所で法律事務員として働いていた）エルマー・エルスワースという若い大佐がバージニア州のホテルの屋根に掲げられていた南軍旗を押収しようとしていたところを撃たれて死亡すると、彼の死にまつわるあらゆる側面が新聞記事になった。(5) そこには葬儀における彼の死体の状態が普通では考えられないほど「まだ生きているよう」だったことについても書かれていた。彼の死体は、無料でその仕事を申し出たトーマス・ホームズという医師によってエンバーミング処理されていたのだ。ホームズは戦前に何年もかけて動脈を利用するエンバーミングの新技術を実験していた。フランス人の発明家ジャン＝ニコラ・ガナルが著した書籍（その二〇年前に英語に翻訳されていた本で、解剖用死体の保存方法が細かく記されていた）からその技術を学んでいた。(6) エルスワースの死体の状態について書かれた新聞記事が広まるや、数々のエンバーマーたちが起業し、戦場近くに店を開いた。アメリカのエンバーミングの父として知られるようになったホームズ自身も、一体につき一〇〇ドルの報酬で四千人の兵士をエンバーミングしたと言われている。ワシントンDCの彼の店先には、広告代わりに、戦場で見つけた身元不明の男の死体がディスプレイされていたという。(7)

エイブラハム・リンカーンもまた、一八六五年に暗殺されると、ワシントンDCから彼のための墓があるイリノイ州の故郷に輸送された。七州一三都市を通過するこの輸送には三週間を要した。葬儀の一環である公開安置では、彼に敬意を表しに来た何千人もの参列者が、蓋を開けた棺の前を一列になって通り過ぎた。その参列者たちはエンバーマーがやってのけた仕事ぶりも目にすることになった……それは確かに死体ではあったが、彼らがイメージする死体とはまるで違うものだった。南北戦争中、人々は概してエンバーマーに懐疑心や敵意を抱いていた（アメリカ連合国陸軍にはエンバーマーに騙されたという苦情が遺族から寄せられ、少なくともふたりのエンバーマーが、料金を支払うまでエンバーミングした死体を引き渡さなかった罪で起訴されている）[8]けれど、エンバーミング処置そのものは熱望の的となり、極めて商業的なものになっていた。

プエルトリコでは、あるエンバーマーが度を過ぎたところまで手を広めていた。通夜のために、彫像のようなポーズをとらせた死体を提供したのだ[9]。まだ戦えるポーズをとりながらリングのコーナーを背にする死んだボクサーだったり、銃弾に倒れながらもまだ札束を手にして離そうとしないギャングスターだったり。ただし、それは過激な例であり、ほとんどの場合、エンバーミングを施す目的は死体の様相をあたかもなにも起こらなかったかのように見せるためだ。エンバーマーの仕事は、古い絵画を本来はきっとこうだったはずだと思われる様相に復元する美術修復師みたいな仕事で、死体がまだ生きたまま眠っているように見せ、生と死の境界線をあやふやにすることにある。でも、どうして死んだ人間を死んでいないように見せる必要があるのだろう。

一九五五年、イギリスの人類学者ジェフリー・ゴーラーは自身の論文『死のポルノグラフィ（*The*

Pornography of Death)』で、現代の死について「醜い事実は容赦なく隠される。つまりエンバーマーの技術は現実の完全否定のための技術である」と論じている。[10] この論旨は、これが発表されて以来ずっと死に関する著作やエンバーミングの教科書で議論の対象となっている。一九六三年になると、ジェシカ・ミットフォードが『アメリカ流の死（*The American Way of Death*)』という本を書いた。この本は面白おかしくもラジカルな視線を葬儀業界に向けており、この業界の醜聞を容赦なく暴いている。彼女は葬儀業界の隅々に目を向け、不可解な名称の様々な葬儀オプションを「これは法で定められた必須条件です」という幻影のベールに包んで消費者に高額で売りつけていると書いている。[11] エンバーミングは死体を永久に保つものではないこと、また、エンバーミング処理をしない死体が生者の健康を害する恐れがあるという多くのエンバーマーの主張が真実かどうか、いまだ確証が示されていないことを理由に、エンバーミングもまた葬祭ディレクターが顧客に売りつけるオプション商品に過ぎないと彼女は断じている。この本の真の狙いは、葬儀業界は弱者を餌食《えじき》にする業界であると主張することにあった。

彼女の意見には確かに独断的なところもある（エンバーマーたちとの会話中に何気なくでも彼女の名前が出れば、その部屋のムードは一変するだろう）けれど、死ぬのは高くつくという彼女の主張は間違いない。最低限の葬儀を行なうためにGoFundMeにクラウドファンディング・アカウントを作る人は今なお後を絶たない。自分の葬儀費用のために平均的な電話代程度の額を月々積み立てるマンスリープランだって存在するほどだ。死体を埋葬するのがどれほど高価になりえるのか、また、喜んでそんな大金を出す人たちがどれほどたくさんいたのか（そして今でもいるのか）については、ヴィクトリア朝時代に作られたロンドンのセメタリーを訪れてみれば一目瞭然だ。死もまた、自らの富を見せびらかす方法のひとつになりえる。あのニック・レイノルズが作製したブロンズ製のデスマスクが鎮座する墓石のあるハイゲート・セメタリーには、敢えて遊歩道から見えない位置に建てられた巨大な霊廟があり、かつての新聞王の死体が眠っている。

ミットフォードは、エンバーミングには悲嘆に暮れる遺族にとってセラピー効果があると主張する葬祭ディレクターは「精神科医のマントを羽織って自分に都合の良いことを言っているだけだ」と警戒の目を向けている。一五年前にこの本を読んだとき、わたしは彼女の歯に衣着せぬ物言いが大好きだったし、当時はエンバーミングを自分の目で見たことがなかったこともあって、きっとそうなのだろうと思っていた。正論のように思えたのだ。

ところがだ。カフェのテーブルにわたしと向かい合って奥さんのジーンと並んで座っている元エンバーマーの素敵な老紳士ロン・トロイヤーは、エンバーミングのプロセスについて「暴力的」と書いたわたしのある雑誌記事を読んで「傷ついた」と言った。[12] これまでの数時間、わたしは彼の人生や仕事についてたくさんの話を聞いていた。彼を紹介してくれたのは彼の息子のジョン・トロイヤー博士だ。ジョンが現在バース大学「死と社会研究センター」のディレクターをつとめているのも、この父親から多大な影響を受けてのことだった。あの哲学者のお通夜でポピーが「生まれて初めて目にする死体は、大切な人の死体であるべきでありません」と語った直前に登壇し講演していたのがジョン・トロイヤー博士だ。ジョンは死を包み隠さない家庭で育った。家では普通のことだというのに家以外のところではタブーだと知った子どもは、それに固執するようになる。これは自然な心理なのだろう……わたしにももちろん身に覚えがある。そんな彼の両親がたまたま息子を訪ねてウィスコンシン州からイギリスに来ていたのだ。外ではちらほらと雪が降っている二月のこの日、ほぼ満員のブリストルのカフェの中で、この天候に適したコートをしっかり用意していたのはこのご夫妻だけだ。店に入ってくるイギリス人たちはみんな、まるでこの天気に個人攻撃されたかのような恨めし気な表情を浮かべている。わたしも例外ではないので、そのことを上から目線で語る資格はない。

七十一歳のロンは、肩幅が広く、長身で、アーノルド・シュワルツェネッガーを思い起こさせる広い額の持主だ。エンバーミングの話題に移る前に、彼は三五年間葬儀業界で仕事をして目にした変化について話してくれた。彼によると、一九七〇年代に入って死にたいするわたしたちのアプローチが闘病という激しい戦いからできるだけ快適に受け入れることへと推移したのは、一九六〇年代にシシリー・ソーンダースがアメリカに倣って開始したホスピス運動が発端だった。彼が葬祭ディレクターとして働きはじめた頃には、死者の死亡場所のほとんどが病院で、それ以外のケースは道端や線路上くらいのものだった。しかし彼が引退する頃には、静かに家族に看取られながら死の床で亡くなろうとしている人物の自宅を訪ねることの方が主流になっていた。また、この数十年で人々の信仰心が少しずつ薄れてきたことから、葬祭ディレクターの役割も変化しているという。かつては、魂や悲しみの問題は教会に任せて、彼らは死体の世話と処理という機能的な役割だけを担っていたが、今では死別による傷悴《しょうすい》をカウンセリングする類いの仕事も含まれるようになった。また、彼自身がかつて学び、後に教鞭もとったミネソタ大学では、葬儀トレーニング課程で学ぶ女性の割合は、昔はほぼゼロだったが、今では八五%になっているという。

「一九七七年にわたしが教えはじめたとき、あの課程で学ぼうとする女性は、いたとしてもせいぜい葬儀業経営者の娘とか、経営者の息子の奥さんとかだったね」と彼は言う。彼は先ほどから幾度もウエイターに注文を聞かれているけれど、まだそれに応えていない。三五年間のキャリアには、それほど色んな出来事があったということだ。「男性の葬儀業経営者が女性の葬祭ディレクターを雇うのを拒んでいたわけではないよ。一番の要因は業務時間がクレイジーだったこと。それと、スタッフ同士がとても親密に仕事を進めなければならないこともあって、特に経営者の配偶者も一緒に働いている場合、ほかの女性スタッフと自分が同等に扱われることを不名誉だとする風潮が業界全体にあったんだ。わたしたちもそういう風潮とずいぶん闘ってきたけれど、簡単ではなかったよ。あとは、女性は体力的に弱すぎるとか、精神的に耐えられないと考える人もけっこういた。まったくでたらめな発想だけどね。今では女性の葬祭ディレクターはごく普通にいる。それほど変わってきた、変革されてきたということだね」

「女性はそれまでなかったタイプの思いやりをあの業界に吹き込んだわね」と彼の傍らでジーンが付け足す。彼女は教職に就いていたので、葬儀業者の妻として働いたことはない。ものすごく忙しい夜に、説き伏せられて、電話番をしたことが二度ほどあっただけだ。「男性はストイックであれという育てられ方をしていたけれど、女性は……女の子なら人に優しく接しても大丈夫とされていたのよ」彼女は「馬鹿げているでしょう」と言いたげな表情を浮かべながら言う。「今では馬鹿げているように聞こえるけれど、女性の優しさの方が人々からは受け入れられやすかったのは事実ね」

依然として変わっていないこともある。ロンは冗談を交えながら、凍てつくウィスコンシン州の冬場には、昔からずっと、墓堀人夫《グレイブディガー》たちに外に出て仕事をしてもらうため袖の下のバーボンをご馳走することや、葬祭ディレクターが卸売価格で購入したものの売れ残った最高級品の棺には最終的にその葬祭ディレクター自身が入ることになるのが常であるという話をする。「『やったぞ、これでやっとあのブロンズ製の棺を始末できる！』なんて本人が言ったかどうか」と彼は笑う。ロンが語る話は面白いものばかりでなく、感動的な話もたくさんある。エイズ危機の時代には、彼らの小さな町では、同性愛者である故人の恋人や友人が葬儀に出席して最期の別れを告げることを遺族に断られてしまう光景を目にした。全米のほとんどの葬儀業者がエイズで死亡した遺体の取り扱いを拒否していたその時代にも、ロンはそれらを受け入れただけでなく、葬儀後何時間も会場に残り、故人を愛した人たちをこっそり会場に入れて別れを告げられるよう取り計らっていた。「危険な時代だったからね」と彼は静かに言う。「社会の反感を買うようなことをすれば、商売をやっていけなくなる時代だった。だから、そういうことをするにも細心の注意が必要だったよ」

　ロンが儲け至上主義者でないことは明白だ。もちろんほかの葬祭ディレクターと同じように、感謝祭には聖職者に賄賂の七面鳥を贈ることもしたけれど、それは当時、遺族に葬祭ディレクターを紹介するのは聖職者だったからだ。「聖職者に嫌われたら、運に見放されたも同然だった。葬儀の仕事が一切回ってこなくなるからね」。亡くなった赤ちゃんの遺体に服を着せる両親を手伝ったこともたくさんある。そんなときの忘れられない些細な出来事を、今カフェに座っているこの場でもしっかりと覚えている。両親たちはきまって、小さな死体に残された検死解剖の切開痕を「切り傷」と呼ぶのだという。切り傷とはゆくゆくは治るものだ……そういうちょっとした言葉使いの違いだけでも、聞いている方の胸は余計に深く引き裂かれる。彼はまた、葬儀業者としてだけでなく、若くして夫を亡くした未亡人とか、子どもを亡くした親たちを支援する団体での活動にも参加していた。心が暗闇の中にあるとき、そういう話を聞いてくれる相手が彼だった。ある十五歳の少女が交通事故で亡くなった際には、彼自らその少女の学校を訪れ、クラスメイトたちが葬儀に出られるよう校長にかけあった。葬儀に出席して自分の目でそれを見ることの重要性について、そうすることが友を失った各生徒の悲しみを癒やすプロセスとして、いかに大切なことかについて説明した。彼がそこまでやったことを遺族が知るのは後になってからのことだ。亡くなった少女の母親が書いた感謝の手紙を彼はわたしに読ませてくれる。

ロンはエンバーミングを暴力的だとは思っていない。わたしがかつての雑誌記事でそう書いたことを、彼はいたずらっぽい笑顔を浮かべながら何度も蒸し返す。「あれは思いやりの行為だとずっと思っている」と彼は言う。「わたしの両親はどちらもわたしがエンバーミングしたよ」

「そうすることで……セラピー効果はありましたか?」わたしはミットフォードが使った言葉を借りてそう尋ねる。

「うーむ、それはね……」彼はいかにも考えている風な芝居がかった皺を眉間に寄せる。そしてニッコリ微笑む。わたしにはもう彼がなにを言おうとしているかわかっている。「暴力的でな、か、っ、たことだけは確かだね」。彼は、自分はもう引退して長いから、エンバーミングの作業プロセスをわたしに見せることはできないけれど、それを見せてくれる人物をぜひ探して見学させてもらうべきだと強く勧める。本を読んだだけではわからないことはたくさんあるからね、と彼は言う。

　エンバーミングが単なる商業的な売物ではないことをわたしに納得させることができる人がいるとすれば、きっとそれはロンだろう。とは言え、人為的手法を使って死を隠すという行為は、直視できないほど惨い真実も世の中にはあるのだという発想を暗に支持していると感じずにいられない……確かに惨い真実は存在するけれど、死者がそのひとつに属するとわたしには思えないのだ。するとロンは、あるベトナム戦争の兵士の「見ることのできない」死体の話をしてくれた。彼がまだ二十二歳のときに取り扱った九人の死者のうちのひとりだ。死者の父親の強い要望に応えて、ロンは輸送用の棺にボルトで固定されていた金属製の蓋を引きはがした。父親は棺の中にある息子の認識票と焦げた骨と細胞組織しか入っていない袋をどうしても見たかったのだ。「わたしの目に映っているものとは違うものが彼らの目に映っていた。そんなことだってあるんだ」とロンは言う。「あの仕事でわたしが学んだのは、人というのはわたしたちが思っているよりもずっと強くて色んなことに耐えられるものだということだよ」。ロンはけっして、ありのままの死体の姿を遺族に見せてはいけないと思っているわけではないのだ。

　現代のエンバーマーの役割が人々から過小評価され、お金のための仕事でしかないと思われていることには、なにか別の理由もあるのではないだろうか。その理由のひとつは、請求書に書かれた項目の文字以外にエンバーマーの存在やその仕事を目にするのが簡単ではないからかもしれない。両親をどちらもエンバーミングしたロンは、エンバーミングをする立場であると同時に、費用を支払う遺族の立場でもあった。ということは、もしかしたら、本当に心理学的に意味のあることなのかもしれない。

§

フィリップ・ゴア博士がオフィスのドアから顔だけ出して、あと少しだけ待ってくれ、とわたしに言う。時間は午前九時少し前、ここはイングランド南東部の海辺の町マーゲイトだ。平坦な砂浜とドリームランドという名の遊園地で有名な土地だが、日焼けした観光客が大きなクマのぬいぐるみとアイスクリームを抱えて歩道を埋めつくすには、まだ少し時間が早い。ゴア博士の家族は一八三一年からずっとこの土地で葬儀業界にたずさわってきた。最初は喪服業者として、後には、地元の死者のエンバーミングと火葬を請け負う業者としてだ。彼は背が高く、痩せていて、その眼鏡をかけた顔はどこかフクロウを思わせる。わたしの到着は少し早すぎたようだ。彼は絹のベストのボタンをすべて留め終えるまで、つまり舞台袖で出番を待つ役者のように衣装を完璧に身に着けるまでは、この静かな受付エリアに出てくるつもりはない。そもそも彼がこの家業を継いだ理由は、葬儀の持つ演劇的側面(馬車、羽飾り、式典)に魅力を感じたからだという。注意深く作り上げられた見栄えの「華やかさや厳粛さ」が好きだった。そんな彼もまた、実の父親をエンバーミングしていた。

わたしとゴア博士は彼のオフィスに座る。英国エンバーマー学会副会長でもある彼は、教師としてエンバーミングの歴史を教えてもいるし、彼の博士号論文のテーマからもわかるように、なぜエンバーミングが現在のような形で存在しているのかとか、死体の不可視性に導いた社会的要因についてとか、そういうことを何十年も考え続けてきた人物だ。死体は昔からずっと不可視だったわけではない。一九五〇年代から六〇年代にかけて（彼の父親がこの仕事をしていた時代）は、人々は死の現実を自然の成り行きとしてもっときちんと受け止めていたという。その理由としては、戦後間もなかったことも挙げられるが、それだけではなく、葬儀業者が死体を持ち去る習慣がなかったことも大きかった。死体はコミュニティに残されていたのだ。自宅の居間に置かれた棺の中で、死者は別れの挨拶に訪れる客たちを迎えていた。だからゴアの父親の時代には、彼の率いるチームは、オフィスにじっと留まるのではなく、あちこちに足を運んでいた。「そして遺体の状態が少し厳しくなってきた段階で棺の蓋を閉じて釘を打つんだ」とゴア博士は言う。「それしか選択肢はなかったからさ。二十一世紀の今とは違ってね。今なら腐敗を遅延させる方法はたくさんある」。四〇年前、彼がまだ新米だった頃には「残酷な現実」を何度も見せつけられた。当時のことを彼は今でもよく覚えている。火葬場や馬車の中で、腐敗した死体が水溜りという形になってその存在を知らしめるのだという。「それが現実なのだから仕方ないけど、けっして気持ち良いものではなかったよ」。そう言いながら彼は出来の悪いパンを食べて批判する伯母みたいに顔をしかめてみせる。

当時は、死亡後四〜五営業日のうちに葬儀をするのが普通だったため、エンバーミングも今ほど一般的ではなかった。今のイギリスでは、葬儀の準備にもっと長い期間がかかることから、平年で五〇〜五五％の死体にエンバーミング処理が施されている[13]（専門家によるとアメリカでは業界による統計こそ発表されていないが、おそらく同じくらいの比率だろうという）。葬儀までの日数が長くなった主な理由は、死亡証明書などの手続きに時間がかかるようになったこと、そして、スケジュールをたてるのが難しいことだ。マーゲイト周辺地域のサネットという閑静なエリアには一一万人が暮らしており、葬儀業者は一六社（そのうち六社はゴア家に属するもの）あるが、火葬場はたったひとつしかない。そのため、死後三週間以内に葬儀が行なわれるケースはごく稀だ。「スケジュールを組むのがとても難しいからね。朝の九時半に葬儀をしたいなら別だよ」と彼は言う。「だけど朝の九時半にどことも知れない場所からわざわざここまで来たいと思う人なんていないよ。冷蔵も確かに素晴らしい保存技術だが、同じ遺体を三週間以上入れっぱなしにした冷蔵庫の中はどうなっていることか。わたしならそのドアを開けたいとは思わないね」。彼は柔らかい笑みを浮かべながら顎の下で両手を組む。わたしはあの遺体安置室で見たアダムのことを思い出す。亡くなってから二週間が経過していたけれど、彼をわたしたちが動かしたときには、ほんの微かにだけ死の匂いが漂っていた。

ゴア博士はデリカシーのある口調で話しながら、デスクの向こう側に座るこの面会相手がどの程度までのことを知りたがっているのかをそれとなく探っている。この口調は慎重さが必要とされる仕事を四〇年間ずっとしてきたことで養われたものだ。葬儀業界の人たちは遠回しな表現をふんだんに使う（これもまたジェシカ・ミットフォードが忌み嫌っていた要素のひとつだ）けれど、彼はわたしにはそういう話し方をしない。わたしはそのことを指摘して感謝する。「だって、今日のあなたはご家族を亡くしてここにきたわけではないからね」と彼は微笑む。「状況が違う、ということさ」。もしもわたしが遺族のひとりとしてここに来ていたとしたら、エンバーミングの方法については、輸血に似たものだという説明をしただろう、と彼は語る。それ以上細かく知りたがる人はあまりいないらしい。

ところで、彼が先ほど言っていたような死体の「残酷な現実」は、一般人には徹底的に隠されているため、葬儀に参列する人々は、葬儀でそういう現実を目にするかもしれないという心配さえしない。

エイブラハム・リンカーンの葬儀のように参列者が棺に横たわる死者の元を通り過ぎながら覗き込むアメリカとは違い、イギリスやオーストラリアでは、葬儀の間、棺の蓋は閉じられているのが普通だ。イギリスでは、死体は公開されず、親族だけが静かに面会する。実際に死体との面会を希望するのはごく少数で、希望者がまったくいないことも多い。希望がある場合は、葬儀社の中にある小さな霊安室《チャペル・オブ・レスト》（この名前を宗教的と捉えるかどうかはその人次第だ）と呼ばれる部屋に死体が横たえられ、そこで面会する。この時点で目にする死体は、すでにエンバーマーの技術が施されている場合もあるが、そのことに気づく人はほとんどいないという。「衛生処理」（葬儀契約書には「エンバーミング」でなくそう書かれることが多い）を希望した当の遺族さえも気づかないという。ノーマルに見えるよう仕上げられているので、実はそのノーマルなイメージを作り出すためにものすごい技術的能力が駆使されていることなど微塵も感じられないのだ……とゴア博士は言う。わたしにはまだその言葉を実感できない。なんの手も加えられていない状態とエンバーミングが施された状態を比較したことがないからだ。医学研究用にエンバーミングされた膨れ上がった死体ならこの目で見たことがあるけれど、それらは実用目的で保存処理されたまったくの別物で、遺族や友だちの記憶にある生前の様子を保つことを目的としたものではない。写真でならエンバーミングされた死体の顕著な例を見たことがある……たとえばガラスの箱に入れられた腐敗していないレーニンの死体もそう。彼が死んでから一世紀近くが経つのにほとんど変化していないのは、継続的に保存処理が行なわれているからだ。アレサ・フランクリンはキラキラのハイヒールを履いた足を白い足枕に乗せて金色に輝く棺の中で眠っていた。ロザリア・ロンバルドは二歳の誕生日まであと一週間足らずでスペイン風邪のため死亡し、シチリア島のパレルモにあるカプチン修道会の地下納骨堂に修道僧たちと共に葬られた最後の死体となった。ガラスの蓋の小さな棺に横たわる彼女は、ごく最近になってようやく色が褪せはじめただけだという。それにしても、死体を生きているように見せることで、だれがどんな得をするのだろう、という疑問は残ったままだ。

ゴア博士もまた、ロン・トロイヤーと同じ見解で、葬儀における宗教的側面の減少にともなって、心の悲しみと折り合いをつけるプロセスに死体の存在が以前より重要になっており、だからこそエンバーマーの存在もより重要になっているのではないかという。「主要宗教は、人を体と魂というふたつに分けて考えている。でも魂の存在を信じない人にとっては、体がすべてなんだ」と彼は言う。「だから、その人は死んだけれどまだそこにいる、という感覚が葬儀の日が来るまでずっと残る。霊安室で面会したいと思う人たちの多くは、まだ死者との人間関係が心の中でつづいているんだよ」

死体の近くにいることは、危険でもなければ不衛生でもない。かつては、その危険性や不衛生さを多くのエンバーマーたちがジェシカ・ミットフォードを相手に主張したけれど、ゴア博士はもちろんそんなことを言ったりはしない。エンバーミングは、死体が海外に送還される場合に相手国がエンバーミングを求めた場合だけは例外だが、法的必要事項ではないのだ。ゴア博士が重視しているのはむしろ死者のイメージだ。「たとえば、これは葬儀の日程が延びてしまう主な理由のひとつでもあるけど、海外に暮らしていて母親にずっと会えなかった人物が母の死の知らせを聞いて帰国し、少しだけ一緒に過ごしたい場合とかに、エンバーミングはものすごく役立つ」

「亡くなったお母さんの最後のイメージが……」

「……絶望的なイメージではない。それは確かに嘘の現実だよ。でも、皮肉なことだけど、もしそのとき『わたしどもではそういう処理は一切いたしません。これがお母さまの本当の姿です』とやったとして、それでその人は救われるだろうか？　わたしにはそうは思えないんだ」

　わたしは少し考える。わたしだったらどんな姿を見たいと思うだろう、もしくは、どんな姿を見ることになると予想するだろう。ポピーの遺体安置室でわたしが見た死体はどれも生きた様相ではなく、死んだ様相をしていたけれど、それらを見たことがトラウマにはなっていない……ただし、わたしが生前のあの人たちのことを知らなかったことも確かだ。時間をかけてやつれてゆき、変わってゆき、死んでゆく姿を目の当たりにすることをやっと受け入れてきた心理的プロセスが、たとえ短時間と言えど、棺の中で生きていたときの姿に戻っているのを見ることによって相殺されてしまうのではないか、とわたしは思い至る。「わたしだったら、正直であることの方に安心を覚えるわ」とわたしは言う。「そんな風に思うのはわたしだけなのかな？」

「そんなことないよ。だけどここで問題なのは、人はなにをもって正直とするのかということ、そして、時として衝撃的な現実というのは思っていた現実と大きく違うこともある、ということだね」と彼はとても辛抱強い調子で言う。「皮肉なことに、わたしたち人間はあの未知の世界を勝手に創作している。映画の中で死んだ俳優は、現実には生きているけど死んだふりをしているだけだ。そこで描かれる姿は、わたしが仕事で日常的に目にする死人の姿とははっきり違う。でも一般の人はそんなこと知らない、もしくは、気づいていないからね。エンバーミングはこの国でもう一五〇年近く行なわれてきたんだ。今さら『もうこれをするのはやめよう。本当のルーツに立ち戻るべきだ』と言うには遅すぎるのではないかな」

ゴア博士は、エンバーマーを紹介してエンバーミング作業を見学させてくれるとわたしに約束する。彼自身が直接死体を扱うことは、最近では、ほとんどなくなってきた。団体を舵取りする船長の役割に注意を注がなければならないからだ。わたしは彼に礼を言い、ホラー・ストーリーのような書き方はしないと固く約束する。これまでわたしがこの本の取材でアプローチした全員がそう書かれることを恐れていたからだ。だからこそわたしは今朝、夜明けとともに起きて、三時間かけてこの海岸の町まで運転し、身元調査的な意味合いも含んだこのミーティングにやってきたのだ。エンバーマーを取材できるまでに五ヶ月を要したけれど、それも仕方のないことだ。ジャーナリストも出版社も、死にまつわる仕事についてセンセーショナルに書き立てるものだという印象はだれの記憶にも残っている。わたし自身も、『アダムス・ファミリー』の執事のラーチみたいに「静かな口調」で背が高くて陰鬱なイメージで葬儀業者を演出するべきではないことについて、編集者を相手に時間をかけてじっくり話し合わなければならなかったほどだ。しかし英国エンバーマー学会は、エンバーミングの作業プロセスの本当の姿を一般公開したいとまでは言わないまでも、興味を持つ人には容易に知ることができるようにしたいと熱望している。ジャーナリストへの彼らの期待は明らかに低いけれど、それよりも、人々を啓蒙したいという強い意思が彼らを動かしているのだ。わたしはそのことに感謝し、申し訳ない気持ちにもなる。

「世の中そんなものだよ」彼は正面玄関までわたしを見送りながら言う。「だれしも、なんらかの形で加工された世界を作っているんだ。きみは文章を使って描写する。わたしたちの場合は、葬儀というドラマツルギーを使っている、それだけの違いだよ」

§

あれから一ヶ月後、南ロンドンに社屋を構える葬儀会社の裏手でわたしは相手が現れるのを待っている。目の前の車庫のシャッターは開いていて、中には黒く輝くピカピカの霊柩車やリムジンが何台もおさまっている。ダーク・スーツの男性は、折りたたみ椅子に座って、足元に置いたラジオを聴きながらスマホ画面をスクロールしている。手すりにもたれて空を睨みながら煙草を吸っているスーツスカート姿の女性は、熱波がきているというのに厚手のベージュのタイツを履いていて、髪はヘアピンできっちりと整えてある。ゴミバケツがいくつも置かれている裏口から、ケヴィン・シンクレアが笑みを浮かべて現れ、正面玄関の受付を通ってわたしの来訪を大々的に公表するのではなく、裏口から建物に招き入れる。五〇代前半の彼は、眼鏡をかけ、髪をジェルで固め、青と赤のチェック柄のシャツをブルージーンズにたくし込んでいる。三〇年ほど前にエンバーマーの資格を取り、そのキャリアの半分は自身が経営するエンバーミング学校で教える仕事をしているという彼だが、パッと見には、死体のエンバーミング方法をこれから見せてくれる人物というよりは、地元のパブでスカンピ・チップスの袋を開いてシェアしてくれる飲み仲間みたいな印象だ。

クマさんがウインクしながら「**おしっこをまき散らすなよ**」と言っているイラストが張られた社員用トイレの隣に霊安室がある。そのアーチ状の木製扉の前で彼はわたしを少しだけ待たせる。わたしのすぐそばを大きな松材の棺が台車で運ばれて通り過ぎ、両開きドアから遺体安置室に入ってゆく。棺が霊柩車に移されるまでの時間をトレイごと滑り入れられる冷蔵庫の中で待つためだ。会社敷地内の車道にいるふたりの社員の会話が建物の外から聞こえてくる。遺言書の検認の問題で遺族が葬儀代を払えないという話をしているようだ。

「遺族に支払わせることを遺言で認めてさえいれば順調に進んでいたのにな」

「クソ面倒なことになったな」

ここは社屋の隅っこで、こういう明け透けな声を聞けるのも休憩中の舞台裏ならではだ。遺族が出入りするオフィスの中は、カーペットを歩く自分自身の足音が気になるほど静寂に包まれている。

ケヴィンが手招きしてわたしを防腐処置室に呼び入れ、彼の元教え子でもあるソフィーを紹介する。わたしとケヴィンはこれからソフィーの作業を見学させてもらうのだ。最近では教え子の大半が女性だという。シャイなソフィーは、わたしがここにいることに少し緊張している様子だ。彼女は笑顔を浮かべてサッと手を振る（その拍子に紫色の手術着の袖口とニトリルの手袋の隙間に小さいカラフルなタトゥーがチラリと見える）が、すぐに視線をわたしたちの間に横たわる死体に戻す。三週間前に肺がんで亡くなった青ざめた背の高い男性だ。下腹部まで扇状に整然と広がっている色の濃い陰毛は、この数日間で徐々に緑色に変色しはじめている。

ソフィーはこの日の午前中はずっと、わたしがポピーの遺体安置室でやったのと同じ作業をしていた。入院中につけられた医療用の管やＩＤブレスレットを取り外す作業だ。彼女はまた、この男性の頭髪を洗ってドライヤーにかけていたので、すでにフワフワでソフトな質感になっている。それでもまだ、彼に服を着せる前にやらなければならないことはたくさん残っている。両瞼の下にはすでにアイ・キャップが装着されていた。これは小さな凸型のプラスチック製シールドで、これを入れておくことで目玉が沈んでいないように見えるのだ。ケニヨン社でモーが、視覚だけを頼りにした身元確認は信頼できないと教えてくれたけれど、これもまさにその一例だ。人は本能的に目を見て本人かどうか判断しようとするものだが、死者の目はわたしたちの記憶にある生前の目とはまったく別物だ。しかしこの男性の目は、アダムに服を着せているときわたしが見た牡蠣のような目とはまったく違っていて……生きて眠っている人のような目をしている。デスマスク彫像家のニックが鋳型を取りに遺体安置室に向かうとき、こうあってくれたら嬉しいと思うような目だ。こう（まだ沈んでいない本物の目、もしくはアイ・キャップが入った目）でない場合には、ニックが自分の手でそれらしい目に見えるよう彫像しなければならない。

今、ソフィーは彼の口が開かないよう上下の顎を合わせようとしている。これは距離が近い（エンバーマーが死者と顔を突き合わせなければならない）上に、とても厄介な作業だが、この工程を文章で伝えるのもまた厄介だ。彼女はまず、死体の頭が後ろにのけぞるほど大きく口を開き、縫合糸を通した少し曲がっている針を舌の下側、つまり下の歯の後ろ側に刺して皮膚に通し、顎の下から針が出るまで押し込む。今度は、出てきた針をUターンさせて、同じ穴から戻す。ただし今回針を押し込む方向は下唇の裏側だ。これで下顎のU字型の骨にループ状にした糸の輪がかかった状態になる。この糸を引けば、糸に固定した物（ここでは上顎）を支点にして、落ちている下顎を操作できる。次に上唇の裏から針を入れて左の鼻孔に通す。そこから鼻柱を経て右の鼻孔に針を移し、再び上唇の下から針を出す。

ソフィーがその糸をギュッと引っ張ると、上下の顎がスッと閉じる。最後に糸と糸の端を結んで唇の内側にたくし込む。これで外見上は（顎を真下から覗き込みでもしない限りは）なにも手が加えられていないように見える。

この作業自体は、見ていて怖くもなければ気持ち悪くもない。ただ、この死者を自分に置き換えて、なにも喋れないよう口を縫い合わされたら、と考えると純粋に怖い。もし彼が生きていたら、きっとこの拷問を受けながら、くぐもった叫び声を上げていただろう。ソフィーの肩越しにこの作業を観察しながら、わたしは手術台に横たわっているのが自分ではないことを再確認するように、自分の顎を色んな方向に動かしてみたくなる。この男性はもう死んでいるのだから、口も声も必要ない。そうとわかってはいても、彼がそこにぐったりと無抵抗で横たわっていることに、わたしは感動と悲しさを同時に感じてしまう。どんなことをしても死体は文句を言わない。ただ、ここで彼らがやっているのは拷問ではなく、彼を彼らしい様相に近づけることだ。

ケヴィンとわたしはソフィーの邪魔にならないよう部屋の隅に移動し、書類やプラスチック製の管が積まれている金属ベンチを背にして立つ。この部屋に窓はない。外の世界から遮断された、自分たちしかいない、真空密閉された、明るい白い箱の中だ。冬の忙しい時期には、午前四時から午後一〇時までエンバーマーたちがここに籠ることもあるという。作業で両手がふさがっている彼らにとって、外の世界との唯一の繋がりはラジオで、また、荷物を届けに来た配達員の服装を見てその日の天気を知る。

どこにあるのかまではわからないけれど、あれの匂いがしはじめる。エンバーミングに使う溶液だ。

異質であると同時にどこか懐かしいこの匂いは、高校の生物室の匂いとマニキュア除光液の鼻につく匂いをミックスしたような感じだ。作業が進むにつれてこの匂いが強くなってくる。きっと家に帰ったらジーンズに染みついたこの匂いが部屋に充満するだろう。この溶液が発するホルムアルデヒドガスは空気よりも重い、とケヴィンが説明する（メイヨー・クリニックの解剖ラボで床の高さに設置された換気システムを自慢げに見せながらテリーが教えてくれたことを思い出しながら、わたしは頷く）。しかし、安全衛生に気を配られるようになる以前までは、気体はすべからく上昇するものであるという単純な発想から、エンバーミングが行なわれる部屋に設置されていた換気フィルターは壁の高い位置にあった。それはつまり、ホルムアルデヒドガスが床から溜まり、部屋に充満してしばらく経ってからようやく換気が始まることを意味する。そこにいたエンバーマーたちは朦朧としながら作業を続けていたのだ。ケヴィンの低いしゃがれ声には、まるで薄い壁を通して聞こえてくる声のような振動音が混じっているけれど、それもまた、彼によれば、概算四万体以上の死体を扱ってきた何十年もの仕事で声帯が化学薬品を浴びつづけたせいだという。「実を言うとね、わたしは八十四歳なんだよ。保存溶液が効いているから若く見えるのさ」彼はニヤリと笑って冗談を言う。

「わたしたちがエンバーミングをする理由は三つ」と言いながら彼は目の前にある死体に目を戻す。「衛生、提示、保存だ。今ソフィーがやっている作業は、単に顔の造形を整える作業だね。わたしたちは、生前の顔はきっとこうだったのではないかと推測しながら、それにできるだけ似せた顔になるよう努力する。生前の彼らを知っていたわけではないから、どういう表情をしていたのか、そのヒントとなるものに着目しながら作業する必要があるんだ」。写真を見ながら作業をすることもありますか、とわたしは質問する。「ときにはね」と彼は答える。「でも、たいていは故人をよく観察しながら推量でやるのが普通だよ。写真を使うのはむしろ復元作業のときだね。寸法や肌の色とかの参考にするんだ」。後で彼から教わった話だが、彼は以前、頭蓋をジグソーパズルのように組み合わせてワイヤーで一片ずつ繋ぎ合わせる死体復元作業を受け持ったことがある。幼いふたりの息子たちの前で、度胸のあるところを自慢しようとして、列車にはねられ死亡した男性の頭蓋骨だった。目の前にいる死者の死因については、なるべく自分の意見を持たないようにしているつもりだが、必ずいつもそれができるわけではないよ、と彼は言う。

わたしたちの目の前の死体はまだ硬直している。冷蔵庫の冷気で腐敗を遅らせ死後硬直状態を一時的に引き延ばしたからだ。太陽の下なら、死後硬直の段階はもっと早く経過する。ソフィーは彼の長い脚を片方ずつ持ち上げ、力を込めて膝から折り曲げる。古い革財布を力づくで捻じったような音がする。「これをやるのは一度だけでいい。前の状態に戻ることはないからね」とケヴィンは説明する。一度曲げられたタンパク質はもう元の形に再生しない。

エンバーマーは、死体に向かって作業をはじめる前に、まずは状況を確認する。死亡してからどれくらい経過しているのか、葬儀までどれくらいの日にちがあるのか、（合法・非合法を問わず）薬を摂取していた死体なのか（これによってエンバーミング溶液に含まれる化学薬品の効果が変わってくる）。また、作業場と葬儀会場それぞれの天候も考慮する。暑さや湿気。二月なのか六月なのか。死者が聖人なら様々な寺院を巡って長々と葬儀が行なわれる場合もある。エンバーマーたちは頭の中でそういったことを計算して溶液の濃度を決める。国境や県境を越えて移送されても今と同じ状態で葬儀会場に到着できるよう、腐敗プロセスを抑えるギリギリの濃度にする。弱すぎると腐敗のリスクがあるし、強すぎると脱水による乾燥のリスクがある……そのバランスをとるのが技量だ。溶液が強ければ強いほど死体の持ちは長くなるけれど、この世には永遠に続くものなんてない。

溶液によっては当の死体よりもずっと長く残りつづけるものがある。南北戦争の戦場からエンバーミングされて地元に戻ってきた死体には、埋葬された土壌にヒ素（現在ではもうかなり前から非合法化されている）がにじみ出て地下水を汚染したケースが多数ある。[14] 当時のアメリカでは発がん性のあるホルムアルデヒドを含んだ溶液でエンバーミングされた死体が埋葬されており、その量は年間三百万リットル以上に及んでいた。[15] 二〇一五年に北アイルランドの墓地が洪水被害にあったときも、それと同じ化学薬品が検出されたため、墓地を「汚染地域」として扱う環境活動のきっかけになった。[16] わたしがエンバーミングに懐疑的な反応を示してしまう理由は、死者の本当の姿を隠そうとする行為への疑問だけでなく、そんな危険を冒してまでやるべきことなのだろうかという思いも働いているのだろう。

死体を保存するため化学薬品を注入するという行為は、なにも欧米の葬儀業界の専売特許ではない。ケイトリン・ドーティはその著書『世界のすごいお葬式』で世界各国の葬儀業界について書いており、それによると、エンバーミングが特筆すべき役割を果たしている地域がひとつある。インドネシアのタナ・トラジャには、遺族が定期的に棺から死体を取り出し、服を着せ、贈り物を供え、煙草に火をつける風習がある。[17] 死から葬儀の日までの期間、遺体は自宅に置かれるが、その期間が数年に及ぶこともある。自身も葬祭ディレクターでエンバーマー技術も習得しているドーティは、彼らの心理的側面と実用的側面の両方に着目している。彼らは、その昔は、動物の毛皮を剝製にする技術とよく似た技法で死者をミイラ化させており、油と茶の葉と樹皮を使って死体の皮膚を頑丈にしていた。現在では、この南ロンドンの防腐処置室でわたしが嗅いでいるのと同じ化学薬品を使ってエンバーミングしている。このインドネシアの死者たちには保存されるべき正当な理由（フェスティバルで遺族と再会し、彼らに支えられながら一緒に踊りまわること）があるが、ドーティはその著書の中でミットフォードにも通じる素晴らしい疑問を投げかけている……わたしたちの暮らすこの国でも死体の保存に執心する意味は本当にあるのだろうか？

今、わたしの目の前に横たわっているこの死体が保存処理される理由は、何世紀にもわたって巨大なピラミッドの中に保管するためでもなければ、二〇年後に棺から取り出されて一緒にフェスティバルを共にするためでもない。世界の反対側で行なわれる予定の葬儀に間に合いさえすれば良いのだ。ソフィーはその条件に合わせて少し強めの溶液を選んでいる。

彼女は次に、左右の首の頸動脈のところにそれぞれ小さな切込みを入れる。脈をとるときに指をあてがうあの場所だ。わたしはまたその作業を見ながら無意識に首を動かしている。ソフィーは首の切込みから動脈血管を引き出し（うどんみたいな見た目だ）、薄い金属ツールを下に通して引っかけ、皮膚の表面よりも少しだけ高い位置に浮かせる。すると血管がゴム紐みたいに引っ張られる。彼女はエンバーミング溶液が一方向だけに向かって流れるよう、血管の一ヶ所に糸を巻きつけて塞ぎ、その塞いだ箇所の下側に透明な管を挿入する……高枕に乗せられている頭部には、後ほど塞いだ箇所の上側に管を挿入して溶液が送られることになる。動脈を通して溶液が送り込まれ、血液に代わってキャンディ・ピンク色の液体が体内に広がってゆく。溶液の圧力によって、もう動いていない心臓に向かって静脈から血液が押し出され心室に溜まってゆく。

「エンバーミング作業は個々の死者によって違ってくるものだから、まったく同じ作業の繰り返しになることはまずないんだ」とタンクの溶液が徐々に減っていくのを眺めながらケヴィンが言う。「人それぞれだからね。母なる自然は各人少しずつ違う形で動脈を配置しているんだ。たとえ双子を同時にエンバーミングしたとしても、まったく違う作業になるだろうね。自然っていうのは、それほど無作為なんだよ。動脈の配置が違うこともあれば、亡くなった時点で心臓弁が開いていたか閉まっていたかでも違ってくるしね」。彼の説明は、この作業を四万回以上やってきた経験に裏打ちされている。

一発でエンバーミング溶液が体内にすっかり行き渡ることもあれば、死亡してから時間が経ったためにできた血栓が道を塞ぎ、うまく行き渡らないこともある。死体がまだ温かいうちに葬られることさえあるアイルランドとは違い、ゴア博士も言っていたように、イギリスでは書類手続きの滞りで葬儀スケジュールが遅れるのは常だ。それにともなって、エンバーミング作業もたいていの場合、死亡してから数週間後（平均すると約三週間後）に行なわれる。アメリカだったら、ここで扱うような死体は「もうエンバーミング不可能な」状態であると判断されるだろう、とケヴィンは言う。しかし、たとえば目の前の死体には溶液を注入するための切込みが六ヶ所（首の左右、両太もも上部、両脇の下）入れられているので、もしひとつがダメでもすぐに諦める必要はない。

エンバーミング溶液を送り込む機械が唸りを立てて作動している間、ソフィーはラノリン・ローションを死体の皮膚に擦り込んでゆく。これには脱水を防ぐ効果があるだけでなく、人の手で皮膚をさすることでエンバーミング溶液が血管から筋肉まで到達しやすくなるのだ。彼女が死者の手をさすると、それまで白かった手のひらがピンク色に紅潮する。ソフィーは皮膚の色が変化するのをしっかりと観察する。変化しない箇所があれば、その部分が閉塞していることを意味するからだ。ソフィーはコンスタントに死体の全体像を確認しながら、顔と両腕にもう一度ローションを擦り込む。イーゼルを前にした画家のようだ。

溶液が身体のありとあらゆるパイプを満杯にするまで四〇分かかる。じっと見ていると、だまし絵を見ているような気分になる。気づかないほどのスピードで変化しているため、時々目を逸らして改めて見直さなければ違いがわからない。命を取り戻し若返ってゆく死人を描いたとても遅いストップモーション・アニメを見ている気分だ。肌はふっくらしはじめ、血管を流れるピンク色の溶液によって温かそうな幻影が生まれ、その顔はもはや、さっきまでの骨の上に広がる収縮した皮膚とはまったく違うものになっている。「クソッ! まだ若い人だったんだ」衝撃を受けたわたしは思わずそう口に出してしまい、汚い言葉を使ったことを即座に詫びる。慣れていないせいかもしれないけれど、死者の前で汚い言葉を吐くのは、教会でそうするのと同じように、不謹慎なことのように感じてしまう。だけど、ここにいるだれもまったく気にしていない様子だ。ケヴィンがわたしたちの背後にある書類入れに手を伸ばし、積まれた書類の一番上にある死亡報告書を取り上げて読んでくれる。毛色は濃いにせよ、きっと七〇代のひ弱な男性だろうと思っていたこの死者は、実はまだ四〇代だった。癌で消耗した上、皮膚が脱水していたため、彼の顔には若さがまったく残っていなかったのだ。

彼の見た目がわたしの彼氏のクリントに少し似ていることに気づくと、今までとはまったく違う感覚が生まれてくる。この死体はわたしの愛する人の死体ではないのだ、とわたしは自分に言い聞かせなければならない。数ヶ月後、わたしはこの防腐処置室で知ったこの死者の名前がインターネットの訃報記事に載っているかもしれないと思い、ダメ元で検索してみた。彼の名前が見つかり、その横には彼を愛していた人物がアップロードした写真が据えられていた。長身の健康な彼が微笑んでいる写真だ。遺族が最後に生前の彼と会ったのはいつだったのだろう。徐々に弱ってゆく姿を見ていたのだろうか。もしわたしがあの写真の中で微笑む男性のことを知っていたとして、あの防腐処置室で最初に見たあの死体を目にしたとしたら、それが彼だと気づくだろうか。彼はまったくの別人になっていた。その身体中が隅々まで衰弱し切っていた。エンバーミングされた姿の方がずっと良い外見だ。それについては否定のしようがない。しかし、それでもなお、コスメティックな外見上の理由だけで死体に化学薬品を注入することには心理学的に意味があるという説を肯定する気持ちにはなれない。彼の人生最後の戦いの証は、間違いなく彼の人生の一部だったのであり、遺族にとっても、その証を目にすることは、彼の人生を理解すること、そして死別の悲しみを乗り越えるプロセスとして深い意味があるのではないのだろうか？

頭の中であれこれ考えてしまったが、ここ防腐処置室で行なわれている作業に改めて意識を集中する。ソフィーは死体の腹部に小さな切込みを入れると、長さ二〇インチ（五〇センチ強）の「トロッカー」と呼ばれる金属棒を手に取る。トロッカーの先端は鋭く尖っており、先端付近には複数の小さな穴がある。また取っ手の箇所から出ている透明の管がソフィーの背後にある機械に繋がっている。彼女はこのトロッカーを腹部の切込みから挿入し、経験的な感覚だけを頼りに、死体の心臓の右心房を探し当ててそこに刺す。吸引音が部屋中に響き渡ると、機械に設置されたプラスチック製の容器に血液とエンバーミング溶液の混じった液体が溜まってゆく。「血液が抜ければ抜けるほど、エンバーミングにとっては良い結果になる」とケヴィンは説明する。血液にはバクテリアが含まれているからだ。バクテリアの存在は腐敗を意味する。血液吸引機の唸りが徐々に大きくなっていくので、ケヴィンはそれに負けないよう声を張り上げながら説明を続ける。「**きみが思っているほどたくさん血液を抜けるわけではないよ！　彼は死亡してからかなり時間が経っているからね！　血液はもう構成要素レベルに分離されはじめているんだ！**」。ソフィーが心臓からトロッカーを引き抜くと、今度はその先端を気管に刺す準備をはじめる。気管が真っすぐになるよう、死体の頭をのけぞらせる。その拍子に喘ぎ声のような音が聞こえるが、それは死者の声でなく機械がたてた音だとわかってわたしはホッとする。ソフィーは、漏れを防ぐために、鼻孔からピンセットで脱脂綿の一種を気管に詰め、真空状態を作る。その作業を見て、脱脂綿でカラカラになった喉を想像してしまい、わたしの呼吸が浅くなる。この脱脂綿は赤ちゃんのおしめの内側に使われるのと同じ種類なのだとケヴィンが教えてくれる。

死者の指先がピンク色に紅潮していることや、皺だらけだった両手がふっくらしていることにいまだ驚きを隠せないまま作業を見ていると、ソフィーはふたたびトロッカーを手に取り、今度は、腹部に目を向ける。内臓にこれを刺して穴をあけることで臓器内にガスがたまるのを防ぐと同時に、余分な体液も吸引するのだ。この作業について遺族から質問されたときには、ケヴィンは脂肪吸引施術のようなものだと説明しているというけれど、どうみても人を刺しているようにしか見えないこの光景は、疑いの余地なく、暴力的だ。解剖ラボ用のエンバーミングでこの作業をすることは絶対ない……教材となる臓器を傷つけてしまうからだ。ソフィーがプラスチック容器に溜まった血液をシンクに流すと、容器の底に溜まった血の塊が見える。血液は四リットルほど入っていた（これはわたしが思っていたより少ない量なのだろうか？　正直わからない）。この光景を見ていてもまるで気持ち悪いとは思わない。まったく平気だ。生きている人の浅い切り傷から出る鮮血を見ることの方が、この無菌室に横たわる死者から出てきた血栓を見るよりもずっと動揺を誘うのは、きっと、頭がだまされているせいだ。目の前にあるこの血液はわたしのよく知る血液とは明らかに違うのだ。

最後にソフィーは緑色の液体の体腔用薬剤を腹部に注入する。これは彼女が今日これまで使ってきた中で最も濃度の高い化学薬品だ。これによって死体の腹部が引き締まり、このベンチと同じくらい固くなるんだ、と言いながらケヴィンは手の甲でそこにあるベンチをコンコンと叩いてみせる。「遺族は彼の手を握ったり顔に触れたりすることになるから、そういう箇所はもっと柔らかくしている」と彼は言う。切開した箇所を医療用瞬間接着剤で閉じ終えたソフィーは、シャイな顔を上げて、作業終了を告げる。彼女は今日これと同じ作業をあと六回行なうことになっている。

この男性は、これから二四時間あまり冷蔵庫に横たえられる。そうすると全身の肌の色がなじみ、今みたいに熱いシャワーから出てきたばかりのような色ではなくなる。また細胞組織が定着して柔らかくなる。彼は生きて眠っているだけのような見た目になる。あれほど多くの手を加えられたにもかかわらず、その見た目はわたしがここに到着したときの彼よりもずっと彼らしいものになるはずだ。

§

遺族応接室で、どこにでもあるクリネックスの箱が置かれたテーブルを挟んで、ケヴィンとわたしは座っている。彼は、この仕事をしてきた数十年の間にエンバーミング技術がどれほど変化したかを話してくれる。防腐処置室の換気システムが改良されたように、使用される溶液の安全面や機械設備も進歩している。ほとんど外科手術と変わらない作業なので、外科医療用の器具が進化すれば、エンバーミングに使われる器具も必然的に進化する。また、コスメティックの側面も変化してきた。最近のテレビ番組では高解像度に耐え得るよう、出演者にシリコン・ベースのメイクアップをエアブラシで施しているが、それと同じことを死者の身体にやることもある。歌手の肌色が強い照明で飛んでしまわないようにする技術が、死者の肌に色を取り戻させるのにも使われているということだ。しかし、そういう付加的なものが必要なければ、普通のエンバーミングの作業自体はどんな状況下でも行なうことができるものだ。電気の通っていないジャングルの小屋の中ででも、災害対応チームが犠牲者を海岸に引き揚げているその傍らででも、手動ポンプの携帯キットを使ってエンバーミングをすることができる。わたしはケニヨン社の倉庫でモーにその携帯キットを見せてもらったことがある。津波災害現場でも、ホテルの部屋でも、戦場でも、あの倉庫の棚の高いところに積み重ねられていた専用台を使ってエンバーミングすることができる。ここクロイドンの葬儀社でわたしが目にしたばかりのすべての作業を、エンバーマーたちは史上最悪な災害のただ中でもやってのけることができる。大仰な施設はいらない。必要なのはエンバーマーと死体だけだ。

ケヴィン自身も、離島に張ったメッシュのテントの中で、海に墜落した飛行機搭乗者の溺死体をエンバーミングしたことがある。機内で救命胴衣を膨らませさえしなければ助かったかもしれない人たちだった。機内で膨らませてしまったばかりに身動きがとれなくなり、流れ込んできた海水に天井まで押しやられてしまったのだ。そのとき、ケヴィンがある男性の死体のシャツを脱がすと、この飛行機が墜落を免れないと知ったこの男性が、先のことをしっかり考える冷静さと落ち着いた筆跡でシャツの布地に妻宛の手紙を残していた。紙では破損や焼失は免れないと考え、自分と一緒に見つかる可能性の最も高いシャツに手紙を書いたのだ。ケヴィンはまた、アフガニスタンに出兵した英国人兵士たちの死体を扱ったこともある。折れた骨や焦げた皮膚を再調整しながら、軍服の中の四肢を復元して、それぞれの親元に送り返した。

「それがあの遺族にしてあげられる最後の奉仕だった」とケヴィンは言う。「死体の威厳を保たせることがね。そう考えると名誉なことだと思うよ。わたしたちの仕事は、はた目から見ると、とても残酷に見えるかもしれない。だけど亡くなった人をその人として認識することは、悲しみを乗り越えるプロセスのひとつなんだ。わたしたちは、死者の様相を遺族にとって一番良いものにしてあげたい。そこから先の人生を進めるようにね。信じたくない気持ちや、怒りや、涙を経験してきた遺族にとって、今後の旅路に役立つものだと信じているよ」

わたしはゴア博士に尋ねたのと同じ質問をする。死んだままの姿を目にすることが、その人にとって有害なこともあると思いますか。彼は、ショックが遺族にとって役に立たない場合もある、と答える。遺族は死の原因となった交通事故とか自殺とか癌についてあまり考えたくないと思うのが普通だ。それよりも、そうなる以前の人生について、たとえばサッカーの試合とかアフタヌーンティーの思い出について考えたいと思う。彼の仕事は、死因に心を向けるのではなく、死別の悲しみに心を向けられるよう、故人の記憶を呼び起こすきっかけを提供することなのだ、とケヴィンは言う。

「そういうことを五感で感じてほしいから、死者の見た目だけでなく、匂いについても気を配っているんだ……アフターシェーブローションとか香水とかね」と彼は言う。「いつも特定の香りを漂わせている人っているだろう？　姿が見える前にその匂いだけでその人が近くにいるとわかったりする。そういうことが記憶を呼び起こすきっかけになるんだ」。匂いだけでタイムトラベルができるのは事実だ。わたしもある日、街でテレピン油の香りを漂わせている男性とすれ違ったとき、一瞬で三〇年前の父の足元にタイムトラベルして、まったく乾きやしないと父が後で文句を言うことになる安価なオイルで油絵を描いている姿を見上げていたことがある。

記憶はまた、箪笥《たんす》の奥に仕舞っておいた衣服に隠れていたりもする。ケヴィンはエンバーミングした遺体にサンタクロースの衣服を着せたことがある。また、とても年老いた女性の死体に、彼女が結婚式で身に着けたドレスを丁寧に注意深く着せたこともある。それは放棄されていたドイツ軍のパラシュートのシルクを使って彼女が手縫いしたウエディングドレスだ。彼女はそれを大切にとっておきながら、恋人が戦争から帰ってくるのを待ったのだという。

アメリカのエンバーミングではコスメティックの側面が重視されている。ケニヨン社の待合室で手に取った雑誌の裏表紙に「窪んだ眼をビジュアル的に盛り上げる」ペイント・カラー・パレットの広告が載っているのを見て、ちょっと買ってみようかしらと一瞬思ってから、それがなんの広告なのか思い出したこともあった。しかしイギリスでは昔からその傾向は低い。もし遺族から化粧の依頼があれば、ケヴィンは故人が使っていたメイク入れを持ってきてもらい、防腐処置室で私立探偵のように推理しながら化粧を施すという。「遺族に直接あれこれ質問したりせずに、ただメイク入れを開いて中身を観察するだけで十分だよ。四～五本あるリップスティックのうちひとつだけ小さな塊しか残っていなければ、それがその人のお気に入りだ。眉ペンシルがこんなサイズになっていたら……」と彼は蟻でも潰せそうなほど二本の指をつまむように近づける。「それがその人のお気に入りだね。アイシャドウも何色か種類があったとしても、下の銀色のトレイが見えるほど使われているものがその人のお気に入りさ」

一瞬だけ間があく。わたしはこう言わずにいられなくなる。「女性の眉を描くなんて、あなたはとても勇敢な男性ですね」

彼は頭を振りながら、メイクで眉を描くという行為そのもののばかばかしさを笑い飛ばす。「あれは大変だよ！　どうしてまた本物の眉毛を抜いておいて、そこに眉を描こうなんて思うんだろうね。わたしには理解できないよ」。眉を抜いたことを二〇〇〇年代前半になってから後悔した女性は少なくないはずだ、と言ってわたしは彼をなだめる。

ロン・トロイヤーとフィル（フィリップ）・ゴアが自分の両親をエンバーミングしたという話をわたしは思い返す。エンバーミングは人為的なものだということを知りつくしているこのふたりがふたりとも、自分の親に自分の手でエンバーミングをしようと思ったのはなぜだろう。ふたりとも、親だからといって特別な違いはなかったと言っている。しかし、生きていたときの顔を隅々まで知りつくしている人物をエンバーミングするのは、技術的に難しいのではないだろうか。

「知っている人の方が難しいね」とケヴィンは言う。「作業自体が難しくなるわけではないけど、頭の中で覚えている顔とまったく同じに仕上げること自体が不可能なことだから、心理的に難しくなる。わたしはある会社の依頼で有名人をたくさんエンバーミングしてきたけど、どれもものすごく自己批判しながらの作業になったよ。なぜなら、ステージ上にいる彼らの姿を見て知っているからさ。筋肉の張りを失って見た目がすっかり変わっているし、表情もまったく違うものになっている。わたしは頭の中にある記憶どおりにするため、通常よりもずっと長く作業することになる。それでも満足できたことは一度もないね」

自分の死について考えたことはありますか、と質問すると、彼はそれに答える代わりに、冗談めいた口調で自分の葬儀プランを話しはじめる。棺の両脇に恥部だけ隠した裸の彼の実寸大のマルチアングル写真を貼るのだという。「とにかく参列者を笑わせたいんだ。人の悲しむ姿を見すぎてきたから」と彼は言う。わたしはもう一度、自分の死について考えることはありますか、と尋ねる。彼は、自分の死についてきちんと考えることはないが、たとえば知り合いが癌と診断されたと聞くと、いつも最悪のシナリオばかり想像してしまう、と言う。なぜなら彼が目にしてきたのは最悪なシナリオばかりだからだ、と。この防腐処理室では、癌に打ち勝った人の物語を目にすることはできない。ここで目にするのは、ケヴィンの言葉を借りるなら、「だれにも避けることのできない終点」だけだ。

小さい頃からケヴィンの身近には死者がいた。彼の両親は葬儀業を営んでおり、家族はその店の上階に暮らしていた。日曜日に自宅を大掃除する際には、店の物置にしまってある掃除機を取りに行かされた。その途中で霊安室の棺に寝かされている死者たちの真横を通り過ぎる。彼は死体を怖いと思った記憶はないが、家の外ではそのことについて話すべきではないと本能的に悟っていた。「幼い友だちにわたしの両親の仕事を理解できるわけがない。嘲笑の的になるのがオチさ」と彼は言う。今でもまだこの仕事について他人に話すことはほとんどなく（わたしとこうして話しているのは、わたしからの依頼があったから、いや、むしろ、ゴア博士に頼まれたからだ）、職業を問われたときは「エンバーマー」でなく教師と答えている。「イギリスには死に関連することを拒絶する風潮がある」と彼は言う。「必要に迫られなければ、わたしたちと知り合いになりたいとは思わない。いざ必要になれば、そこから二週間だけわたしたちが彼らの一番身近な存在になる。でもそれが済んだらまた彼らの人生から消されるんだよ」

彼は両親の葬儀業を受け継がなかったが、この業界から遠く距離を置いたことはない。棺を担ぐに十分な背丈に成長すると、棺担ぎ人夫のバイトをして毎回一五ポンド貰い、その全額をＨＭＶでレコードを買うのにつぎ込んだ。卒業後、石工になった彼は、人間なんかよりもずっと長く地上に立つことになる墓石に天使を彫る仕事をした。人は大切な人が埋葬されると、何度もその墓地を訪ね、墓石を見上げながら独り言のように語りかける。彼はそんな永遠に残るモニュメントを作っていた。そして今は、この世を去る直前の数分間だけ生きる者たちの目に触れるものを作っている。

「芸術家肌のあなたにとって、自分の最高傑作がすぐに埋められたり焼かれたりしてしまうことを残念だと思いませんか？」

「思わない」と彼はそっけなく答える。「というのも、以前に……」

そこで彼は口をつぐみ、少し長く時間をとって考える。

「数年前のことだけどね」と彼は語りはじめる。ある男性が労働作業中に事故死した。故障した機械の修理をしようとしていたとき、頭と胴体がその機械に押しつぶされてしまったのだ。彼の妻は、身元確認のため、機械から引き出された夫の姿を確認しなければならなかった。「あれは……とにかく惨憺たる有様だった。そのとき奥さんがわたしに『なんとかしてもらうことはできる?』と言ったんだ。わたしはベストを尽くしますと答えたよ」

その後、彼女から手紙がきた。

「ありがとう。完璧ではありませんでした。だけど、あなたのおかげでわたしは彼に再会することができました」

8 愛と恐れ――病理解剖学技師

古代エジプトでは、ミイラを作るとき心臓以外のすべての臓器を体内から取り出して壺に入れていた。心臓（それは人格、全身、知性、魂の中心であると考えられていた）だけは、神の審判を仰ぐため体内に残された。この心臓が黄泉の国で羽と天秤にかけられ、その人物が高潔な人生を送ったかどうか判断される。秤が釣り合えば、その人は死後の世界に入ることが許される。秤に乗せた心臓が羽よりも重ければ、アンミット（上半身ライオンで下半身カバ、頭部はワニの女神）に食べられてしまう。

テムズ川の南岸に位置する聖トマス病院の地下一階にある、ここ遺体安置室の場合は、心臓が秤に乗せられると、その重量が大声で伝えられ、部屋の向こう側にあるホワイトボードに水性ペンで数字が書きこまれる。心臓の重さで、その人物が健康だったのか、それとも病気だったのか判断される……ここでは裸眼もしくは顕微鏡による目視で事物が判断される。確率の法則に基づいて、その人がどう生きたのかではなく、どう死んだのかが特定されるのだ。

ここは、死体が自らの物語を聴いてくれる者たちを相手に語りかける場所だ。殺されたのか、自殺なのか、心臓麻痺なのか。たとえばモーも刑事時代に犯罪捜査の一環で、物言わぬ肉の塊が語る物語に耳を傾け、それを解釈し、なにが起こったのか推測していた。ここでもそれと同じことが行なわれている。わたしがこれまで取材してきた死にまつわる仕事にたずさわる人たちの多くは、自分の扱う死者の詳細な死因について深く探らずに仕事をしていたけれど、ここにいる彼女たちの仕事は詳細な死因を突き止めることだ。

この病院の病室で死んだ人は、ストレッチャーに乗せられ、目立たないシートを被せられて地下の冷蔵庫までポーター係に運ばれることになる。この病院の近くで死んだ人は、救急車で駆けつけた人たちによって床なりベッドなり路上なりから回収され、この病院まで運び込まれることになる。そして検死官がそうする必要があると判断すれば、この部屋でオートプシーもしくはポスト・モーテム・イグザミネーション（語源がギリシア語かラテン語かの違いだけでどちらも「検死解剖」を意味する言葉だ）が行なわれ、その人がどのような最期を迎えたのかについて公的な判断が下される。死の間際に主治医が診察していて、死因が明確な場合は、ここで身体をバラバラにされることなく、すんなり死亡証明書が発行される。ここにある死体のうち数体は、メスを入れられないまま、葬儀業者が回収に来るのを待っている。別の数体は身元不明で、名前が明らかになるのを待っている。

わたしの背後では、心臓の重さ以外の数字も叫ばれ、ホワイトボードにリストアップされてゆく。生まれて成長し、老いて縮み、存在してきたこの女性が人生の最後を迎えたときの数字だ。肝臓。腎臓。脳。病理学者が白く発光するスポットライトの下で臓器からサンプルを摂取し、手にしたクリップボードにメモを書き込む。脳卒中による死亡が疑われる大柄な男性の空っぽにされたばかりの腹腔をわたしは覗き込む。彼の内臓はオレンジ色のバイオハザード・バッグに入れられて床に置かれ、病理学者の両足に挟まれている。そこで重量計測と検査の順番が回ってくるのを袋の中でじっと待っている。

心臓が止まると血液は生命を維持できる速度では流れなくなるが、流れが完全に止まるわけではない。重力によって下方向（仰向けで死んだとしたら背中方向）に向かって流れ、溜まり、その部分の肌の色は打撲傷のように濃くなってゆく。解剖で内臓が取り除かれ、体内に空間ができると、切れた四肢の血管から血液がしみ出し、その空間に溜まる。この男性の背骨の脇にできた凹みは肺があった場所や腎臓があった場所だが、そこにどんどん血が溜まってゆく。ララ＝ローズ・アイルデールは、この男性の血液サンプルを毒性学者に提出するため、大腿骨の動脈から優しくミルクを絞るように血液を採取している。彼の太ももをマッサージする彼女の姿は、さながらサッカー・ピッチのサイドライン際で選手を治療するスポーツトレーナーだ。

こういう場所で行なわれる仕事を見学するなら、ぜひララの仕事を見学したいとわたしはずっと思っていた。彼女と知り合ったのは何年も前のことだ。完璧な形に整えた眉を持つ彼女の顔は、以前からずっと、英国内で死にまつわる講演会があれば必ず見かけていたし、病理学系の博物館で催物があれば（無料でワインが飲めるだけの会だったとしても）たいていそこに彼女も居合わせた。しかし彼女の仕事についてわたしが興味を持つようになったのは、ある記事を書くために出席した葬儀業界の賞の授賞式だった。ララはＡＰＴ（anatomical pathology technologist／病理解剖学技師）オブ・ザ・イヤーにノミネートされていたのだ。わたしの隣に座っていた彼女の友人ルーシーは、ララは仕事についてまったく語ろうとしない人なのだと教えてくれた。ルーシーによると、ララは二〇一七年にロンドン・ブリッジで起きたテロ事件（三人の実行犯がワゴン車で歩道に突っ込んだ後、バラ・マーケット周辺を走り回りながら、刃渡り一二インチの包丁で食事客や観光客や警察官を次々と刺した事件）の犠牲者も扱っているが、そのことについても一切自分から話そうとしたことはないという。同業者の多くは自分の仕事をインターネットで話題にしたり、手術衣を身につけステンレス製の器具を持った自分の写真をSNSで広めたりしている。だけどララのインスタグラムは、エアリアルフープをして逆さ吊りになっている姿など、仕事帰りに遊んでいる自撮り写真ばかりだ。わたしにも親しくなってからようやく見せてくれるようになったあの顔いっぱいで笑う気さくな表情を浮かべたレアな写真も少しだけ混じっている。左右の太ももに彫られたタロットカード（死神と審判）のタトゥーの写真もあるし、ハロウィン近くの投稿には頬骨あたりにリキッドアイライナーで小さなコウモリのデザインを描いたものもある。そんな風に仕事のことはほとんど口外しないけれど、この仕事を心から気に入っていることは間違いないようだ。彼女の略歴欄には、完璧に化粧された顔写真の横の職業欄に「死体の召使い」と書かれている。わたしが知りたいのはその職業の具体的な内容だ。

APTの仕事は検死をする病理学者のアシストであり、死体をバラバラにする肉体労働もその一部だ。内臓を抜き取るのも、バラバラにした身体を再構築するのも、再構築した死体を洗うのも、脱構築に使った器具を洗浄するのも、すべてAPTの仕事だ。また、身元確認のために呼ばれて来た人たちに対応するのも、遺族や葬儀業者に対応するのも、死者が出るたびに（そしてその死体がある場所から別の場所に移動するたびに）山のように高く積まれる必要書類と格闘するのも、すべてAPTの仕事だ。様々な方面から何度も聞かされた話だけれど、イギリスは死亡した後で必要となる書類がとにかく多い国だ。死者が金属トレイの上でむっくりと起き上がり遺体安置室から出て行こうとする悪夢をララは何度も見ている。その夢から目覚めたとき、いつも大汗をかいているのは、ゾンビが怖いからではない。もし死体がどこかへ行ってしまったら、ものすごい量の書類仕事が待っているからだ。

彼女は二〇一四年にこの病院でトレーニングを受けはじめ、APT見習いを経て、三年後に資格を取得し、実地で死者を扱いながら仕事を覚えていった。研修生希望者はめったにいるものではないので、彼女が資格を取得して正式に働きはじめた当初は、穴埋めの研修生がやってくるのを祈る気持ちで何年も待ちつづけた。しかし今では、日々の解剖や書類仕事のほかに、新人研修生を教える立場にあり、人体の構造について、それぞれの器官や臓器がどのようにまとまっているのか、異常がある場合はどう見えるものなのか、それが意味するものはなにか、といったことを手取り足取り教えている。彼女の肩越しにその様子を見るのはAPTの研修生だけではない。医学生たちもいる。メイヨー・クリニックのテリーが説明してくれたように、医学の進歩のために献体された死体は、正常な人体マップを医学生に提供してくれる。一方ここでは、異常な人体がどのような様子なのかを見ることができる。ララが医学生たちに見せてあげられるのは、彼らが将来口頭で患者に伝えるであろう診断内容のリアルな姿だ。患者に伝える癌の実物の様相、肝硬変の実際の見た目、肥満によって内臓がいかに窮屈になってしまうものなのか、太って身体が大きくなろうと胸郭のサイズは一切変わらないという衝撃の事実、そういう真の姿を彼女は医者の卵たちに見せている。そして今日は、それをわたしに見せてくれている。

　わたしは今日、だいぶ前からここにいる。朝には、ララが油圧リフトを操縦して冷蔵庫から三体の死体を取り出し、この部屋の中央に並ぶシンクの脇に設置してゆく作業を見学させてもらった。台を昇降させるのは機械だが、冷蔵庫の中の冷たい死体をトレイごとスライドさせて引き出すのは人力なので、かなりの重労働だ。この仕事で最初に痛めるのは腰だと彼女は言った。ここから引き出すには必ず前かがみにならなければならないし、死体はそれぞれ様々な体勢でトレイの上に横たわっているので、重さがトレイに均等に分散しているわけではない。この病院の遺体安置室の全スタッフは安全衛生トレーニングをみっちり受けている。この病院でこういう作業をしなければならないのは彼女たちだけだ。ちなみにここのスタッフのほとんど（少なくともＡＰＴは全員）が女性で、三〇年前から必要に応じてヘルプに入っている代休要員のティナ以外の全員が、首から下はタトゥーだらけで、髪はベリーショートに刈り込んでいて、カラフルな色に染めていて、ピアスを開けている。そして全員が若い。ラムシュタイン〔過激なパフォーマンスで知られるロックバンド〕のコンサートに顔を揃えていてもまったくおかしくない。

　すべての死体の設置を終えると、ＡＰＴたちはそれぞれ自分が担当する死体を目視検査する。目視検査は検死解剖においてコンスタントに行なわれる作業で、ひとつの段階を踏むごとに、いったん作業を止め、異常やその兆候がないかを探すのだ。病理学者は死体の周囲を回りながら、ときどき立ち止まってはクリップボードにメモを書き入れている。その傍らでララは目の前の男性の死体から彼の死因と関係がありそうな傷痕や手術痕や怪我を探していた。指先についたニコチンの染みさえも死因を特定するヒントになり得るという。次に彼女は、その仰向けの死体をひっくり返し、ルーティーンとして、背中にナイフが突き立っていないか再確認（「本当にナイフがあったためしはないけど、絶対にないとは言いきれないものね」）してから、彼の両目に針を刺して眼内液のサンプルを採取した……これは血液や尿とともに検査に送られることになる。次に彼女は、その死体をY字型に切った。鎖骨の二インチ下あたりから臍下《せいか》までをY字に切るのだが、臍《へそ》は切らないように迂回していた。そうする理由は単純で、彼女によると、後で縫い合わせるのが容易になるからだ。続いて、皮膚を指先でつまみ上げて剝がし、重要な内臓を傷つけないよう注意しながら腹筋を切った。そして鋏のような器具（メイヨー・クリニックで見せてもらった肋骨剪刀とよく似たもの）を使って胸骨とあばら骨を繋ぐ軟骨を挟んで固定し、胸骨を引き上げると、今まで守っていた盾が取り除かれたみたいに、光沢のあるピンク色の肺が姿を現した。

　この時点ではまだ知らなかったけれど、この日以来わたしはスペアリブを食べられなくなる。ララの上司とは大違いだ……廊下の向こう側のスタッフルームでバーベキュー・リブを上機嫌に食べているのをさっき目撃したばかりだった。わたしの脳裏に焼きついてしまったのは、見た目もそうだが、むしろ音の方だ。『ロッキー』の映画シリーズを観たことがある人なら、あばら骨が軟骨から剝がれる実際の音を想像するのは容易だろう……胸を強くパンチするときに使われているあの弾けるような効果音だ。一週間後にたまたま『クリード 炎の宿敵』を観たのだけれど、アドニス・クリードのあばら骨に繰り出されるスローモーションのパンチに使われていた効果音は、まさに、この検死解剖室で耳にした音そのものだった。あの効果音を聞いてからの二〇分間は、もしかしたら解剖室で録音した音なのかも、などとばかり考えてしまい、映画の内容がなかなか頭に入ってこなかった。

ララは次に、十二指腸（小腸が始まるところ）に紐を巻いて締め、その箇所の下部分を切断し、腹部から腸を持ち上げ、ちょうど水夫がロープを手繰るように、全長二〇フィートの腸を引き出していった。そうやって取り出した臓器はすべてオレンジ色のバイオハザード・バッグの中に落とし入れる。「この向こう側にあるのが心臓よ」と手袋をつけた指で示してから、彼女は死体の胸の上に身を屈め、首の中の構造組織を取り除きはじめた。

標準的な検死解剖の所要時間は約一時間だ。その人物の集中治療期間が長ければ長いほど、検死解剖にかかる時間も長くなる。患者に使われていた管や糸もすべて検査しなければならないからだ。また、太っている人よりも痩せている人の方が解剖は早く終わる。これは内臓を見つけやすいという単純な理由だ。ただ、どんな体型であっても、作業するのが難しい箇所がいくつかあって、そこを扱うにはかなりの練習と技量が必要になる。ララは食道の根元に紐を巻いて結んでから、鈍的切開用の器具を使って内臓の周囲を取り巻く結合組織を切断しながら上に進み、首の皮膚と筋肉を引き離した。今度はその器具を傍らに置き、自らの手を皮膚の下に滑り入れて、感触だけを頼りに、舌の付け根にあるくぼみを探りはじめた。彼女の指の関節が首の皮膚にくっきりと浮き出て見えた。「この作業を楽にさせてくれる道具はないのよ」と言う彼女の腕は、まるで人形遣いみたいに、この男性の首の半分のところまで入っていた。ララは部屋の隅のなにもない空間に視線を向けながら、感覚だけを頼りに、ヌルヌルとした暗闇の中を進んだ。「あった」。見つけたくぼみに指をひっかけて舌を引き出すと、舌と食道と声帯がまとまった状態で出てきた。長い豚のヒレ肉みたいだ。喉の馬蹄型の軟骨を彼女は指さした。この軟骨の構造が壊れているかどうかを確認するのも検死解剖の重要な一部だ。もし破損していたら首を絞められた可能性がある。手袋をはめたわたしの手は、自分のその部分が曲がっていないか確かめようと、自然と喉に向かっていた。

次に彼女は、横隔膜を切り、心臓と肺を一塊にして背骨から持ち上げ、取り出した。次の一塊は胃（食道と舌がまだ繋がったままの状態）と肝臓と胆のうと脾臓とすい臓だ。これらの内臓も、持主である死体の足元に置かれたびちゃびちゃのバッグの中で別の臓器たちと再会した。最後の一塊として腎臓、副腎、膀胱、前立腺が繋がったまま同じバッグに入れられた。空洞になったばかりの腹腔が外気にさらされた臭いは、何日も忘れることのできない臭いだ。冷蔵肉と人糞と銅貨みたいな血の臭いが入り混じっていた。それに加えて、洗っていない皮膚や股間の臭い、開いて乾いた口の中の磨いていない歯の腐臭、さらには人体が持ち得る最低レベルの体臭が混じっていた。こんな風に臓器が取り出されるのを見ていると、これらの臓器が人間を生かしていることや、何年にもわたって異常もなく動きつづけていることが、驚愕の奇跡に思えてくる。隣の手術台の女性の臓器が次々と計量されてはホワイトボードに数字が書き込まれている間、わたしはこの男性の腹の中の空洞を見つめていた。次は彼の番だ。

「こういうものばかり見ていると、自分のものが落ちずにとどまっていることの方が不思議に思えてくるわ」ララは大腿部をマッサージする手を一瞬止め、内臓が入ったバッグに顔を向けながら言う。そして空洞の腹に手を入れ、直腸あたりから漏れ出た便をすくい取ると、後で処理するために手術台の死体の足の横に置く。その拍子に少量だけ床にこぼれ落ちた便は、後でジェット・ホースでそのほかの様々なものと一緒に洗い流されるまでの三時間ずっとわたしのブーツのすぐそばに危なっかしく居座ることになる。別のある時点では、ララがジェスチャーを交えて話した拍子に、手袋から内臓脂肪の小片が床に飛び散る。この仕事はけっして華やかな仕事ではないけれど、ララがこの仕事の存在を知ったのはテレビドラマだった。彼女は『X－ファイル』を見てダナ・スカリーみたいになりたいと思った。毒入りピッツァを食べて殺された犠牲者をスカリーが法病理学者として解剖する「吸血」のエピソードに強く惹かれたのだ。「あれは笑えるエピソード回だったけどね」とララ。彼女もわたしと同じく九〇年代にテレビの深夜放送を見て育った世代だ。法病理学者になるためには、まず医師になった後、フルタイムの研修を五年半ほど受けて、ようやく資格を取れる。そのことを知った彼女は目標を変えた。生者の面倒をみる過程をすっ飛ばして、直接、死者たちのいる遺体安置室に行くことにしたのだ。

死体の男性にはてんかん発作の病歴があったため、彼の死因は「神経系の疑い」があるとララは推測し、なにかが見つかるとすればおそらく脳の中だろう、と作業を開始する前から言っていた。「イギリスでは、死因の大半は頭の中か心臓の中にあるの」と言いながら彼女は、櫛で彼の髪に耳から頭頂部を経てもうひとつの耳へと結ぶ一本の分け目を入れ、メスを入れる道をつくる。分け目に沿ってメスで頭皮を切ってから、顔の皮膚を顎側に向けて剝がしながらめくってゆく。しかし彼女が考えていたほどうまくいかない。いつものように容易に皮膚が骨から剝がれないのだ。そこで彼女は湾曲した骨切鋸も使って皮膚を剝がす。こうしてようやく現れた頭蓋はかなり分厚い。病理学者がやってきて、めくれている顔の皮膚を指さす。指さす先には濃いストロベリー色の痣がある。こういう痣は、まだ顔と脳がほとんど分離していない胎児形成期にできるものだと彼女はわたしに教えてくれる。皮膚の外の痣は内側からも見ることができるものだが、今回の場合は少し溶解していて、痣の痕跡が肉と骨の層に縦長に走っている。ちょうど縦縞のロック飴〔千歳飴のような飴菓子〕みたいだ。ララは頭蓋の頂を切り取り、脳を守る厚い硬膜（そのラテン語名「dura mater」は「たくましい母」を意味する）を剝がす。すると、ちょうど痣が到達している地点により濃い色の痕がある。彼女は病理学者が記録するための写真を撮ってから、頭蓋から脳を引き出す。そしてわたしに、持ってみるか、と尋ねる。

おわん型に合わせたわたしの両手に脳の重みを感じる。これは、この人をこの人たらしめていたものだ。そして、この中にはおそらく彼の死因となった血栓もあるのだろう。色は肉のような色と白で、そこにミミズのような赤と黒の線が何本も入っている。マンガで描かれるようなピンクではなく、高校の生物の教科書に載っていたような灰色でもなく、瓶に入れて病理学博物館に飾られている色が抜けて固くなった脳の色ともまた違う。わたしの両手に乗ると、それまで丸みのあった脳がぐったりと平らになってリラックスし、頭蓋の中よりもずっと広い空間を満喫する。ララが後で彼の死体を再構築する際には、空洞になった頭蓋にこの脳を戻すのではなく、代わりに脱脂綿を詰めることになる。なぜなら、こうして脳を一度取り出してしまうと、コンパクトかつ安全に守ってくれていたタイトな容器（頭蓋）に入っていたときのような整然とした形状に戻すことはできないからだ。手に持った感触は冷たくて重く、密度はあるけれど脆く、ゼリーみたいに揺れている。ほんの少しでも手に力を入れたくない。ダメージをあたえてしまうのが怖いからだ。ボクサーが頭に鈍い衝撃を受けて意識を失いリングに倒れるボクシングの試合なんか平気で見ていたくせに。アメリカンフットボール選手の妻たちが、頭から突進してぶつかるプレイを何年も繰り返した結果として夫が別人のようになってしまったと主張していたことをわたしは思い出す。妻にしか気づかれない程度ではあるが、混乱しやすくなり、以前よりも暴力的になるのだという。こうして両手に脳を持ってみると、わたしたちが普段、ホットドッグを片手に試合観戦しながら、フィールド上の選手たちにものすごい危険を強いて得点を望んでいることを思い知らされる。これを銃で撃ったらどうなるのかも想像してみる。犯罪現場清掃業のニール・スミザーが祖父母の家の壁面についた脳の欠片を洗い落とした話を思い出す。放っておくとセメントみたいに固くなって洗っても落ちないのだと彼は言っていた。

ララが用意した青いプラスチックのボウルにわたしは脳を滑り込ませる。彼女は、少し長さに余裕をもたせた麻ひもを脳底動脈の下に通してから、その脳をバケツに入れ、麻ひもの端をバケツの取っ手に結わえつけ、ホルマリン液の中に脳を逆さ吊りにする。こうして二週間もすれば、脳が十分に固くなり、病理学者が死因を特定するため（テリーが呼ぶところの「パン状に」）スライスすることができるようになる。この赤白色のバケツの側面には「RTB（return to body／体内に戻すこと）」という文字が書かれている。ララはそのバケツを棚に仕舞う。彼の脳が入ったバケツはほかの人の脳が入ったバケツの群衆に加わる。死体がここを去るときには、ここに来たとき持っていたものをすべて持ち帰ることになっている……病理学者による計量が済んだ内臓は、オレンジ色のバイオハザード・バッグに戻され、次に腫瘍やそのほかの異常がないかが調べられ、それが終わると、腹の空洞にたまった液体をレードルで鍋のスープをすくうみたいに汲み出してから、かつて内臓で満たされていたその空間にバッグごと戻され、空いた隙間に脱脂綿が詰められる。そして胸郭の正面部分を元の状態に戻し、皮膚を縫合する。その一週間後に病理学者が脳の検査を終えると、ＡＰＴが腹の縫い目をちょうどいいサイズまでほどき、内臓が入れてあるオレンジ色のバッグに脳も加える。これでようやくその死体は葬儀業者に引き取られるのを待つのみとなる。

数ヶ月前、わたしは冬場の屋外のピクニック・テーブルに座って、神経科学者アニル・セスから意識について色々と教えてもらっていた。彼によると、現実とは、窓もなくなにも見えない暗闇の中に鎮座する脳が、脳以外のツール（目や耳や指）から送られてくる情報をもとに、外の出来事を最良の形で推測したもののことであるという。人の持つ感覚はどれも、脳のために働くスパイなのだ。脳はスパイから提供される乏しい情報を組み合わせ、記憶や経験というフィルターにかける。そしてそれを人生と呼ぶ。しかし、先ほどわたしが手に持っていた脳が暗闇ではじき出した最良の推測にアクセスすることはもうない。この男性の脳は純粋な有機物となりバケツの中で固められている。その機能が停止した理由を突き止めるためには、現実や知恵や彼の全宇宙を生み出すために構築された何十億もの繋がりをスライスしなければならないからだ。

部屋の向こう側では、とても小さな臓器がピンセットで取り出されている。病理学者とふたりの警察官が赤ちゃんの心臓を秤にかけているところだ。

§

ララの仕事を見学する前日、解剖を見にくる全員に必ず送られる形式的な文書がメールに添付されていた。そこには、しっかり朝食をとることや、ゴム長靴を履くので厚手の靴下を履いてくるようにというアドバイスと共に、警告的な注意書きが記されていた。ララはわたしが死者を目にした経験があると知っていたが、それでもなお、そこが病院の遺体安置室であると同時に小児病理学専門病棟でもあるという事実をしっかりと頭にとどめておくべきだと強調した。この病院の遺体安置室では、大人の検死解剖だけでなく、全国から送られてくる赤ちゃんや幼い子どもたちの解剖が行なわれるのだ。翌日の予定はまだわからないけれど、子どもの死体を目にする可能性は十分にあると彼女は警告した。わたしは、死体はもうたくさん目にしてきたから問題ない、と答えた。その時点ですでに、全身が繋がったものも、バラバラのものも含めて、わたしは何百体もの死体を見ていたのだ。

今にして思えば、わたしはすっかり甘く見ていた。

ララは、その男性の死体を念入りに整然と縫い合わせると、彼の髪をシャンプー（甘いストロベリーの香りのアルベルトバルサムだが、少なくともわたしが訪れたことのある遺体安置室に限って言うなら、どこもこのシャンプーを使っている……腹腔の匂いと脳を入れたバケツのホルマリン液の匂いにこのシャンプーの香りが混じるとなんともシュールな感じがする）で洗髪し、死体の全身に抗菌スプレーをかけてからホースで水洗いした。次に、彼の全身をできる限り清潔にしようと、腕や脚を持ち上げながら丁寧にスポンジで拭いていった。これはどの遺体安置室でも必ずやる作業というわけではないらしいけれど、少なくともわたしたちはこうするのが適切（良いこと）だと思っている、と彼女は言った。「だって内側にあるはずのものが外側についてしまったんだもの」彼女は当たり前のことだという口調でそう言った。また、腐敗はバクテリアの進行によって起こるものなので、それを少しでも遅らせれば、葬儀業者や遺族も助かるはずだという彼女たちなりの配慮もあった（特にこの仕事をしている人たちの中にあって、彼女のような考え方をする人は珍しいのかもしれない。ケヴィンやソフィーといったエンバーマーは死体解剖時や保管の不手際を隠すために余分な作業をたくさんやらなければならないのだと文句を言っていたから）。ララの作業中、抗菌スプレーが死体の皮膚を跳ねて飛び散ったり、ジェット・ホースから出される水が大きな音をたてて金属板に跳ね返ったりするので、わたしは彼女の邪魔にならないよう、後ずさりして距離をとった。その行き着いた先に赤ちゃんが横たわっていた。生後二週間で亡くなった男の赤ちゃんだ。

これまでの二時間、ララが死体の首の中を手探りしたり、臓器を紐で巻いたり、脳の写真を撮ったりする作業に集中しようと思いながらも、わたしは目の端でこの赤ちゃんを捉えつづけていた。この部屋は小さくはないが、巨大なわけでもない。ララが作業しているところからこの赤ちゃんの死体のところまでは、おそらく一〇フィートも離れていないだろう。だからわたしからもずっとこの赤ちゃんがよく見えていた。大人の頭蓋を開けるには鋸が必要だが、赤ちゃんの頭蓋を開けるのには必要ないことも知った……まだ頭蓋を構成する骨同士が結合しきっていないからだ。病理学者が薄い結合繊維に鋏で切れ目を入れ、まるで花びらを開くように、頭蓋を構成する五つの骨を開いていた。親指だけを使って、泉門からテコの原理で骨を持ち上げるように開いていた。泉門は赤ちゃんの頭部にある禁じられたソフトスポットだ。わたしも四歳のとき、けっしてそこを触らないと約束してようやく、生まれて間もない妹を抱っこさせてもらえたのを覚えている。解剖に立ち会っていた警察官のひとりが、この赤ちゃんの母親には精神疾患の病歴があると言っているのが聞こえてきた。それを聞いてようやく、母親がこの子を殺した可能性があるかどうか調べているのだとわたしは理解した。その病理学者は赤ちゃんの胸郭をヤシの葉状に広げ、小さなあばら骨を一本ずつ、その曲線に沿って指を滑らせながら、骨折がないことを確かめた。その子は徹底的にバラバラにされていった。背中の下にブロックを入れた状態で仰向けに寝かせているため、胸は突き出すように押し広がり、開かれたままの頭蓋は後方にのけぞっていた。その赤ちゃんの真上で病理学者とふたりの警察官がこの検死解剖で判明したことについて話し合っていた。警察官はふたりとも踏み台の上に行儀よく立っていたので、わたしからはその表情は見えなかったが、ときどきノートをとり、幾度となくこの部屋を出入りしていた。そんな様子をわたしはずっと見ていたのだ。

そして今、わたしは図らずもその赤ちゃんの真横まで来ていた。この子を担当している髪をグリーンに染めた若いAPTは、解剖を終えたこの死体を元の姿に戻す作業に悪戦苦闘している。胴体はもうきちんと縫い終わっていたけれど、顔にてこずっている。解剖で首の下のところを切開していたため、顔の皮膚と頭蓋がうまく合わないのだ。下唇が顎からダラリと垂れ下がり、その重みで片目が開いたまま閉じない。このAPTはこの赤ちゃんをどうにかして普段通りの見た目に戻さなければならない。どんなに小さな変化でも両親は見逃さないに決まっているので、彼女にかかったプレッシャーは大きい。子を亡くした親は最後の面会をするとき、その子のことを隅々まで記憶に留めようとするものだ。APTの彼女は赤ちゃんの小さなピンクの唇を押さえながら開いた瞼を閉じさせようと何度も試みるが、うまくいかずにため息をついている。こういう表現が適切かどうかわからないけれど「眠っている赤ちゃんの空虚な静けさ」を取り戻そうと彼女は必死に努力しているのだけれど、どうしても唇が顎骨から下に垂れてしまうのだ。ついにララが自身の洗浄作業の手を止め、フィクソデント〔市販の入れ歯安定剤〕のチューブを手にやってくると、落ち着いた根気ある口調で若いAPTに解決策を指示する。それを彼女はなんとかやりとげる。そこが重要なわけではないとわかってはいるけれど、赤ちゃんというのはやっぱり美しい。わたしは入れ歯の接着剤で補われたこの赤ちゃんの顔から目が離せなくなる。

赤ちゃんの死体も洗浄される。ただし、大人の死体のようにホースで水をかけるのではなく、シンクに置いた小さな青いプラスチックの湯船に入れて全身を洗うのだ。キッチンでわたしの母がまだピンク色をしていた妹を入浴させたのと同じやり方だ。湯船の内壁に赤ちゃんの背を持たせかけるように座らせる。泡の水面がちょうど肩のあたりまできている。APTの彼女はここで一瞬だけ目を離して、棚の方になにかを取りに行く。赤ちゃんがゆっくりと滑り落ちてゆき、今にも顔が水中に沈みそうになる。ひとり残されたわたしは、なにもできないままそれを見ている。見学者のわたしには無断で触れることはできない。しかもこの手術台はわたしがそもそもいるべきララの持ち場ですらないのだ。わたしはどうしたらいいのかもわからず、ただただ立ちつくしている。溺れそうな赤ちゃんを助けたいという本能的な衝動を抑えるために、「この子は死んでいるのよ」と自分に言い聞かせる。死んでいるのだから、わたしがなにをしたところで意味もないし、この子が死んだという事実が変わるわけでもない。ついに全身がすっかり水中に滑り落ちる。役立たずのわたしは、ただそこに立ったまま、ものすごく打ちのめされた気分になる。

担当のAPTが戻り、泡だらけの湯船の中から赤ちゃんを引き揚げて、身体を拭きはじめる。彼女は赤ちゃんをタオルに寝かせ、次の作業に必要なもの（おしめ、編み靴下、ロンパース）を持ってくる。

服を着せ終えると、病院用のプラスチックのアームバンドを三つ、彼のふっくらした手に通し、小さな指を持って支えながら上腕まで押し上げる。彼女は生きている赤ちゃんを扱うのとまったく同じように、とても優しく作業を進めている。生きている赤ちゃんでもこの年齢では自力で支えきれない頭をしっかりと手で支えている。病理学者が首の脊髄を切断していたので、彼にはなおさらその支えが必要だ。

通常、赤ちゃんの場合は取り出した脳は頭蓋に戻される……頭蓋がまだ固まり切っていないので大人よりもスペースに余裕があることもその理由のひとつだ。しかしそれ以上に大きな理由は、赤ちゃんの頭の重さは人の記憶に刷り込まれているものだからだ。両親が面会室でこの赤ちゃんを抱いたとき、もし頭が軽すぎたら必ず気がつくだろう。しかし、この赤ちゃんの場合、鑑識のさらなる検査が必要なので、脳を頭蓋に戻さず保存しなければならない。ララが、先ほど大人の脳にしたのと同じやり方で、この子の脳もバケツの中に吊るす。その姿は宇宙の彼方に迷い込んだ小さな惑星みたいだ。その間、部屋の片隅では、ベビー帽がたくさん入った（レモン色、ピンク、青のベビー帽が何百個も入っている）透明な巨大タッパーウェアからニットのベビー帽が選び出され、耳から耳まで頭皮に走る切開痕を隠すため、この赤ちゃんの頭に被せられる。わたしはAPTに頼まれて、この子の小さな体とぐらつく首を支えることになった。

彼の頭は空洞だからきっととても軽いに違いないと思っていた。数時間前に離れたところから見ていた彼の頭蓋は、蛍光灯の下で、ものすごく薄く、ほとんど透明にさえ見えたからなおさらだ。実際にこうして首を支えてみると、まったく違っていた。そこにはとても柔らかい顔の皮膚があった。

ふっくらと丸い頬だ。脳が入っていない赤ちゃんの頭は、嫌になるほど軽いと同時に、計り知れないほど重く感じた。

§

母親が殺意を持ってあの子を殺したのか、それともなんらかのメンタルヘルスの問題で思わず激しく揺すってしまって死に至らせたのか、その真相をわたしが知ることは今後もないだろう。わたしが知っているのは、彼がこの世で所有していた唯一の品物が、小さな哺乳瓶に半分だけ残った母親の母乳だということだ。その哺乳瓶は厚紙製の棺の中の彼のすぐ横に押し込まれた。その棺は、わたしがここを去る直前に、小児用遺体冷蔵庫に入れられ、その扉に彼の名前が記された。わたしは手袋と耐水エプロンと手術着とゴム長靴を脱ぎ、フェイスシールドをララに手渡した。よく途中退席しなかったたね、と彼女に褒められた。わたしは確かに最後まで耐えた。なんとか持ちこたえた。だけど、鼻の中は冷蔵肉の匂いと腹腔内の糞の臭いでいっぱいだし、頭の中はあの赤ちゃんのことでいっぱいだ。でも彼女にそれを伝えるのはやめておくことにした。

わたしは朝来た通路をそのまま戻って帰路につく。緑色のリノリウムの廊下をたどり、使用不可の貼り紙がついたストレッチャーの横を通り過ぎ、階段を上り、ドアを抜け、患者やその家族が順番待ちしながらベビーカーを揺すったり市販のサンドイッチを食べたりしている受付エリアを抜ける。外に足を踏み出すと、海に潜ったような気分になる。秋特有の濃い霧の中に立つビッグベンの姿が病院の正面玄関から見える。テムズ川の対岸で足場に囲まれ静かにたたずむビッグベンは、これから数年かけて修復される予定だ。あの鐘は死を悼む鐘ではないから、誰がために鳴るわけでもないけれど、コロナ禍の現在、毎日のように死者が増えつづけていることは事実だ。この病院でも。

よく考えれば当然のことなのに、日常の死者の多くが赤ちゃんだなんて考えたこともなかった。イギリスの乳児死亡率は、下降傾向にあるとは言え、それでもまだ他国と比べて高いことも知らなかった。[1] 出生証明書や死亡証明書が必要になる前に死産した胎児について、両親がそれを望めば、その子が存在したことを証明するなんらかの証明書を得られるようにするための活動をイギリスの連ドラのスターがやっていることも知らなかった。[2] 乳幼児突然死症候群（ＳＩＤＳ）が死因であると断定するには、必ず検死解剖を行ない、それ以外の可能性をすべて排除してからでなければならないことも知らなかった。わたしはこれまで、死んだ赤ちゃんのことも、死産を繰り返してしまう母親のことも、きちんと考えたことはなかった。流産についての記事を読んでも、血液とか血栓の問題くらいにしか考えず、すでに形を成しかけている四肢や目や爪が遺体安置室に送られることも知らなかったし、そういう赤ちゃん専用の冷蔵庫があることもまったく知らなかった。ララは仕事場で同じ母親の名を繰り返し見ることもあるという……もう一度出産を試み、もう一度死産し、もう一度心に大きな嵐が吹き荒れる。しかもその苦しみを彼女たちは表に出さない。なぜなら、そういうことを人は話題にしないものだから。なぜなら、わたしたちはそういう話題でなにを言ったらいいのかわからないから。なぜなら、わたしを含めた多くの人たちが現実に目を向けずに生活しているから。死産を経験した母親が将来また妊娠したとき、次の子が今の子と同じ最期をとげないようにするため、なにかできることがあるのか、それともないのか、それを見つけるために小さな胎児がバラバラにされることも、わたしは知らなかった。遺伝的な問題なのか、予防可能な問題なのか、それ以外の診断可能な問題なのか、それを見つけようとする試みだ。そういうことがなされるのは当たり前だ。ただわたしが知らなかっただけだ。

家に帰るため電車に乗ったわたしは、だれも座っていない向かいのシートを見つめる。ドアの近くにいる妊娠中の女性が子どもを乗せたベビーカーを揺らしている姿を見たくないからだ。妊娠を望むことは、ものすごく希望に満ちたことであると同時に、心をとことん酷使することでもあるに違いない。推察するに、親の心の中は愛情と恐れがごちゃ混ぜ状態なのではないだろうか。そう考えただけで、わたしはめまいを覚える。

帰宅したわたしはクリントに連絡して来てもらう。人の肌が温かいことを実感する必要がある。わたしは彼にあの赤ちゃんのことを話す。また、あそこで目にしたほかの死んだ赤ちゃんたちのことも話す。死んだ赤ちゃんたちがそれぞれ小さな白い厚紙製の箱の中で午後の解剖を待っていた。箱の上には中にいる子についての書類が載せられていた。ある胎児はあまりにも小さくてキッチン用のスポンジの上に載せても脚が少しはみ出るほどだった、とわたしはクリントに言う。濡れて半透明の紫色をしたその胎児の顔は、まだ形成しきれていない異星人みたいだった。わたしは食べられもしない夕飯を買いにスーパーマーケットに出かけるが、棚に並ぶフィクソデントのチューブを見てワッと泣き出してしまう。その夜には、死んだ赤ちゃんがわたしの寝室の窓のすぐ外の砂利の上に毛布にくるまれて置かれている夢を見る。わたしは寝ぼけながら枕に顔をうずめて「あれは現実じゃないってことを頭に叩き込んでおかなければ」と言っていたらしい。翌朝クリントがそう教えてくれる。きっと無意識のうちに自己防衛モードが働き、悪夢を理論で打ち消そうとしていたのだろう。でも、しっかり目覚めてみると、その悪夢には現実も含まれていたことに気づく。現実にわたしがこの目で見た悪夢が。

わたしは、仕事でどうしてもベッドを這い出なければいけないときだけは別として、ほぼ三週間をずっとベッドの中で過ごした。あれは人間にとってまごうことなき現実の一部だとわかっているのに、どうしてわたしはこういう反応を示しているのだろう。その理由をベッドの中で考えつづける。あんなに多くの自分のものではない人生について、わたしがこういう反応をしている理由はどこにあるのか。わたしには子どもがいないし、あの青い湯船の中の赤ちゃんを見るまでは、子どもを欲しいと思ったこともなかった。湯船に沈んでゆく赤ちゃんの死体を目にするまで、わたしは一度も母になりたいという欲求を持ったことはなかったのだ。あの日、沈んでゆく彼を見て立ちつくしながら、わたしの頭と心の中で様々な思考が波のように押し寄せてはぶつかりあっていたのだと思う。あのときわたしは船酔いしたような気分だった。

あの湯船に沈んでゆく赤ちゃんを見たときのわたしの感情は、その赤ちゃんが解剖されているのを見たときの感情よりも、ずっと深いレベルの感情だった。その理由がどうしてもわからなかった。友人たちに（ウイルスみたいにイメージだけが独り歩きしないよう、少し漠然とした表現を使いながら）話してみたけれど、彼女たちの答えは「気が動転するのもあたりまえよ、赤ちゃんの死体を見たんだから」というものばかりだった。でも、あの子が病理学者の手でバラバラにされていく姿（客観的に見てそっちの方がずっと恐ろしい場面だ）を見ても、わたしは動転しなかった。頭のない男性だって見たことがあるし、胴体のない頭だって、手のない腕だって見たことがあるし、あの部屋では脳を手の上に置くことさえしたけれど、それでも動転しなかった。棺に横たわる死者に服を着せるのを初めて手伝ったときも、わたしの心が示した反応は自分でも納得のいくもので、色々な想いが押し寄せてきたことは確かだが、最終的にはそこに身を置かせてもらえて光栄だという想いでスッキリと区切りがついた。ああいう行為は、故人を大切に思っている人たちがなすべき正当な行為だと思えたし、死体は恐れるべき対象ではないと学ぶ方法としても素晴らしいものだと確信できた。それなのにどうして泡風呂に沈む赤ちゃんの死体にわたしはすっかり打ちのめされてしまったのだろう？　わたしは自分がバカなことをしているように思えてきた。人に説明したところで嫌な思いをさせるだけだと気づいたのだ。

一九八〇年に出版されたブルガリア系フランス人の哲学者ジュリア・クリステヴァは、『恐怖の権力——「アブジェクシオン」試論』で、主体と客体、つまり自他の区別を失うことによって陥る神経衰弱の危機について分析している。本来あるべきものがなく、肉体的現実の条件が変化すると、人はそこに恐怖を感じるものである、と彼女は言う。「神の介在もなく科学の範疇も超えた条件下で目にする死体は、心の落ち込みを呼び起こす要因の最たるものである。そこにあるのは死に感染した命だからだ」と書いている。(3) あの赤ちゃんがバラバラにされてゆく姿は、わたしにとって、純粋な生物学、純粋な科学の光景だった。病理学者が仕事をこなすというその行為はあの部屋のコンテクストの範疇の中にあった。しかし、湯船に入れられた彼の姿はひとりの赤ちゃんの姿であり……そこには命の感覚があった。まさしく死に感染した命の感覚が。だから、そこに立って見ていたわたしの頭の中で現実が地殻変動を起こしたのだ。著者のクリステヴァも、かつてアウシュビッツだった博物館を訪れたとき、これと似た体験をしている。あそこでなにが起きたのかについては、だれだって教えられて知っているし、不当な扱いを受けた死者たちが膨大な人数だったことも有名だけれど、彼女がその非道さを真の意味で理解したのは、山と積まれた子ども靴などの身近な品物を博物館で目にしたときだった。

遺体安置室に命を感じさせるものはあるべきではない。人によって限界はそれぞれ違うもので、検視官の報告書に添付された遺書を読むことができないAPTもいれば、大丈夫なAPTもいる。しかし、どのAPTも必ずきまって嫌がるのは、まだ温かさが残っている赤ちゃんの死体だ。病院のベッドから地下の遺体安置室に運ばれ、すぐに冷蔵庫に入れられたものの、臓器が完全に冷え切るほど長い時間ではなかった場合などがそうだ。冷えた死体を扱うのも肉体的にはとても大変なことで、APTは凍えた手を温めるためにお湯を入れたボウルを各人で用意しているほどだが、心理的にはそっちの方がずっとましだと彼女たちは口を揃えて言う。

凍えた指先をお湯につけて温めているララに「内臓がこんなに冷たくなければもっと楽で嬉しい？」と質問したとき、彼女はきっぱりとその発想を否定した。「ぜんぜん。死体は冷たい。生きた人は温かい。そういうものよ」。葬儀社の遺体安置室でアダムに服を着せていたときも、アーロンが同じことを言っていた。不快さに安心を感じる……それによって生者と死者の区別をはっきりさせているのだ。

わたしがなによりも大きな恐怖を感じる対象は、チェンソーを持った血みどろの狂人ではなく、ちょうどピアノの音が突然短調に変調したように、穏やかで家庭的な一場面が唐突に非日常的になることだ。実家から自殺者が出るとか、自宅のパティオで死体が発見されるとか、赤ちゃんが湯船で溺れるとか。あのときのあの赤ちゃんは、わたしが医学的コンテクスト（耐水エプロンとフェイスシールドをつけることで得た心理的な防御壁や区別感覚）で観察できる生物学的な検体ではなかった。あの場面は、日常的な場面が非日常的になった場面であると同時に底なしに深い悲しみに包まれた場面でもあった。

§

一二月の夕方の寒空の下、ララとわたしは屋外のテーブルに座っている。ここは仮設クリスマスタウンとしてライトアップされたテムズ川沿いのエリアで、赤く発光するヒーターの周囲ではサンタの帽子を被ったサラリーマンたちがご機嫌に酔っ払っている。わたしたちはホット・シードルを飲んでいる。黒いパーカーのフードを深く被ったララは、ときおり咳止めシロップを薬瓶から直接呷って風邪を追い払おうとしている。わたしたちは少し前からここで話していた。どちらも似た境遇でカトリック系の学校に通っていたことについて、カトリックにとっては死が一大イベントであることについて（生活のすべてがそこに向かって動いている）、切断された腕を聖遺物として保管するほど死にフォーカスしたあの宗教がわたしやララのような人間を生み出してしまうことについて、わたしたちは語り合っていた。また、ふたりとも神を信じていないこと、死の向こう側にあるのはきっと無だけだろうと思っていること、人の脳にとって無を理解することがいかに難しいものであるかということも話題にしていた。そして、あの赤ちゃんのことも。先月からわたしは彼女とのメールのやりとりの中で幾度となくあの赤ちゃんの話題を持ち出していた。もちろんほかにも、彼女の仕事についてもっと知りたいことがあってメールするのだけれど、それ以上に、あの日あの場所にいた人物とあの赤ちゃんの話をしたくてたまらなかったのだ。ララはどうやってああいう場面に耐えているのだろう。どうやって精神を壊すことなく毎日あの職場に通うことができるのだろう。この仕事をしたいと思った理由はどこにあるのだろう。今日は彼女にそういうことも質問した。ララはまず、わたしの反応はごく自然なものだったと言って安心させてくれ、その上で話しはじめた。自分の扱う対象が死者であれ、そうでないものであれ、実際その場に立ってみるまでは、そこからなにを得られるのかなどわかるわけがない、と彼女は言う。「自分には無理だと最初からわかっていたら、この仕事をしてみようなんて思わないだろうけれど、でも、自分に扱えるかどうかなんて実際にやってみなければわからないじゃない」。あの仕事に就こうとする者たちに立ちはだかる最初の精神的な壁は、そこで行なわれる行為についてだ。彼女でさえもそうだったという。

「もし生きている人が相手だったらものすごく痛がるような作業を、物理的に自分の手でしなければならないんだもの」と彼女は言う。彼女が言っているそういう作業は、肋骨剪刀とか骨切鋸を使った作業だけでなく、エンバーマーのソフィーもやっていたような、死後硬直した脚を自分の頭の上まで持ち上げて力づくで膝からバキッと折り曲げることなども含まれている。「死んでいるんだから感覚もないってわかってはいても、やっぱり、いけないことをしている気分になるの」と彼女は言う。

「あの赤ちゃんの場合も同じね」

彼女はこの仕事に就きたての頃、解剖後の赤ちゃんを縫い合わせる作業をするときいつも抱いていた気持ちについて話してくれた。後頭部から縫い合わせた方がアングル的にずっと縫いやすいのでそうするのだが、そのためには赤ちゃんをひっくり返して顔をうつ伏せにしなければならない。または、スポンジをミニチュアのマッサージ台に見立て、その上に赤ちゃんをうつ伏せに寝かせるという、少しだけましな方法もあるが、そのやり方でもなお、慣れるまでは、いけないことをしている気分になったものだという。「この子の親にだけは絶対にこんな様子を見られたくないって思いながらやっているわ。あと、赤ちゃんを洗うときに、わざと顔を水に沈めるようなことは絶対にしないわ……あの赤ちゃんの場合は……」

思いやりと容赦のなさの両立が必要なこの仕事の先天的な矛盾について頭の中で突き止めようとしているのか、ララの口調がどんどん速くなる。あの日、あの検死解剖が行なわれた部屋で、あの赤ちゃんを目にする前に、わたしは六〇代のドラッグ中毒者の死体に向かうララを見学していた。死後硬直が治まった後でさえ、あの男性は胎児のように丸くなったままで、曲がった背骨と同じ角度に明るい緑色の腹部を屈め、その腹をかばうように腕を乗せていた。あまりにも痩せ細っているため、クラックを吸うパイプやヘロインに使う道具で溢れる彼の部屋のベッドの上でマットレスと骨が擦れてできたであろう傷が胴体の至るところにあった。数本の指に指輪をはめ、両手首に擦り切れた紐編みのリストバンドをつけ、イヤリングをひとつつけ、髪はほつれた白髪交じりの長髪だった。ＡＰＴが脇腹から彼を切り開くと、胸郭に固着した肺はタールと同じくらい黒かった。仰向けにした首の下にスタンドを置いて、すでに空洞になっている頭蓋をのけぞらせると、口が開き、中の茶色い歯が姿を現した。ララは作業する手を止め、こういうのを見ると、この人はどんな気分で生きていたんだろう、この身体に乗り移ったとしたらどんな感覚なのだろうと思わずにいられなくなる、と言った。彼はどうやって呼吸していたのか、そして、それはどんな感覚なのだろうか。彼の手足は汚れで黒くなっていた。忘却と栄養失調の人生を過ごした長い年月の集大成だ。彼が最後に髪をシャンプーしたのはいつだったのだろう？　少なくともあの日、彼の髪は洗髪されて櫛でとかされた。検死解剖の作業はたいてい残酷に見えるものだけれど、この日の彼は、彼が自分をいたわっていた以上の注意深さで、この女性たちに世話されていた。

「……あの赤ちゃんの場合は」と彼女は続ける、「シンクの湯船で彼を洗い、タオルを取りに行った間に、まだ水が入ったままの湯船に彼がひとりで残されたこと、もしくは、彼の顔が水に沈んでいったことを、あなたは『おかしいこと』だと思っているのよね。そんなのどうでもいいなんて言うつもりはないけれど、でも、あの作業は必要な作業なのよ。あの子を洗わなければならないことは事実だし、生きている赤ちゃんと同じようにする必要がないのなら、やりやすい方法を選ぶのも当然のこと。この仕事の進め方は、ほかの仕事の進め方とはまったく違うの。他人にはこう接しなさいって小さい頃から教わってきた常識にことごとく反しているのよ」。

ララにも生きた人間を相手に仕事をしようと思った時期があった。しかし、ある親しい友人を亡くしてから、その考えはなくなった。未成年犯罪者を相手に仕事をしたいと思い大学で法心理学を学んでいたとき、その友人は殺された……夜遊びに出た先で不良少年グループに袋叩きにあい、脳内出血で死んだのだ。それ以来ララは、その加害者たちと同じ年ごろの犯罪者を助ける仕事をしたいとは思えなくなった。未成年者が暴力行為に走ってしまう要因を忍耐強く突き止めて和らげる仕事をしたいという気持ちにはどうしてもなれなかったという。しかし、人のためになる仕事をしたいとずっと思ってきたララが、自分が相手を痛めつけているように感じてしまう今の仕事を選んだのはなぜだろう。

彼女はその答えとして、別のケースの話をしてくれる。自分がこの仕事を大好きな理由の核心に迫るケースだと彼女は言う。その死体はドラッグ中毒の症状がごく最近に再発したばかりの四〇代女性だった。遺族によると、彼女はもう何年もずっとクスリに手を出していなかったという。「でも、人は嘘をつくものだし、家族も嘘をつくことがあるから、本当のところはわからないものよ」。彼女の死因はおそらくドラッグの過剰摂取で間違いなさそうだから、この検死解剖は単なる形式的なものになるだろうと、そこにいるだれもが思っていた。ところがララがその死体を開いてみると、臓器という臓器がことごとく癌に侵されていた。「だれも知らなかったのよ」とララは言う。「(彼女が癌だと)知っている人はひとりとしていなかったの。本人は痛みを感じていたのかもしれない。もしそうだとすれば、クスリにまた手を出した理由も説明がつくしね」。ララが腫瘍の経路をたどってゆくと、根源は子宮付近だと判明した。「婦人科の癌は遺伝的要素が強いの。そして、その女性には子どもたちがいた。だからわたしたちは色々な検査をした後で、血縁者にも遺伝カウンセリングを受けることを勧めたわ」。メイヨー・クリニックの冷凍庫で医療チームによる複雑な脊髄腫瘍摘出練習の準備をするテリーの姿をわたしは思い描いた。彼もララも、この仕事に嫌気がささない理由を、もしくは、毎日この仕事に耐えられる理由を(ララは腐乱死体を扱うことさえ厭わない)、自分でも説明することができない。彼女が強く興味を持っているのは、人の人生をどれほど変えられるのか、だれかの死によってどれほどの人を救うことができるかだ。テリーもララも、自分の仕事が生きる人々に役立つものであるというところにスポットライトを当てている。「あの日、あの人たちが癌検査を受けることに決めたのは」彼女は言う。「わたしのおかげなのよ」と彼女ははじめて誇らしげな顔をわたしに見せる。

仕事場の彼女を目にし、また、こうして何時間も話を聞いた今のわたしには、ララがこの仕事を続けている理由もはっきりとわかるし、社会に貢献する仕事をしたいという、いったんは諦めたはずの希望が今もしっかり引き継がれているのだと理解する。彼女は声を失った者たちに声をあたえている。彼女の視線は今も無力な人たちに向けられている。わたしがあの赤ちゃんのことで頭がいっぱいになり、夜遅くまで乳児死亡率についての資料を読みふけったように、あの遺体安置室で見習いをはじめた当時のララの心を圧倒したのは、そこに運び込まれる死んだ母親の数の多さだった。それほど多くの母親が亡くなってしまうものなのだと彼女はまったく知らなかった。出産後の女性の身体の変化状況について公の場で議論されることはほとんどない。胎児を守る容れ物だった身体がミルクの供給源に変化する。それは生理学的に大きな変化であるため、出産して間もない母親の検死解剖は特に専門的なものになる。ララが衝撃を受けたのはその社会的要因だ。出産後の母親の生死の確率は人種や財力に大きく左右される。公衆衛生部会会長のマギー・レイは、増加しつづけるこのリスクの根底にある複雑な社会的要因を改善するには、妊娠という分野のみならず、保健の分野をはるかに超えたアクションが必要であるとブリティッシュ・メディカル・ジャーナル誌に述べている。(4) ララと話した数日後、彼女が何年もかけて集めた母体死亡にまつわる数多くの情報がまとめて送られてきた。彼女がこれらを集めたのは自分が母親になりたいからではない。彼女は子どもを欲しいと思ったことは一度もない。フェミニストとしての純粋な怒りがその燃料だった。

ＡＰＴの役割がほとんど注目されていないことについても彼女は怒りを覚えている。テレビドラマで描かれることもほとんどなく、死んだ美女が載った手術台の背景に手術衣を着た人が立っていたとしても、それは病理学者で、ＡＰＴの存在は省略されるのが普通だ。ララがＡＰＴという仕事を知ったのは、深夜にググっていたとき、ＡＰＴがアップしたブログの記事をたまたま発見したからだ。実はその程度のことだったら許容範囲内（死にまつわる多くの仕事は公にされないものだし、テレビ局は時間と予算を節約するためほかにも色んな描写を省略するものだから）なのだが、ＡＰＴの役割がこの病院の中でさえ忘れられがちなことには、さすがに胸をえぐられるような気分になるという。ロンドン・ブリッジのテロ事件後、事件にかかわる仕事をした雇用者たちに感謝する内部イベントがこの病院で開かれた。人知れず尽力したスタッフ全員に向けた感謝のスピーチをララははっきり覚えている。「最初はもちろん最前線に立って働いた医師や看護師に感謝の意が伝えられ、その次は、大量にかかってきた電話をさばいたコミュニケーション・チームに、そして病院中を駆け回ったポーター、清掃スタッフ、ケータリング・チームという順で人知れず大きな働きをした人々に感謝の意が伝えられていったわ」と彼女はそのスピーチで触れられた職業をすべて挙げてゆく。そのスピーチで称えられたのは生者のために立ち働いた人たちだけだった。

「わたしたちのことは言及されなかったわ」と彼女は言いながら、その完璧な眉を髪の生え際まで持ち上げて言葉を止める。そのときの心の傷がまだ癒えていないのは明らかだ。「ああいう事件を手がけて称賛されたいとか栄光に浸りたいとか思っているわけではないし、そんな人はどこにもいないわ。だけど、自分がやっていることには意味があるって認められたい気持ちはあるもの。遺族の人たちにとって、わたしたちのやっていることには意味があるんだって」

そのスピーチの数日後、ふたたび病院から送られてきた内部メールに書かれていた内容は、あのテロ事件で被害にあった患者（メイヨー・クリニックのテリーと同じで、彼女は死んでからこの病院に運び込まれた死者も、また医者に診てもらえる前に亡くなった死者も含めて、自分が担当した死者たち全員を「患者」と呼ぶ）全員がこの病院から搬出されてすべてが終了した、今一度これにかかわった全員に感謝する、というものだった。彼女はその画面を唖然として眺めた。なぜなら彼女が担当する八人の死体がまだ目の前にあり、引き取られるのを待っている状態だったからだ。彼女は自分たちが忘れられたことに憤りを感じた。そして、この死者たちが忘れられたことにも。

「古代エジプトでは死者を扱う仕事はものすごく特別な職業だったけれど、今では不名誉な仕事だと思われている。やっている本人も『この仕事が大好き』なんて大声で言えないのよ。だって『あなたの大切な人が死んでくれてわたしは嬉しい！』と言っているように聞こえてしまうでしょ」。いつもはとても温かい笑顔を見せる彼女だが、今の笑顔には皮肉とむかつきが漂っている。「だけど、だからこそわたしが死者たちを守らなくては、という気持ちにもなるわね。だれもやりたがらないのなら、わたしが世話してあげる、みたいなね。苦痛があってはじめて生まれる仕事を褒めたたえることなんて根本的に無理なのよ」

この仕事をしていて精神的な重荷となるのは、人体を分解する行為そのものではなく、その人体になにが起きたのか（病気の広がりとか、その現実とか、純然たる命の喪失の過程とか）を知ることの方だ。この病院のAPTたちは、冷蔵庫の中に横たわる赤ちゃんを何人も見てきた。それを目にしてきたからこそ、死産がこれほど多い理由を探求するには検死官の権限に死産のケースも含めるべきであると政府に正式に要請する運動を、彼女たちは支持している（現在のところ、母体の外で呼吸をした死者でなければ検死官に解剖する権限はない）。APTはまた、大量災害死の犠牲者の身元を最初に知る者のひとりでもあり、行方不明者リストのポスターに載っている人物の目を最後に確認する者のひとりでもある。あのテロ事件の数日後、地下鉄ロンドン・ブリッジ駅から歩いて仕事場の病院に向かっていたララは、新聞の一面に載っている行方不明者たちの顔写真を見ながら、この人たちはきっと自分の職場である遺体安置室にいるだろうと確信していたという。「それを最初に知るべきなのは自分ではないのにって思っていたわ」と彼女は言う。「死因についてはともかく、死んだという事実についてはね。この人たちが行方不明だということ、そしておそらく死んでしまったのだろうということは、みんな知っているけれど、まだ希望を捨てきれていない家族がいるんだもの」。そして彼女は、自殺した身元不明者たちの名前がわからず、遺族が見つからないままクリスマスをはさんで何日も冷蔵庫の中に横たわっていた死者たちの話もする。「家族よりも先にその人の死を知ってしまうことを、わたしはどうしても、おこがましく感じてしまうの」

殺風景なライトに照らされた冷たい病院の遺体安置室に立って、死という現実を否定することは不可能だけれど、ここでは悲しみを少しでも和らげるための努力が払われている。必要な場合には、ガラスパネルで遺族と死体を仕切って面会する部屋もある（そうする必要が生じるのは、腐敗が激しい場合がほとんどだが、警察がまだ捜査中のためという場合もある）。ガラスを迂回して死者にキスをしようとする人もいれば、もう読まれることのない手紙を書く人もいれば、病院の外に立って一夜を明かすことを選ぶ人もいる。しかしララと死体の間にガラスパネルは存在しない。彼女には真実を避けることができない。だからこそ彼女は終わりと始まりは複雑に絡み合っていることを知っている。彼女の太ももに彫られているタロットカードのタトゥーと同じように。ララはこの仕事をしたことで自分がどういう死に方をしたいのかはっきりわかった。それと同時に、人生をどのように生きたいのかもわかるようになった。彼女の仕事は事物（傷痕、腫瘍、流産を繰り返す母親の名前）に気づくことだ。孤独死がいかに多いのかにも気づいた彼女は、忘れられたまま死ぬことだけは絶対にいやだと思っている。「自宅のマンションで死んだまま何ヶ月も見つからない最期だけはいや。死んだらだれかに悲しんでもらいたいもの」と彼女は言う。「わたしのことに気づいてほしい」

9　たくましい母——死産専門助産師

あれから六ヶ月が経った。わたしはまだあの湯船の赤ちゃんのことばかり考えている。あの検死解剖室で目にしたことについてララと話せたおかげで、かなり気は楽になった。それでもまだ心のどこかに引っかかるものが残っている。ララとはメールで頻繁に連絡を取り合っているし、彼女が送ってくれた母体死亡や死産や流産の資料もすべて読みつくした。インターネットのアルゴリズムはわたしの検索履歴からわたしの人生がそういう段階にいるのだろうと判断したらしく（結局のところわたしも三〇代女性なのだ）、子どもを亡くして悲しんでいる親に向けた本や慈善団体や支援団体を紹介するようになっていた。ただ、そこにわたしの探している答えはない。わたしは死別を悲しんでいるのではなく、自分の中でなにがどうなっているのかわからずに苦しんでいるのだ。これはトラウマなのだろうか？　そうなのかもしれない。でもそれだけではないような気もする。心理的な反応だけの問題ではないような気がする。もっと大きななにかがそこにあるような気がしてならない。あの日わたしが目にしたようなことを正確に理解できる人物から話を聞きたいとわたしは思った。支援団体の助けを必要とせず、また、死別の悲しみに暮れることなく、起こってしまった死という現実と冷静に向き合える人物から話を聞く必要があった。

あのウィスコンシン出身の元葬祭ディレクター、ロン・トロイヤーが、亡くなった赤ちゃんの死体に服を着せる親を手伝った話をしてくれたのは、もう一年以上前になる。その話を聞いた当時のわたしは、彼が長いキャリアの中で体験した興味深い逸話のひとつぐらいにしか思っていなかったが、今のわたしは頭の中で繰り返しその場面を想像している。どの親も小さな死体に残された検死解剖の切開痕を「切り傷」と呼ぶことや、冷たくなった赤ちゃんを抱く親に寄り添うロンの姿を繰り返し想像してしまう。死産であれ、産まれて数ヶ月経ってから亡くなった赤ちゃんであれ、死んだ赤ちゃんと親が面会して一緒に時間を過ごすことはものすごく重要なのだ、と彼は力を込めて語った。わたしが強く頷きながらその言葉を聞いたのは、ポピーのところで死者に服を着せる作業を手伝った経験から、そうすることの大切さに深く共感したからだ。しかし今では、赤ちゃんの場合はまったく別なのかもしれないと思いはじめていた。そしてある職業の存在にようやく思いが至った。それは、こんな気持ちになるまでは、死にたずさわる職業にはほど遠いと思っていた職業……助産師だ。

これは多くの国や文化に共通して言えることだが、助産婦の仕事は、医療訓練や免許が必要とされるようになる前までは、妊娠や出産を手助けすることを自ら買って出た女性たちによる地域密着型の仕事だった。[1] また、葬儀業界が商業化される以前は、死者の埋葬準備をするのも彼女たちだった。[2] 人の人生の始まりと締めくくりを手伝うことが彼女たちの仕事だった、そんな時代があったのだ。現代では助産師の在り方はすっかり変化した。しかし人生の始まりと締めくくりが助産師たちのもとに同時にやってくることは今でも頻繁にある。赤ちゃんが外の空気を吸う前に死んでしまうケースがそれだ。助産師たちは人間の強さと脆さの狭間で仕事をしている。現代でも、助産師は命のための仕事と死者のための仕事をどちらもやっていたのだ。

わたしは、例によって深夜のネット検索で知ったサンズ（死産と新生児死亡に関する活動をするイギリスの慈善団体）にメールして、助産師を取材したいのでひとり紹介してほしいとお願いした。死にたずさわる仕事をしている人々について本を執筆していること、そして、見過ごされがちだが助産師もそういう仕事のひとつだと思っていることをわたしはそのメールに書き連ねた。数時間もしないうちに返信されたメールで紹介された女性は、わたしがそういう職業があることすら知らなかった職業に就いていた。彼女は、すでに死亡しているか間もなく死亡することが明らかな胎児の出産を専門に扱う、死産専門の助産師だ。

それ以上のものはないのではないかと思えるほど悲しい瞬間を専門にすることを、自ら（おそらく）喜んで学ぼうと思ったのはなぜだろう？　彼女もわたしと同じようなあの感覚を味わったことはあるのだろうか？

§

バーミンガムのハートランド病院に到着し、死産病棟に向かおうとしていたわたしは、いきなり病院の中で迷子になる。産科のドアから建物に入ってしまったのだ。受付の女性に死産病棟への行き方を訪ねる。「あらまあ」と受付の女性は言う。「お気の毒に」と言いながらわたしの背中に優しく手を添え、子守唄を歌うような穏やかな声で行き方を教えてくれる。雑誌のバックナンバーを読みながら順番を待っている大きなおなかの女性たちの元をわたしたちは遠ざかってゆく。わたしは妊娠したことがないし、単に間違ったドアから入ってしまっただけなのだけれど、慌ててやってきた女性が死産専門の助産師長の居場所を尋ねれば、きっとだれでもそう勘違いしてしまうだろう。

そうやってようやく会えたクレア・ビーズリーは、「助産師」と刺繍された青い看護師のウェアを着込み、黒タイツに、しっかり磨かれた黒靴を履いている。ビーハイブにまとめたブロンドの髪、大きな瞳、「お茶を一杯いかが?」とわたしに尋ねるソフトなバーミンガム訛り。マンガに出てくる典型的な優しい看護婦さんそのものだ。それまでずっと不安を抱えていた上、遅刻までしてしまったというのに、彼女の存在感に触れて緊張が一気に解ける。彼女にだったら、どんなことでも話せるような気がしてくる。まだ出会って二〇秒しか経っていないのに、間違えて「お母さん」と呼んでしまいそうなほどだ。

この病棟はベージュと紫の色合いに包まれている。NHS〔National Health Service/英国の公的保健医療制度〕の少ない予算内で可能な限りの努力をしているようで、壁の色にも調度品にも、人の心を静めてくれそうなものばかり選ばれている。それでもおそらく、ここを訪ねた人たちの頭の中では、今後、このラベンダーの色合いが死を連想させる色になってしまうのだろう。エデン病棟と呼ばれるこの病棟には部屋が三室あり、それぞれのドアに秋の花が飾られている。クレアはゆっくりと二号室に入り、わたしもそれに続く。今、三号室には遺族が待機しているからと彼女が教えてくれるが、わたしからはその姿も見えないし声も聞こえない。

この病棟は静かだ。病院独特のパニックも喧噪もない。これまで目にしてきたどの病院とも違うし、テレビ画面で見たことのある分娩病棟ともまったく雰囲気が違う。それはこの建物の作りのおかげでもある、とクレアは言う。ほかの病院では、死んだ胎児をおなかに抱えた母親が、新たに生まれてくる命への希望と耳をつんざくような産声に満ちた一般産科病棟を抜けて行かなければならない。しかしこの病院では、期待通りの妊娠生活を送れた母親たちがいる場所を迂回して、建物側面の入口から入ることができる。この病棟では赤ちゃんは静寂の中で産まれる。人の心をつんざく静寂の中で。

クレアとわたしは紫色の椅子に座る。すぐ横にある大きなベッドはコンセントや酸素吸入口を備えた標準的な病院用のダブルベッドだ。隅にはシンク。時計。窓。クレアとわたしの前にあるコーヒーテーブルには、一式のアメニティが入った旅行用サイズのバッグと靴下とポロのミントキャンディが置いてある。そこに添えられている活字のメモによると、それらはサンズ（わたしにクレアを紹介してくれた慈善団体）の厚意で遺族に贈られるものらしい。むごくて最悪な瞬間を過ごしている人たちにとって、こういうシンプルな思いやりはとても大きな意味をなす。包装されたクッキーやケーキもある。ここの雰囲気は精神科クリニックと病院のちょうど中間みたいだ。精神科クリニックの衣装を身にまとった病院の一室とでも言えばいいだろうか。病院としての装備はすべて揃っている（あくまでもここは医療環境だ……胎児が生きていようがいまいが、母体にとって、出産の身体的負担はまったく変わらない）が、母親がこの部屋にきた理由（死亡した赤ちゃん、または、死にかけている赤ちゃんを出産すること）の過酷さを少しでも軽減しようとする試みを部屋のあちこちに見て取ることができる。
自ら望んでここに来る人などいないのだから。

§

多くの若い助産師がそうであるように、まだ若手だった頃のクレアにとっても死は身近なものではなかった。どう対応すればいいのかもわからなかった。祖父母は存命だったし、ペットを除いては、彼女の人生にかかわる存在に死なれた経験はなかった。ある日、分娩室の予定掲示板を見て赤ちゃんを亡くした家族がいると知ったとき、担当になることを彼女は心の底から恐れた。「自分にはその家族になにもしてあげられないとわかっていたから、本当に怖かった」と彼女は言う。「助産師免許を取得したばかりのわたしにとって、あれには本当に心を打ちのめされたわ」（それから二〇年経った今でも死産対応トレーニングが必須とされている産科はわずか一二％しかない(3)）。

クレアが助産師になって一年弱が過ぎた頃、胎児があまりにも若すぎる段階で産気づいてしまった妊婦がいた。その赤ちゃんに助かる見込みはないとそこにいる全員が理解していた。妊娠から二〇週間しか経っていなかったからだ。胎児の成長表に照らし合わせると、二〇週目の胎児の大きさはバナナ程度……キンカンよりは大きく西洋ナスよりは小さいサイズだ。家族もどういう結果が待ち受けているのか十分理解した上で集まった。二〇週間という若すぎる胎児に蘇生処置はできないこと、自力で生き残ることもできないだろうこと、若い胎児が生き残れた例は稀にあるが二二週間が限度であることを全員が理解していた。その妊婦はこの赤ちゃんが生きた状態で産まれることはないだろうと覚悟して分娩した。しかし、産まれてきたとき、その子は呼吸をしていた。それでも、あまりにも若すぎるため、救命に必要な処置を施すことは不可能だった。

「彼女にとって、動いて喘いでいる自分の赤ちゃんの姿を見るのはこの上なく悲痛だったはずよ」とクレアは言う。「今でもはっきり覚えているし、絶対に忘れることはないでしょうね……。彼女はわたしの名を叫んだの。『クレア、なにかしてあげて。お願いよ、助けてあげて。なにかできることはないの？』って。あの赤ちゃんが生きたのは、ほんの数秒間だけだったわ」

その日のシフトを終えたクレアは、自分の車に乗り込むとドアを閉めて泣きじゃくった。「今でもあのときの気持ちが蘇ってくるわ。彼女のありのままの悲しみを目の当たりにしたこと、あの人たちのためになにもしてあげられなかったこと。幸せな瞬間に立ち会える仕事だと思ってこの職業に就いたのに、あの悲しみや打ちひしがれた気持ちは、その正反対のものだった……」。彼女の声は消え入りそうになる。まるでこの静かな病棟で今それが起こったと言わんばかりの表情だ。大きな瞳が涙で光っている。「だけどそれも助産師の仕事の一部なの」と言う表情からは、彼女の覚悟がこちらにまで伝わってくる。「それがわたしたちの職務なのよ」。トミーズ（死産と早産に関するリサーチを行なうイギリス最大の慈善団体）の概算では、妊婦の四人に一人は妊娠中もしくは出産中に赤ちゃんを失っている。(4) また、死産する妊婦は二五〇人に一人、イギリス全国で毎日八人の赤ちゃんが死んだ状態で産まれてくる計算だ。

その出来事があった数年後、助産師のひとりが死産チームを結成することになり、クレアにも声がかかった。必要なトレーニングを受けてみると、学べば学ぶほど、自分にもできることがありそうだと彼女は気づかされた。死んだ赤ちゃんに命を吹き込むことはできなくても、遺族のお世話をすることならできる。起こってしまった状況を取り消すことはできなくても、その状況の悲惨さを可能な限り軽減できるよう整えてあげることならできる。「だけど将来このチームのリーダーになるなんて、夢にも思っていなかった」と彼女は言う。「幸せな瞬間に立ち会える仕事がしたくて助産師になったのに、助産師としてのキャリアのほとんどを死産専門に費やしているの。だけど、残された両親のために、彼らが赤ちゃんと過ごせる時間を作るために、自分にしてあげられることがあると知ったとき、それもまた助産師の大切な仕事のひとつだって思えたのよ。人生の出来事をコントロールすることなんてできないわ。それはコントロールできるものではないもの。だけど、人生最大の悲しい瞬間を迎えている人たちをお世話するやり方なら、わたしたちにもコントロールすることができるのよ」

人々の人生最大の悲痛な瞬間にクレアはこの一五年間ずっと立ち会ってきた。生存能力のない手のひらに載るほど小さな胎児を出産するためここにくる女性たち。妊娠満期まできて心臓の鼓動を止めてしまった赤ちゃんや、子宮を出たあと長く生存できる見込みのない赤ちゃんを出産するため、ここにくる女性たち。妊娠を秘密にしている妊婦、待望の妊娠だったのに運に恵まれなかった妊婦、末期の病気にかかって最後の挑戦を断念した妊婦、色々な妊婦たちをクレアは目にしてきた。そもそも子どもを望んでいなかった女性が安堵する姿も見たし、残酷な遺伝的欠陥のため赤ちゃんを産んでもすぐに死んでしまうだろうとわかっているのに今後も妊活を続けるかどうかで激しく口論する夫婦の姿も目にした。母体と赤ちゃんが同時に亡くなるのも目にしている。彼女は毎日、シフトを終えると自分の車に乗り込み、ラジオも音楽も流すことなく、四五分の道のりを運転し、彼女の緊張をなにも言わずにほぐしてくれる四人の子どもたちが待つ自宅に戻る。

§

クレアはニット帽やベビー服を収納してある戸棚を見せてくれる……ほとんどの衣類が白で、サイズはハンドメイドのごく小さなものから、正期産の赤ちゃん用のサイズのものまで揃っている。ララのいる遺体安置室と同じで、ここにあるニット帽は防寒のためではなく、見た目のために使用される。赤ちゃんが産道を通るときには、その狭い道を通れるよう頭蓋を形成する複数の骨が折り重なるものなのだが、（死亡した結果として）体液が過剰になると、それらの骨が脳に圧迫されて頭が変形することがある。ただ、そうなっても小さな帽子を被せてあげればまったくわからなくなるのだ、とクレアは言う。帽子の隣に並んでいるのは真鍮の蝶番がついた木製のジュエリーボックスだ、とわたしは思ったけれど、クレアが背伸びしてその箱を取り出し、蓋を開けると、中には白いレースの敷物しか入っていない。「とても小さい赤ちゃん用の棺なのよ」と言いながら、わたしにも中がよく見えるように傾ける。

死産病棟が存在することすら知らなかったわたしが、車のキーほどのサイズの赤ちゃんを入れるための棺が存在することを知っていたはずもない。わたしは頭の中で、ララのいる聖トマス病院の遺体安置室のトロリーに乗せられた様々なサイズの厚紙の箱を思い出す。崩れないようにバランスよく積み上げられ、病理学者の検査を受ける順番を待つ赤ちゃんたちが入っているあれらの箱は、そのほとんどがA4用紙よりもずっと小さかった。クレアによると、妊娠五週間で胎児を亡くしてここにやってくる妊婦の方が、妊娠満期で胎児を亡くした妊婦以上に打ちひしがれた反応を示すものだという。感情の重さは子宮の中にいた期間とは無関係だから、と彼女は言う。赤ちゃんが欲しい人にとって、それは可能性の喪失にほかならない……その悲劇が起こらなかったパラレルワールドでは、その人の人生も、赤ちゃんの人生も、購入する物（服とか靴とかベビーカーとか）も、今後の計画も、まったく違うものになっているだろう。その違いは胎児が死んだ時点の大きさによって左右されるものではない。

「起こった出来事の背後には人それぞれの物語があるわ。だから妊娠一〇週間で流産した人は、妊娠満期で死産した人とか生後二日で赤ちゃんを亡くした人よりも悲しみが軽いだなんていうことは絶対ないの」と言いながら彼女は木箱を元の戸棚に戻す。「流産や死産にたいする世間の誤解は本当に多いのよ。もう一度挑戦すれば今回失った小さな命などそれほど重要に感じなくなるだろうって本気で思っている人がいたりね」。わたしは「一二週間ルール」のことを思い出す。妊娠した人は妊娠した事実を一二週間は他人に明かすべきでないというジンクスだ。言ってしまうと妊娠がダメになってしまうかもしれないという恐怖心がそこにはある。なんて孤独なんだろう。その間に失った人は孤独の中で喪失に耐えろというのか。そんなことだから、多くの人が、小さな棺の存在にも死を象徴する様々なものにも無関心なのだ。そんなことだから、流産を経験した女性の半数以上がその理由を発見できずにいるのだ。(5) 人は社会という生態系の中に生きていて、少なくとも自分以外のだれかがいる世界で、人間同士でかかわり合いながら暮らしているはずなのに、真実はそうではないらしい。

今、クレアとわたしは「クワイエットルーム」にいる。集まった家族が待機する、お茶とコーヒーの機械がある部屋だ。隣の部屋で赤ちゃんが無言のまま産まれるとき、この部屋に用意されたお皿のビスケットに手をつける人はいない。部屋の片隅に置かれているプラスチックの木には、紙の蝶々が吊るされていて、それぞれの蝶には、ここで出産された赤ちゃんの名前と両親からのメッセージ、それにまだ幼い兄や姉による文字にならない文字が書かれている。

クレアは別の戸棚を開ける。そこにはメモリーボックスの箱が積み重ねられている。白、ピンク、青。箱の中には、まっさらな写真アルバムがあり、手形と足形を入れるためのスペースもある。希望する遺族には手形か足形で造ったシルバーのジュエリーがひとつ贈られる。また祖父母のために用意された箱もある。彼らが一時《いっとき》でも祖父母になったことをけっして忘れないための箱だ。クレアたちは現在、亡くなった赤ちゃんの幼い兄や姉がその出来事を理解できるように、そしてまた、彼らの人生にその赤ちゃんの居場所を作ってあげられるように、独自のパッケージを作ろうと取り組んでいるところだという。

メモリーボックスは、死んだ赤ちゃんの記録を残しておきたいと希望する人たちのために用意されるものだが、希望すべきかどうか決められない人たち（悲しみで取り乱している人や、それを目にしてしまったら一生頭の中から消し去ることができないのではないかと恐れる人々）のための受け皿もある。赤ちゃんの写真を撮り、手形と足形を取り、それらの記録を箱に入れるところまですべて助産師がやってくれるのだ。遺族は、たとえば、その箱を開けずに押入れの奥にしまっておき、何年も時を経てから、それを見る心の準備ができたときに開ければいい。写真はその出来事があったことの証だ。手形や足形はその赤ちゃんが実在したことを教えてくれる。あなたは母親だったのだ、と教えてくれる。

アリエル・レヴィは二〇一三年のニューヨーカー誌に、自分が妊娠五ヶ月のときモンゴルのホテルのトイレの床で流産した実体験記事を書いている。[6] 彼女は腕に抱いた男の赤ちゃんが呼吸しているのを見た……ほんの短い時間しか存在しなかったとはいえ、それは生きた人間だった。電話で救急車を呼ぶと、その電話口できっと赤ちゃんは助からないだろうと告げられた。「通話を終えてスマホを置く前に、わたしは息子の写真を撮った」と彼女は書いている。「そうしなければ彼が存在したことを自分でも信じられなくなるのではないかという不安がよぎったからだ。（中略）照明がとても明るい病院に運ばれ、数本の注射針と静脈注射を経て、わたしはようやく赤ちゃんを手放した。それが彼の姿を最後に目にした瞬間だった」。彼女は当初その写真を何度も見返していたが、その頻度は一日一回に減り、前月はようやく週一回だけになったという。その写真をできるだけ人に見せるようにもしていた。スマホを掲げて彼がそこに存在した証を見せた。彼女自身に、そして他者にも、この赤ちゃんが存在した証をしっかりと見せること。それは彼女が今後先に進むために不可欠なことだったのだ。

人の衝動は何世紀経ってもそうそう変わるものではない。ヴィクトリア朝時代の人たちもそういう写真を必要としていた。ただし、当時の写真撮影は長い時間を要する。レヴィが赤ちゃんの写真を撮って記録する必要を感じたのと同じように、写真家が撮影終了の合図を送るまで赤ちゃんの棺の横にずっと立ちつづけた親たちもまた、それを必要としていた。

メモリーボックスにしろ、レヴィの写真にしろ、それは優しい心から生まれたものであることに間違いはないけれど、そういう記録が家族の亀裂を深めてしまうこともあり得る。赤ちゃんを失った大きなストレス下で人間同士の間に入った小さなヒビが完全に決壊してしまうことは少なくない。この病棟にくる人々は、これ以上ないほど脆く、そしてこれ以上ないほど憤っている。だから、この空の木箱を目の前に激しい押し問答が繰り広げられることもある。大切な命を失った悲しみへの向き合い方は人それぞれだし、特に家族同士の場合は、お互いの考え方を批判したり、相手が正しい行動をとれないかもしれないと心配したり、間違っていると判断して介入したりすることもある。メモリーボックスをめぐる意見の相違は、死体とどれほど一緒に時間を過ごすべきか、死体を記録するのは正しいことなのか、そもそも死体を見るべきなのか、といったことへの意見の食い違いからくる。その根底にあるのは、忘れようとすれば、もしくは文字通り埋めてしまえば、悲しみも消えるという発想、あのスペインの「沈黙の協定」とまったく同じ発想だ。しかし「沈黙の協定」のような歴史のブラックホールでさえ、記憶のすべてを埋めつくす墓は作れなかった。最後の姿を見ずに、死んだという現実を信じないままの状態で死別の悲しみを乗り越えることなど、到底できることではない。

ロン・トロイヤーが、死んだ赤ちゃんに服を着せる両親を手伝った話をしてくれたときに教えてくれたことだけれど、かつては、死産した母親がまだ病院で疲労回復を待っている間に、夫が大急ぎで埋葬や火葬を済ませてしまうのは珍しくなかったという。赤ちゃんの死体を消してしまえば、妻はそれを見ずに済むのだから、死体を見て生まれる更なる悲しみを回避できるという理論だ。その話を聞いたとき、わたしは激怒した。もしわたしがその母親だったら、自分の赤ちゃんが二度にわたって奪われた気持ちになるだろう。しかもその二度目については責めるべき相手がいる。そんなことがあっても結婚生活は破綻しないものなのだろうか。もしその時点では破綻しなかったとしても、その後どれほど長続きするのだろうか。そんな目にあった女性たちは、言葉にできない悲しみをどこにぶつけたのだろう。その悲しみに溺れて死んでしまった人は一体どれほどいたのだろう。

そういう行為は実は今でも珍しくない、とクレアは言う。良かれと思ってやったことが、そうなると知らずに相手に大きなダメージをあたえてしまう。クレアは、いかにも彼女らしく、どちらの立場にも同情する。「守ろうと思うのは本能でしょう？　すでに悲しみに暮れている大切な人がさらに悲しむ姿を見たくない。そして、起こった出来事を消し去ってしまえば悲しみも消えるだろうと考えてしまうのね。本当はそうはならないのに」

クレアがこれまで目にした中には、わたしには理解に苦しむ行為をする人たちの話がいくつもある。ある遺族は、とても支配的な夫がメモリーボックスなどいらないと断言したが、おとなしい妻は助産師にだけ聞こえる小さな声でメモリーボックスを切望した。そこで助産師たちは彼女のためにこっそり赤ちゃんの死体の写真と足形をとり、メモリーボックスに入れて、退院時に彼女のバッグに滑り込ませた。三ヶ月後、彼女から泣きながら電話がかかってきた。夫がボックスを見つけて捨ててしまったのだ。

「それを見ることに心が耐えられなかったのは彼の方だったのかもしれない」とクレアは言う。「それとも、それを見て悲しむ奥さんを見ることが耐えられなかったのか。どちらにせよ、わたしたちは撮った写真を保存しないの。法で認められていないから。だから彼女にあげられる物はもうなにもなかった。それは永遠に失われてしまったのよ」

死産の赤ちゃんと対面することへのためらいは、分娩室の母親にも見られるものなのだろうか。どの母親も赤ちゃんを見たがるものなのか、それとも、捨てて忘れるべき生物学的機能不全だと思うことで心理的な防御壁を築く母親もいるのだろうか？　わたしの頭の中で葬祭ディレクターのポピーの声が響く、「生まれて初めて目にする死体は、大切な人の死体であるべきでありません」。自分の産んだ赤ちゃんが死ぬことと、生まれて初めて死体を見ることを同時に経験することを想像して、わたしはめまいを覚える。未知への恐怖心からくるギリギリの自衛本能が働いて、自分の子どもに会える最初で最後の機会を見送った人は実はたくさんいるのではないだろうか。

「ほとんどの母親が赤ちゃんを見たがるわ」と彼女は言う。「産む前には見たくないと言っていた人も、実際に赤ちゃんが産まれると、やっぱり見たいって思うようになるのね。心の準備がすべてね。妊娠二〇週間で産まれる赤ちゃんは、妊娠満期で産まれる赤ちゃんとは見た目がまるで違うわ。光沢があって、肌の色も透明感も、見た目がまったく違うのよ。だけど、今の時代、だれだって医師と話したあとで自分でもググッて調べるものでしょ？　だってそうせずにはいられないもの」

死産の原因はたくさんあるが、それらの中には、脊髄が皮膚の外に出てしまう重度の二分脊椎症とか、脳と頭蓋が欠損して頭頂部がない無脳症とか、死亡原因がしっかり目に見える場合もある。胎内で心臓が停止したものの、（母体が薬に反応しないなど、なんらかの理由で）分娩誘発がうまくいかずに、胎児が何日も、ときには何週間も、母体に留まるケースもある。死体は子宮の中でも外と同じように変化する。変色して皮膚が剝けるのだが、そういう皮膚は、ちょうど水ぶくれのような見た目で、剝けた皮膚の下は真っ赤になっているとクレアは言う。「両親はそれを見ると動揺して、これは痛かったのだろうか、と真っ先に尋ねるわ」。胎児がまだ生きているときにそうなったのかどうかまで両親にはわからないからだ。「もちろん痛みは感じていないわ。（死後に）体液が流れなくなって皮膚の下に溜まり、皮膚が脆くなってしまったものだから」

親たちのリアクションについてわたしがどんな質問をしても、クレアの答えは一貫している。人それぞれであり、死んだ赤ちゃんへの反応に正解など存在しないし、考え方も行動もひとつではないという。この社会は死体にたいして神経質だし、わたしたちはそんな社会の一員であることに慣れ切っている。わたしたちは死体のイメージを想像して作り上げ、想像しうる限りの恐ろしさをそこに加えている。自分の体から死体が出てきて、それを抱くというのは、死体を頭の中で想像するのとは根本的に異なる行為だ。クレアはそれぞれの家族にとってベストなアプローチを見いだせるよう努力している。躊躇している親には、徐々に慣れてゆけるよう段階的に赤ちゃんに会わせるようにする。まずクレアが赤ちゃんを連れて別室に行き、クレアだけで赤ちゃんと一緒にしばらく過ごしてから、赤ちゃんを連れずに遺族の待つ部屋に戻り、赤ちゃんの様子を口頭で知らせるところからはじめることもある。写真を先に見たらどうかと提案することもある。赤ちゃんの全身が見えないよう毛布ですっかり包んだ状態で遺族の待つ部屋に入って行くこともあれば、あえて毛布から小さな足だけを出した状態にして入っていくこともある。穏やかに、そして必要な限りの時間をかけて接すれば、ほとんどの両親もその家族も考えを変えるという。

「みなさん頭の中で思い描いていたのとは違うことを知って少しホッとした気分になるみたいね。あら、赤ちゃんみたいな見た目だわ、という感じ。もちろんそうよ。だってその人たちの赤ちゃんなんだもの。わたしは、親切に接することにかけては、自信を持てるようになったわ。常に親切に、だけど正直であることにね」と彼女は言う。「言葉の選び方や使い方にも敏感になったわ。親たちが赤ちゃんを見てショックを受けていないようなら、それはわたしが自分の仕事をうまくできたことを意味するのよ。親たちの心の準備を整えてあげられた、ということだものね。親は『実は自分の赤ちゃんを見るのが恐い』なんてなかなか言えないものよ。大変で異常な状況の中で、親たちの感情をいくらかでも正常に戻してあげることが大切なの。だって彼らにとってその状況はどう考えても正常な状況ではないでしょ。傍から見てもけっして正常な状況ではないんだもの」

この死産病棟の良い点は死体を隠そうとするスタッフがひとりもいないことだ。だから親たちは死体にたいしてどんなこと（基本的に自分がすべきだと感じたどんなこと）でも、希望さえすればさせてもらえる。病院がそうするのは当たり前、というわけではない。二〇一六年に発表されたミシガン大学の調査結果によると、死産もしくは出産直後に赤ちゃんが死亡した三七七人の対象女性のうち、医師または看護師から赤ちゃんには会えないと言われた人は一七人、抱きたいという希望を断られた人は三四人いた。(7) この調査のそもそもの目的は、赤ちゃんと死別した母親のPTSDとうつ病のレベルを研究することにあったのだが、うつ病を誘発する可能性としての四要素、もしくはPTSDをもたらす確率が高い七要素が、死んだ赤ちゃんを抱くことによって軽減するかどうかについて、結論を出すことができなかった。調査対象の多くが赤ちゃんを抱ける機会すら得られなかったからだ。しかし、クレアが言っていたことが正しいことについては証明されている。それは、死産でも生後二〜三日で亡くなったのでも母親の苦痛レベルに差異はまったくないということ。赤ちゃんを亡くして生じる心的・感情的な苦痛は赤ちゃんの年齢とは無関係なのだ。

この死産病棟では、赤ちゃんとの対面を、死別の悲しみを乗り越えるプロセスのひとつと捉えている。直前まで分娩という肉体的な側面に力を振り絞った母親が、その赤ちゃんを抱きたいと思えば、抱かせてもらえる。蘇生処置ができないとわかっている場合なら、その鼓動が小さくなってゆく間ずっと母親が自分の胸に抱きつづけることもできる。やりたいと思うことは、なんでもさせてもらえる。その希望を円滑に進められるようサポートするためにクレアはそこにいるのだ。

「事前にそういう選択肢についてしっかり話し合っておかなければ、決めることなんかできないわ」とクレアは言う。「死んだ赤ちゃんを目の前にして、この子の手形と足形はいるかしら、写真はどうしようかしら、この子を抱こうかしら、なんて決められるわけがないもの。その場でそんなことを考えられるわけがないのよ。後で振り返ったときに後悔するのは、あまりにも辛すぎるわ。あのとき赤ちゃんを抱く機会があったのに抱かなかったって、この先何年も後悔しつづけることになるのよ」

§

わたしが遅刻してこの死産病棟を訪れたその年の夏、ニュース番組は一頭のシャチの話題で盛り上がっていた。死んだ子どものシャチを死後一〇日経っても頭で押しながらブリティッシュコロンビア沖合を泳ぎつづけた母シャチのニュースだ。彼女は一七ヶ月の妊娠期間を経て、母親になったのは三〇分だけだった。彼女がようやくその亡がらを手放したときも、その話題がニュースになった。重い悲しみを押して冷たい海を泳ぎつづけた彼女は、すっかり疲れ果てていた。

人は人間の感情に置き換えてクジラ類を見ようとする。そうせずにはいられないのは、彼らが謎だらけの未知の存在であるからだけでなく、巨大ビルの壁みたいに大きいので、ロールシャッハ・テストよろしく、わたしたちの見たいものをなんでも投影できそうに思えるからだ。あのシャチがニュースになったのは、彼女が死んだ赤ちゃんを手放さなかったからだ。その場に置いて泳ぎ去ることだってできたのに、亡がらを押して海洋を泳ぎつづけたことは行動として奇妙なことであるにもかかわらず、人々は彼女の悲しみに共感した。海面に出てきた彼女の姿はわたしたちの潜在意識に訴えかけ、ニュースを介してそれを見るわたしたちに、実際に起こった事をまるでなかったかのように振る舞うことは、死別の悲しみを乗り越えるプロセスではないのだと考えさせてくれた。大切な人が何歳で死んだにせよ、死別の悲しみを計測したり予測したりすることは不可能（人はそれぞれ感じ方が違うから）だけれど、やはり赤ちゃんとの死別はほかとはまた違う世界ではないだろうか。まだだれとも会っていない、これから家族に加わることになっていた人物を亡くすということは、その場にいる数人だけとしか悲しみを分かち合うことができない。シャチであれ人間であれ、自分にはそれだけしかないと思っていたものを手放すのは難しいことなのだ。

エデン病棟の遺体安置室は病棟専用なので、赤ちゃんの死体が大人の死体の下のトレイに毛布にくるまれて寝かされることはないし、冷蔵庫が並ぶ地下室の大きな壁一面に赤ちゃん専用の冷蔵庫が設けられているわけでもない。ここにある冷蔵庫は一台だけだし、スカイブルーに塗られたその部屋の壁にはピンクとラベンダー色の小さなお花の絵が描かれている。ほかの病院の遺体安置室でよく見かける冷たい蛍光灯の光に照らされた環境とは程遠く、そこに座ってゆっくり時間を過ごせるようになっている。親の中には、葬儀の日が来るまで毎日ここに通いつめ、我が子に本の読み聞かせをする人もいる。眠れない夜を過ごす親から真夜中に電話がきて、わたしの赤ちゃんを確認してほしいと頼まれることもある。埋葬か火葬でその小さな身体がなくなってしまう葬儀までの二週間の間に、全人生の思い出を詰め込もう（家族でバスケットをたずさえて、まだ小さい兄妹と一緒にピクニックに出かけたり）と、冷却装置を詰め込んだ小さなベビーベッドに入れていったん自宅に持ち帰る親もいる。買ったばかりの真新しいベビーカーに乗せて病棟の裏庭を押して歩く親もいる。その庭の一本の木にも（こちらの木は本物だが）、ここで亡くなった赤ちゃんの名札がたくさん吊るされていて、風に翻っている。

わたしたちは赤ちゃんを亡くした人たちを相手にどう話せばいいのかわからない社会に暮らしている。流産についても触れないし、だれかが死産したという話を聞くと、その場に沈黙が訪れる。不適切な発言をしたくないから全員が押し黙ってしまう。初めて親になったものの、その赤ちゃんを失ってしまった人たちは、自分にその気がなくても、そういう群集心理の仕組みに組み入れられ、人知れず追いやられる。彼らにはもう、これまで通りの生活はできない。クレアはベテランなので管理職に移行するのは簡単なことなのに、臨床職にこだわっている理由もそこにある。彼女はそういう人たちに寄り添う人でありたい、その赤ちゃんと会ったことのある数少ないひとりでありたい、それが何年後であれ、彼らが落ち込んでしまったときに会いに来たら話し相手になってあげたいのだ。再び妊娠したとき、自分の身体や心の脆さをわかってくれている人、今回もうまくいかなかったらどうしようというものすごい恐怖心を理解している人と話したいとき、クレアはその相手になってあげたいのだ。そういう恐怖心を彼女はたくさん目にしてきたし、自ら感じたこともある。彼女の四人目の子の妊娠生活は順調ではなかった。胎児の成長が止まったとき、彼女は現実としてあり得る今後の可能性を知りつくしていた。恐怖や口には出さない心配を抱く彼女を目にしていた夫は（彼女によるとまったく感傷的な男性ではないというが）、緊急帝王切開でその赤ちゃんが無事に生まれたとき、号泣した。彼女は自分がとても過保護な母親なので、死を恐れているのは、自分なしで育つ子どもたちが心配だからなのだと告白する。彼女はそういう恐怖心をこの病棟でも幾度となく目にしてきた。

取材を終えてこの病棟を去るとき、どこか茫然としていたわたしに、クレアは病棟裏の小さな庭を指さし、そちらから帰ったらどうかと助言する。庭に出たわたしは、砂利の敷かれた小道を少し進み、コンクリートの病院の一区画にボランティアが切り開いたこの意図的なオアシスから、今までわたしがいた飾り気のないレンガ造りの建物を振り返る。わたしはあの木に吊るされて光を反射するプラスチックの蝶々に書かれた名前を読んでみる。あの湯船の赤ちゃんはなんという名前だったのだろう、もしわたしがその名前を知っていて、もしここにその名前を書いたら、少しは気持ちが安らぐのだろうか、とわたしは考える。「なにかしてあげて」、喘いでいる小さな赤ちゃんを抱きながらその女性はクレアに懇願した。もう何年も前の話だ。車の中で泣きじゃくるクレアのことをわたしは考える。あの湯船の赤ちゃんのことをわたしは考える。わたしはあそこに突っ立って湯船の中の赤ちゃんを見ていた。わたしには、彼を生き返らせることも、ほんの少しでも楽にしてあげることもできない。なにかしてあげたい、わたしは（世界中のなによりも）そう願っていた。花壇の中で風車が風に吹かれて回っている。そこから少しだけ目線を上げれば、赤ちゃんたちが届けられるあの病棟の窓がある。クレアが両腕を広げて迎えてくれる病棟がある。

10 土に還る——墓堀人

初春。木々はまだほとんど裸で、雲は重く暗い。荒れ果てた墓と墓の間には、淡黄色の桜草の小さな群生がところどころ顔を出している。ブリストルに一八三七年に作られたアーノズ・ヴェイル・セメタリーの墓のほとんどは、今やツタに飲み込まれたものばかりだ。太い根に持ち上げられて墓標が傾き、隣の墓標に寄りかかっているものもある。ヴィクトリア朝時代に作られた古い墓地特有のこういう景色がわたしは好きだ。ロサンゼルスの墓苑で見かけるような、ゴルフ場のグリーン並みに刈り揃えた芝生や、白く輝く大理石の墓石ばかりの整備されつくした景色とはまるで趣が違う。侵略を繰り返す自然との戦いに明け暮れた景色がここにはある。植物や苔の容赦ない生命力に侵食された、死者たちが眠る場所だ。墓を飲み込んだツタや葉は、あたかもその所有権を主張しているようにさえ見える。死は人生の一部であるという。死はあらゆるものの一部なのだ。

頭のないクマのぬいぐるみの横を通りかかって、わたしはビクッとする。クマの背中は台座から落ちた十字架に寄りかかっている。わたしは歩みを止めずに急な斜面を登ってゆく。病理解剖学技師や死産専門助産師への取材に比べれば、今回はずっと気楽な取材になるはずだ。そうであってほしい。わたしの心はまだむき出しのままだ。病棟とか地下の遺体安置室ではなく、こうやって屋外にいるだけでも、すでにかなり気分が良い。

墓地の丘の頂上に行きつき、第二次世界大戦で命を落とした四〇人の海軍兵が横たわる十字碑の脇に立って耳をすますと、聞こえてくるのは鳥の鳴き声だけだ。と、そこに史上最悪に泥まみれのバンがやってくる。フロントガラスを通してマイクとボブの顔が見える。六十歳のボブは、歯がほとんどなく、ほつれた黒髪は、まるで頭の真ん中の一ヶ所だけから芽が出て長く垂れ下がったかのようだ。顔の大半は、大きめのエッグカップに置かれたゆで卵みたいに、両肩とパーカーのフードの中に隠れている。代表して話してくれる七十二歳のマイクがバンから出てきて、丘の頂上にいるわたしに手を振りながら、強いブリストル訛りで、この丘を車を使わず歩いて登ってきたなんてどうかしている、と叫ぶ。彼の整えられた髪は両サイドを刈り上げてある。近づけば近づくほど、彼のジーンズと紺のフリースについた泥や埃がよく見える。「じゃあ、俺たちが今やったばかりのところを見に行くかい?」と微笑んだ彼の顔に親切そうな雰囲気がにじみ出る。ボブはバンの中に座ったまま優しくわたしに手を振り、外は寒いから自分はここに残らせてもらうよ、とジェスチャーで告げる。マイクは凸凹の地面を歩いて進み、彼らが掘ったばかりの墓穴にわたしを案内する。

草だらけの墓穴の縁周辺には緑色の厚手の布が敷かれている。穴の両サイドには、棺担ぎ人夫たちが安定して立てるよう長い木の板が敷かれ、その上にも緑色の厚手の布がかけられており、その布の端が墓穴の壁面に垂れ下がっている。墓穴の内壁は、なにかの機械で一気にスライスしたのか、木の根の断面も土もピタリと平らに揃っている。墓穴の上には細めの木材が二本、V字型に渡されている。これは棺を穴に降ろす直前に牧師が埋葬の言葉を読み上げる間、棺を支えるためのものだ。埋葬の言葉が済んだら、棺の取っ手にキャンバス地のベルトが通され、ゆっくりと土の中に降ろされてゆくことになる。墓穴のすぐそばには掘り出したばかりの土が積まれており、その土山にも緑色の布がかけられている。どこを見てもサラサラな土はほとんど見えないが、唯一の例外は墓穴の底だ……墓穴の底にあるのはずっと以前にその墓に埋葬された夫の棺で、その棺の上に緩衝材としてサラサラな土が撒かれている。現在この近くで葬儀が執り行なわれている妻の棺は、間もなくこの夫の棺の上に重ねて置かれ、埋められることになる。家族用の墓を掘っているとき、すでに埋められている棺に近づいているかどうかは感触でわかる、とマイクは言う。土の湿り気が少しずつ増してくるのだ。とても古い墓だと棺の蓋が陥没していることもあるらしい。

　わたしは穴を見下ろす。膝のあたりで風に舞うわたしのコートの裾のさらに下、ブーツの一インチ先のところに、ぽっかりと開いた空間がある。以前にもこういうところに立ったことがある。木々のない平坦なオーストラリアの墓地で、祖父の手を握りながら、雨避けに吊るされた防水シートの下で、祖母の棺が地上にあるコンクリートの埋葬室に入れられるのをわたしは見ていた。祖母は生前からずっと土に埋められるのは嫌だと明言していた……忘却（祖母はカトリック教徒だった）よりもミミズの方をずっと怖がっていたのだ。わたしはその様子を眺めながら、こんなセメントの箱に閉じ込めたら、夏の灼熱で祖母の死体が焼けてしまうのではないかしら、と考えていた。

見ず知らずの他人のために掘られた墓穴の横に立っていても、不思議な疎遠感しかわいてこない。祖母の死を受け入れようとしている祖父の手を握っているわけではないからだ。自分とかかわりのある人物を亡くして思考に靄《もや》がかかっているわけではなく、もう二度と繰り返せない思い出の数々が頭の中でスライドショーのようにめぐりめぐっているわけでもない。最後に会った六ヶ月前と比べてどんな風に身体が変わったんだろうと想像をめぐらすこともない。それはこの人物の顔すら知らないからだ。この墓穴を見下ろしながら、わたしはもっぱら自分に当てはめて想像している。あそこに横たわって、穴の縁からこちらを見下ろしているわたし自身の姿を見上げたらどんな気分だろう。

一番強く思ったのは、この穴の中は寒そうだな、ということ。ロン・トロイヤーが教えてくれたある話をわたしは思い出す。アメリカ中西部では、冬場に死んだ死体は、春になって凍った土が解け、掘れる固さになるまで埋葬をしない。それまでの間は、地上にある霊廟の空きスペースに入れて、仮の隣人の横に寝かせておくのだ。しかし特に農夫の遺族の中には、冬の間に埋葬することを強く求める人もいるのだとロンは教えてくれた。粉ひき小屋で頻繁に作業をする農夫たちには、地上の建物の中がいかに寒くなるのかも、六フィート下の土の中の方がずっと温かいことも、重々わかっているからだ。バーボンを奢るというロンの誘惑に抗えない墓堀人たちが、数台の炭焼き機（ほぼ墓の長さの金属製でドーム型）を現場まで引きずり出し、炭に火を入れてその場に二四時間放置し、凍った土を解凍する。こうしておかなければショベルカーが破損してしまうからだ。冬の中西部で墓を掘るのはコンクリートを掘るのに等しい。

今見ている墓の土はほとんどが粘土質だ。マイクによると、この墓地は掘るには最適な土地だという。サラサラの土ではこうはいかないが、粘土はそもそも頼りになる性質で、やっと半ばまで掘り進めたと思ったら崩れてしまうような心配もない。彼とボブは学校を卒業して以来ずっと、この地域にあるほとんどの墓地や埋葬地を担当している。マイクによると、彼らは地元の人たちから「バークとヘア」と呼ばれているらしい。

掘った土の山の後方に敷かれた緑色の布の隅には、コルク栓のついた小さな茶色い骨壺みたいなものが置かれている。長年使い古されてきたことは明らかで、泥の指紋をおざなりに拭った跡があちこちについている。マイクはその壺のコルク栓を抜いて中を覗かせてくれ、これは牧師が「灰は灰に、塵は塵に」と言って死者を地にゆだねるときに撒くための土なのだと説明する。確かにこの土は、この墓穴の中やその横に積まれた土とはタイプが違い、とても乾いているし粒も細かい。穴の粘土質のものと比べるとほとんど砂と呼べそうなほどだ。これもこの土地の土なのだろうか、それとも別所の土なのだろうか。そう質問すると、「モグラ塚だよ」とマイクはコルク栓を壺に戻しながら答える。マイクが自宅の庭のモグラ塚の土をスコップですくい、この壺に入れて牧師にわたしているのだという。モグラの足で蹴り出された細かい土が、ふわりと優しく棺の上に撒かれるわけだ。「モグラ塚の土ってのは質が良いからね」と彼はその壺を墓石の陰に置き直す。

§

世界中の人々から畏怖され愛されるような有名建造物となったお墓もある。エジプトのピラミッド。

インドのタージマハル。それらは死体を収納するために建てられた記念碑だ。死体の扱い方の質素さと贅沢さほど著しく大きなギャップはなかなか見当たらない。地面に掘った穴よりも質素なものなんてほかにあるだろうか？　タージマハルより壮麗なものなんてほかにあるだろうか？

わたしたちは今、かつては白かったバンのシートに座り、マイクが棺担ぎ人夫のために用意したグミを食べている。ジップロックに入れてダッシュボードに置いてあったものだ。彼はジップロックを開きながら、彼を最初に見たとき何歳だと思ったかとわたしに質問し、わたしが正解よりも十二歳も若い年齢を答えると、それがよっぽど面白かったのか、その場でやり取りを聞いていたボブにさえ何度もその話を蒸し返しては聞かせている。わたしたちは待機中だ。マイクは運転席、わたしは助手席、ボブはわたしたちの間に挟まれて座っている。一匹の多頭怪物ヒュドラーみたいにくっついて、肩を寄せ合いグミを食べている。足元には泥がこびりついているけれど、きっと夏場はこれほどひどくないのだろう。わたしたちはグミを食べながら外を見つめ、葬列の到着を待っている。マイクとボブは葬式のたびにこうして待機する。墓は最後に土で埋めてようやく完成するものだからだ。彼らはその作業を順調に進めなければならない。目立たないようにしながら、自分たちの出番が来るまでじっと近くで見守りつづける。出番が思ったより早くやってくることもある。たとえば張り切りすぎた棺担ぎ人夫が、潜水艦が潜るときみたいに棺を傾けて降ろそうとしたら、マイクがサッと駆けつけて角度を調整するのだ。

葬列の到着を待っている間、マイクは穴の掘り方について教えてくれる。ときどきボブがほとんどわからないほど小さな含み笑いで合いの手を入れる。マイクによれば、狭い車内にこうしてぎゅう詰めに座っているからこそ、ボブが笑ったことも振動でわかるのだという。地面を掘るには、あらかじめ故人の寸法を聞いておかなければならないが、遠慮からなのか、なぜか小さく見積もって伝える人が多いため、彼らは教えられた寸法よりもすこし大きめに掘る習慣がついている。棺が途中で詰まって動かなくなるのを回避したいからだ。以前には実際にそうなってしまったこともある。棺の取っ手が予想していた以上に突き出ていたため、急遽もっと広げて掘らなければならなくなり、その間、泥土の上に立つにはふさわしくないピカピカの靴を履いた参列者たちをその場で待たせなければならなかった。また、家族の墓の場合、三人以下の家族の墓なら地下六フィートまで掘れば済むが、六人分の家族の墓となると一〇フィートは掘り下げなければならない。一番上に重ねた棺の上には、野生動物除けに舗装用の石板を敷くのだという。土を掘るための道具としては、植物が繁殖しすぎていないエリアや墓石が込み合っていないエリアであれば超小型ショベルカーを使っている。それは長いアームがついた電動車椅子みたいな見た目をしていて、このバンが引く小さなトレーラーに格納してある。ショベルカーに乗って操縦するのはボブで、マイクは先導して走りながら、芝を守るため、線路のように二本の板を敷いてゆく。このショベルカーが入れないエリアを掘るときは手作業で進めなければならない。スコップと人力だけの純粋な肉体労働だ。手作業で墓を掘るには丸一日かかることもある。古い教会の墓地を掘っていると、なんの墓標もないところから骨だけが出てくることもたまにある。死体が入っていたはずの棺はもう朽ちてなくなっているのだ。それらの骨は彼らが袋に入れて元の位置に戻す。埋葬された場所から移動させることはしない。

墓掘り作業の仕上げは、墓穴に降りてやらなければならない。これは若手にやらせている。若手の顔ぶれはコロコロ変わる。ほとんどが学生アルバイトで、就職先が見つかったり夏休みが終わったりすると、別の知り合いにこの仕事を紹介して去ってゆくのが常だ。わたしが見せてもらった墓穴の壁面はとてもきれいで、木の根もしっかりと切り揃えられていたが、それも若手が墓穴に降りて四方の壁をまっすぐに整えたからだ。棺の蓋がときおりガクガクするのを足裏に感じながらの作業だという。

マイクとボブはこれまで、友だちも、赤ちゃんも、殺人事件の犠牲者（後で捜査のため掘り出さなければならなかった）も埋めてきた。ふたりとも実の母親も自らの手で埋めている。どちらの母親のときも、ほかの墓穴を掘るのとまったく同じように、ふたりで助け合いながら掘った。彼らが死んだら、それらの墓が再び掘られ、彼らを入れた棺がそれぞれの母親の棺の蓋の数インチ上に重ねて埋められることになる。ふたりとも自分がいずれ入ることになる墓を掘り、その中に立ったことがあるわけだ。それはどんな感覚でしたかと質問すると、ふたりはお互いの顔を見合わせる。深く考えたことがなかったからだ。彼らにとって死者は墓と同じで単なる物でしかない、とマイクは言う。墓穴を覗き込もうが、その中に立とうが、生きている者は部外者でしかない。それに、そもそも自分たちはこの地域で唯一の墓堀人なのだから、ほかのだれに頼めばいい？　彼らはそれが母親であれ赤の他人であれ、まったく同じ仕事をやるだけだ。ボブは、母と一緒の墓に入るのが楽しみだと言う。二年前に亡くなるまで、生まれてこの方ずっと母と一緒に暮らしてきた。でもボブは夜の墓地が苦手だ。「だからお母さんに守ってもらうさ」と彼はシャイな微笑みを浮かべながら小声でつぶやく。わたしたちはグミをもうひとつずつ口に入れる。まずは馬の足音（パカパカという蹄の音）が聞こえ、続いて、バンの泥だらけのフロントガラス越しに、馬につけられた黒い羽飾りが遠くに見えはじめる。

§

シルクハットを被った御者が豪華な黒い馬車を道端に停める。馬車の後方には大量のフラワーリースが積まれているので故人の棺はほとんど見えない。マイクはバンを飛び出し、棺担ぎ人夫たちに行き先を教える。この中で唯一彼だけがスーツを着ていないのに、なぜかだれの目にも留まらない。彼は頭を下げ、両手を泥だらけのフリースの前に組んで、墓と墓の間に控えて立つ。彼の存在に気づいた弔問者から質問を受けることも稀にあるという。棺は地中でどれくらい保たれるものなのか？　棺が腐ったら父の亡がらはミミズの餌になるのか？　彼はいつも、ミミズがあの深さまでもぐることはない、と答える。物理的には可能らしいが、ミミズは地表近くに生息することを好むので、わざわざ六フィートの深さまでもぐったりしないらしい。弔問者が聞きたがるのはミミズのことばかりだという。わたしはわざわざ地上の墓を選んだ祖母のことを思い出しながら、きっとマイクが言っていることは正しいのだろうなと思う。

わたしは遺族から距離を置くため、牧師が乗ってきた真っ赤なボクスホールの乗用車の後方をうろついている。ボブはバンの中に残っている。四人の棺担ぎ人夫は、墓の前に設置された木製スタンドに棺を運び、少し時間を使って体勢を立て直してから、墓穴の上にわたしてある木の板の上に棺を置く。マイクはいつの間にか牧師の後ろ側に移動している。数個の墓石を隔てたところに立ち、再び手を組んで頭を下げている。彼が用意したあの柔らかくて乾いたモグラ塚の土の壺が牧師の足元に置かれている。マイクはセレモニーの間ずっとそこに立ったまま、助けが必要になったらいつでも出動できるよう目を配っている。そしてそのときがくる。スーツを着た人々の間に立ち、棺に通したベルトをしっかり掴んでゆっくりと棺を墓穴に降ろすのを手伝い、それが済むとまた元の位置に戻る。

時刻は三時四五分、地元の小学生たちが墓地を通って下校している。埋葬の締めくくりとして牧師が読み上げるモノトーン調の声に、「だれかが死んだみたいだぞ」と叫ぶ子どもたちの会話がかぶる。ずっと手綱を握ったまま控えていた御者が気まずそうに顔をしかめる。

セレモニーが終わり、弔問者たちがお互いの腕をとりながら古い墓の間を抜けて去ってゆくと、墓堀人たちがおもむろに仕事をはじめる。ボブがするりとバンから降り、どこかで待機していたらしいユアン（今日の若手助っ人）がスッと姿を現す。木材が回収され、緑色の布もすべてたたんで手押し車に積み重ねられる。ボブが超小型ショベルカーをトレーラーから出している間、マイクは芝にまだ残っていた線路状の跡に再び板を敷いてゆく。ユアンはスコップで墓穴の中に泥土の層を作る。この層がクッションの役目を果たすので、ショベルカーが重い粘土をドサッと落としても木製の棺の蓋が壊れる心配はない。ボブが例のミニサイズのマシンを駆って到着し、土の山を一気に押して墓穴に落とす。マイクとユアンがスコップで縁をきれいに整えてから墓の上にフラワーリースを置く。ヒイラギ、ピンクのバラ、スイセン。マイクとユアンのスコップは、お互いを支え合うようにして地面に突き立てられている。

墓堀人たちが墓から少し離れて立ち出来栄えを確認する。普通であれば、ずらしておいた墓標を元に戻すという最後の仕上げの作業があるのだが、今回はそもそもの墓標がないので、彼らは少しがっかりしている。きっとこの家族は次にだれかが死ぬまで墓標を作るつもりはないんだろうな、とマイクは推察する。あの夫は墓標のない墓の中で何年も妻が来るのを待っていたのだ。

土は季節や雨によって沈下したり変化したりするものなので、墓を掘って余った土は近くのエリアで沈下した別の墓穴を平らに整えるために使う。マイクは余った粘土質の土を集めて塊にし、丘の上の海軍兵の墓標のそばまで転がしてゆき、そこから表面をならす必要がありそうな墓を見つけては、手作業で凹みを埋める。墓堀り用の機械も道具も三〇分もしないうちにきれいに片付けられている。墓堀人たちはバンに戻り、窓から顔を出してわたしに手を振り、別れの挨拶をする。ボブは再びパーカーのフードに身をうずめる。

死者にとって埋葬とは信頼以外のなにものでもない。自分ではなにもできない領域に入ってゆくのだ。自分が埋められた後のことは他者に任せるしかない。周囲の草が刈られるかどうかも、土壌が沈下したままにされるかどうかも、墓石が傾いたままにされるかどうかも。土地全体が売却されてすっかり変貌するかもしれないし、鉄道のトンネルを作るために骨が移動されるかもしれない。埋葬されるということは盲目的に信頼するということだ。自分が今後どうなるのかまったくわからない。箱に入れられたまま、だれからも世話をされずに、そこに残されるだけかもしれない。しかし少なくともここには、行き来しながら目を配ったり、沈んだ土壌を埋めてくれたり、墓標はどうしたのだろうと心配してくれたりする人たちがいる。今後もここに埋められる死者たちには、牧師が壺から取り出すモグラ塚の土が、羽根のようにふわりと優しく降りかかることだろう。

11 悪魔の御者——火葬オペレーター

トニー・ブライアントはわたしのために棺をひとつ残しておいてくれた。乗る予定だった列車が運休になり四五分も遅れて到着したわたしは、そびえ立つ頑強なレンガ造りの火葬場を地下に持つ葬儀専用チャペルの正面玄関の前で彼が待っていることに気づき、あわてて坂の歩道を駆け上る。五〇代の彼は、タイトな黒いTシャツを黒いジーンズにたくし込み、スタッズ付きのレザーベルトを締めている。両袖の下から色褪せたタトゥーが顔を出している。強いウエスト・カントリー訛りで「お揃いの着こなしだな！」とまだ遠くにいるわたしに向かって叫ぶ。着こなしはお揃いでも、わたしのシャツは汗まみれだ。もはやお決まりのように、前回の取材につづいて今度も遠くから手を振るブリストルの男に見守られながら坂を上るはめになってしまった。

わたしたちはこの建物の裏口から入り、灰色と緑色のリノリウムの階段を地下に向かう。階段の足元には黄と黒のハザードテープが貼られている。火葬炉は四つ。火葬炉の金属の扉の前には白いスチール製の昇降機が据えられていて、その上に木製の棺がひとつ置かれている。棺の表面には、先ほど上階で行なわれた礼拝中にリースを固定しておくため使われた緑色の粘土の粘着剤が残っている。その横には金属板のネームプレートがあり、そのすぐ下にはふたりの幼いブロンドヘアの子どもの写真が差し込まれている。

葬儀社に置かれていた死体の入った棺にしろ、遺体安置室に並べられていた空《から》の棺にしろ、棺そのものにはなんの意味もないことをわたしはもう知っているはずだ。それでもなお、棺の持つ象徴性や現実からなにかを感じてしまう自分がいる。ある日など、運転中に交差点で信号待ちしていたとき、霊柩車が近くを通り過ぎただけで気を取られてしまい、信号が青に変わっても気づかずクラクションを鳴らされてハッと我に返ったことがあった。そして今も、この棺を前にして、その中にいる自分を想像している。真っ暗な棺の中で、角度のついた壁に沿って肩を合わせて、鼻先のすぐのところには蓋があり、両手を組んでいる自分を。献花もなければ宗教的儀式とも無関係な、きわめて工場的で殺風景なこういう場所に棺があることからくる心の動揺は、霊柩車と送迎車が自宅前に到着し、これから教会に向かおうというときの心の動揺とはまったく異なるものではあるけれど、この箱が持つ独特のパワー自体は変わらない。

トニーは棺の向こう側にまわり、わたしについて来いとジェスチャーで告げてから、身を屈めて火葬炉と火葬炉の隙間を抜け、タッチスクリーンのコントロールパネルがあるところに移動する。炎とレンガで構成される昔ながらの火葬装置を動かすものにしては予想外にハイテクかもしれないが、スクリーンのデザインはウィンドウズ95に似た作りだ（このタッチスクリーンが導入される前までは、彼が言うところの『『ドクター・フー』のターディス的』なボタンだらけの手動操作盤を使っていた)。すぐそばのレンガの壁に掛けられた二段の棚には遺灰を入れた容器が並んでいる。トニーによると、下の段にあるものはこの墓地で行なわれる散骨の儀式に立ち会うかどうか検討中の遺族のもので、上の段に並んでいる遺灰は、立ち会わないことを決めた遺族のものだ。ただし、彼らの気が変わったときのために二週間そこに保管されることになっているのだという。実際に気が変わる遺族も一定数いるらしい。遺族が引き取って持ち帰ることになっている遺灰の壺は、火葬部屋のはずれにある小さなオフィスに置かれているが、一向にだれも引き取りにこないこともあるという。

死体を肉料理のようにしてしまうことなくきちんと火葬するためには、レンガ炉の中の温度を摂氏八六二度まで上げておかなければならない。わたしたちはタッチスクリーンの前に立ち、そこに表示されている数値が上昇していくのを見つめる。八五四度、八五五度。タッチスクリーンの中央には棒グラフがあって、色んなレベルを表示している。火葬炉のたてる騒音がどんどん大きくなってゆく中で、それぞれの棒グラフが示すレベルについてトニーが説明してくれる。冷却がなにやら、燃焼がなにやら、建物の外に煙が見えないようにするための空気フィルターがなにやら。彼はさらに、わたしたちの頭上で複雑に交差する鉄パイプや足元にある区画を指さしながらこの施設の説明をつづける。UVセンサーについて、気流について、点火プラグについて。次にトニーはメインバーナーのハッチを開ける……その中あるのはこの火葬装置の心臓部、つまり、この炉を熱するための火だ。一気に流れ込んだ新鮮な酸素を餌に、中の炎がいっそう燃え盛る。この地下室の床を一匹の黒い甲虫が横切る。関節だらけの長い胴体を持ち、尻尾はサソリみたいにカールしている。わたしはそれを指さしてトニーに伝える。**「デビルズ・コーチマン（悪魔の御者）っていう名の虫だよ！」**と彼は騒音に負けないよう叫んでから、きっときみは信じないんだろうね、という表情でニヤリと笑う。後でネット検索してみると、彼が嘘をついていなかったことが判明した。

炉の温度が上昇を続ける。八六一度、八六二度。トニーは急いで通路を戻り、金属扉の前に置かれている棺のところまでいく。そして、邪魔にならないよう隅に下がっているように、とわたしに言ってから、青いボタンを押す。金属扉のひとつが上にスライドして開く。オレンジ色に発光するかまどの中が見える。壁はレンガで、床のセメントは月面みたいに凸凹に荒れている。優に一〇フィートは離れた部屋の隅に身を寄せているわたしの顔にさえ強い熱を感じる。

「少し乱暴なことをするよ」と言いながら、彼は死者の足側にあたる棺の側面に手をかける。

扉の開いたかまどの前に準備された棺を見てようやくわたしが気付いたこと、それはどんな棺にも底にキャスターがついていないということだ。燃やしつくそうと待ち構えるあの熱い場所にこの重い物体をゆっくり移動させるための滑車や梃子《てこ》といった装置もここには一切存在しない。少なくともこの火葬場には、そういうものはまったくない。そんなわけで……トニーの言う「乱暴なこと」とは、狙いと勢いだけを頼りにした力業のことだ。昇降機の台の金属が滑らかなのを利用して棺をいったん後方にずらし、少しだけ距離を稼いでから、彼が棺に向かって突進し、全体重を片腕だけに乗せて、一気にかまどの口の中に棺を押し込む。わたしは思わずハッと声を上げてしまったけれど、その声もガタガタと荒いセメントの底を進む棺の音にかき消される。火花が飛んでオレンジ色の背景に白いきらめきが散る。故人の子どもたちが写ったあの写真がはためいて飛び、かまどの隅で一気に燃えつきる。扉が閉じられるときには、もう棺にも火がつきはじめている。わたしはそこでようやく近づき、覗き窓から中を見せてもらう。棺はすでに炎に飲み込まれている。微かにアサリの蒸し煮のような匂いがする。

トニーが両腕を揃えて前に出してみせる。バランスの悪いポパイみたいに、片方の腕だけ筋肉が発達している。「たまには逆の腕も使うべきかもしれないね」と彼は笑う。三〇年もやってきた習慣をここにきて本気で変えようと思っているとは考えられないけれど。

§

ここブリストルのカンフォード火葬場では一日にだいたい八人ほど、年間だとおそらく一七〇〇人ほどの死体を焼く。トニーは毎朝七時になると墓地の敷地内にある自宅ロッジ（この仕事をする者に支給される）から歩いて火葬場に行き、装置のスイッチを入れて、その日の火葬が始まる数時間前から予熱しておく。今朝はすでに四件の火葬を済ませており、午後にはあと三件予定されている。今はその間の静かなひとときだ。トニーは頻繁に時計をチェックしている。

この墓地はおよそ百年前に作られたもので、この火葬場はその歴史の約半分にあたる五〇年ほど前に作られた。この火葬場ができてから現在までの間に、イギリスにおける火葬の割合は三五％から七八％に上昇した（ちなみにアメリカはまだ五五％と出遅れている[1]）。人間のサイズも変わった。身長が六フィート一〇インチ〔二メートル強〕以上ある死者とか体重が一五〇キロ以上の死者は、この古い礼拝堂から火葬する地下室に降ろすための床穴に棺が通らない可能性が高い。地元の葬儀社はそのことを重々承知しているので、身体が大きな死者の葬儀は別の施設で行なうよう手配している。

この地下室で仕事をするようになる以前のトニーは、この墓地の一二人の庭師のひとりとして屋外で働いていた。三〇面あるバラの花壇とか二千本以上ある低木の手入れをしたり、生垣や植え込みを整えたり、花瓶に入れて礼拝堂に飾るための生花（今ではプラスチックの造花が使われるようになった）を育てるビニールハウスを世話していた。今の仕事に移ろうと思ったのは、火葬炉の装置に興味があったこと、賃金が（わずかだが）高かったこと、そして「寒かったり水に濡れたりする屋外で一生仕事をするわけにはいかないからね」と彼は言う。この地下室はいつも暖かい。

わたしたちはキッチンに移動している。お役所の控室みたいに殺風景だが、辞職を匂わせるジョークが書かれたポスターや、職場のクリスマスかイースターのパーティの後でだれかが置いて行ったらしきマグカップがあるおかげで、お役所よりは少しだけマシな雰囲気だ。トニーは、スパイダー・ピッグを天井に向かって持ち上げているホーマー・シンプソンがプリントされているマグからインスタントのブラックコーヒーを飲んでいる。彼の同僚のデイヴはハムエッグとトーストを食べている。デイヴの黒いスーツのジャケットはドアのフックに掛けられており、黒ネクタイは卵で台無しにならないようシャツの内側にたくし込まれている。彼はトニーよりも若く、わたしと変わらぬ年齢で、濃い色の髪と顎髭をたくわえている。先ほどはじめて会って挨拶したときには、だれかの家の塀の上で見つけたという『ドラキュラ』を読んでいた。フォーマイカ素材のテーブルの上にはスーパーマーケットで買ったチョコチップ・マフィンがプラスチックのトレイに乗せられている。下のかまどで死体が焼かれている間、わたしたちはそのマフィンを食べる。

　わたしは、死にまつわる産業の最後の工程を見学したくて、この火葬場にやってきた。最後の工程とは、生者を相手にした礼儀的なやりとりやセレモニーがすべて終わった後の工程、つまり死体が炎に飲み込まれる工程だ。これまでわたしが取材してきた人たちは、葬儀を準備する人たちであり、死に顔から注意深く鋳型を取る人であり、最後の対面をする遺族のために細心の注意を払って死者の容姿を整える人たちであった。ここはそういった段階をすべて終えた後で行きつく場所だ。この地下室では生者とのかかわりは一切必要ない。棺をかまどに入れ、骨をミキサーにかける男たちがいるだけだ。少なくともわたしは、ここに来る前はそう思っていた。しかし、実はそうでもないらしいことに気づかされることになる。

　彼らと一時間ほど話してみて、なにより驚かされたのは、地上と地下との大きな認識の差だ。死んだらどう処理されるのかという知識が欠如していること（いわゆる無知、もしくは葬祭ディレクターがストレートに伝えないことによる弊害）が原因で、この地下室で行なわれる作業が失敗したり順調に進まなかったりする。テリーは、死体に触れなければならない仕事だとしたら、この仕事は選んでいなかった（「だって気味悪いだろう？」と申し訳なさそうに言う）という。実際に触れなければならないことはそれほど多くはない。火葬のシステムがもっと知られてさえいれば、正しい理論に基づいて、密閉した箱の中身である死体をもっとスムーズに処理できるはずだ。しかし、費用をだれが支払うかで遺族たちが何ヶ月も言い争って葬儀を大幅に遅らせることはあっても、長い期間を経てやっと火葬場に到着した死体を処理する男たちのことを考慮することはない。日程が大幅に遅れれば、礼拝堂の弔問者がみんな立ち去り、オルガンの最後の一音が鳴るのを聴きながら、トニーがこの地下室の一番遠くの壁に背をもたせかけて棺の到着を待ち構えていると、油圧式昇降機で礼拝堂から徐々に降りてくる棺からものすごい臭いが漂うことになるけれど、そこまで想像する遺族は皆無だ。腐敗した死体が棺から漏れ出し、霊柩車が、礼拝堂が、そして最後にこの地下室が汚染される。そうなるとトニーたちは何日間も腐った強烈な臭いに包まれることになるけれど、そこまでのことを遺族は考えもしない。葬祭ディレクターが、ひどすぎる悪臭のお詫びに、と言って消臭用アロマ液を贈ってくれたことがある。トニーによると、そのアロマ液の香りは死体以上に酷いものだったらしい。「試しに嗅いでみるかい」と彼はオフィスから茶色の小瓶を持ってきて、蓋を取り、興味津々でわたしの反応を待つ。化学薬品で再現を試みたリコリスみたいな香りだ。確かにこんなものをディフューザーに入れたら、きっと嗅覚が壊滅してしまうだろう。「死体にはタイムリミットってものがあるんだ」と彼は小瓶の蓋をきつく締めながら言う。「なのに葬祭ディレクターは時々そのルールを曲げてしまうのさ」。彼は小瓶を棚にもどす。このアロマ液が使われることは永久になさそうだ。

また、環境への配慮を重視する遺族に、地球に優しい棺として枝編み細工の製品や厚紙製の製品を売り込む葬祭ディレクターもいる。それらが市場に出回りはじめたときは、地下室で棺に「突進する」という物理的作業がなされていることは一切考慮されていなかった。重厚な木製の棺でなければ、かまどのセメント床の上を一気に滑らせて押し込むことはできない。市場に出回りはじめた頃の枝編み細工や厚紙の棺は、かまどにすっかり入り切る前に燃えてなくなってしまうものばかりだった。そうなってしまった場合は、火葬場のスタッフが、棺を失った死体をかまどに押し込まなければならない。今では、話し合いと試行錯誤を経て、そういうタイプの棺の下には、分厚い木の板が張られるようになった。とは言え、伝統的な木製の棺の利点は、その木材自体が燃料の役割も果たしていることにある。そうでない棺の場合、その欠如分を埋め合わせるためにガスの噴射スイッチを入れなければならない……それではもはや謳い文句のように環境に優しい製品とは呼べない。かといって、ジェット噴射をやらないと死体は生焼けになってしまう。そういう状態の死体を覗き窓から見ると、まるでウエットスーツを着て横たわっているみたいだという。だからその死体がバラバラに吹き飛ぶまでジェット噴射で燃やすことは必須になる。

この仕事を三〇年やってきた中で、自分の死について、もしくは、自分の身体が焼かれることを考えたことはありますかと質問すると、トニーは誇らしげに愛犬ブルーノの写真を見せてくれる。保護施設から貰い受けたというスタッフォードシャー・ブル・テリアで、白に茶色のブチが入っていて、肉厚な顔からは大きな舌をダラリと出している。トニーは恋する男みたいな満面の笑みを見せる。「実は俺は死にかけたことがあるんだ！　もう少しで死ぬところだったんだよ！」わたしが犬の写真を見せられている理由については、なんの説明もないけれど、そこまで気にはならない。「四年前、時速六〇マイルで走っていたバイクから転げ落ちたんだ。この老犬ブルーノをサイドカーに乗せたままね」。トニーは地面に頭を強打し、その間もカワサキ・ドリフターは無傷のブルーノをサイドカーに乗せたまま前進し、やがて停止した。トニーは病院に運ばれ、ブルーノはサイドカーのシートに座ったまま、迎えが来るのをじっと待っていたという。

トニーは、新たに着任した牧師や葬祭ディレクターを相手に、今日こうしてわたしにしているように、この施設の案内ツアーを頻繁にやっている。地上での決断がこの地下室にどういう形でかかわってくるのかを、もっと知ってもらいたいからだ。この仕事がこの地下室だけで完結するものではないこと、もっと言うなら、死者だけを相手にして完結するものではないことを、わたしは徐々に理解しはじめる。死を目前にした人が自らの葬儀を計画し、ここで具体的にどんな作業が行なわれるのか知りたいと言って案内を求めることもあるという。そういう人たちにトニーは礼拝堂の棺台《かんだい》（棺を置くための装飾のついた台座）を見せる。この棺台には昇降機が仕込まれていて、説教壇に備えつけられている真鍮のボタン（何十年にもわたって牧師の指で押されてきたせいで摩耗して変色している）で起動できる仕組みになっている。礼拝が終わると同時に牧師がこのボタンを押して棺を地下室に降ろすこともできる。もちろんそうするかどうかは自由に選べる（それを選ぶ人はほとんどいない。その理由のひとつは、棺がそのまま業火の中に降ろされるという勘違いからくるものだ。また、参列者が棺に別れを告げる時間を十分にとりたいから、すぐには降ろさないでほしいという人もいる。牧師がボタンを押してしまうと、礼拝の終了と同時にすべてが終わってしまうからだ。「一度、礼拝の途中で牧師がばったり倒れたことがあってね、その拍子にボタンに触れてしまったから、［降りてきた棺を］俺たちが上に送り返したよ」とデイヴは笑う。「あのときは、代わりの牧師を連れてきて式の残りを済ませたっけ。食中毒だったらしい。ばったり倒れたんだ」）。トニーは見学者たちに、宗教的なオプションもあれば、あまり宗教的ではないオプションもあることを説明する。たとえば十字架を見えないようにするためカーテンを引くこともできる。また、孤独死や貧困者の死に際して行政が資金を出して行なう葬儀では、もし弔問者がひとりもいなければ、彼らが会衆席に座る。そういう葬儀は買い手がなかなかつかない時間枠の午前九時半に始まるのが常だ。トニーとデイヴは、たとえそれが彼らふたりだけだとしても、ここで行なわれる葬儀はどの葬儀も必ず、だれかが出席している葬儀にしたいと思っている。

デイヴは、この五年間ほどずっと、この施設のありとあらゆる役割を代打でこなしている。トニーが不在のときに地下の火葬場で作業を代行するだけでなく、チャペルの従者をつとめる日もあれば、ごくたまにだが、墓を掘ったり、棺担ぎ人夫の脚の調子が悪い日に棺を担いだりもする。遺族が内々で集まって行なわれるささやかな散骨の儀式では、遺灰を撒く役割を果たすことさえある。葬儀の従者として礼拝堂の玄関口に立ち、去ってゆく弔問者の後ろ姿を見送っていると、自分の葬式にはだれが出席してくれるのだろうと考えずにいられなくなると言う。ただ、なによりも彼を悩ませているのは、日に八時間も遺族たちに囲まれて過ごすことによる共感疲労だ。自分にはなにもしてあげられない、もしくは、ごく限られたことしかできないことを知りながら、悲嘆に暮れている人々をずっと目にしなければならない。牧師の場合は、葬儀を執り行なった後は充電期間を置くようにと修業時代に教わっているらしい。しかしトニーやデイヴの場合は次から次へと仕事をこなしている。会衆席に座り、玄関口に立ち、地下室で棺の到着を待つ。しかも葬儀だけなら一時間ほどで終わるが、死体を焼く時間はもっと長い。

「ここで働いていると、よく人から、お前は幽霊を信じるかって聞かれるんだ」とデイヴは言う。「そういう幽霊はまったく信じてないけど、違う意味でなら、ここには毎日幽霊が来ているね。毎日のようにここを訪れる人たちのことさ。ピンピンして生きているけど、ものすごい喪失感に暮れていて、ここに来て、お墓の前でじっと立っている。そうすることしかできないからだよ」

デイヴは墓地で土の手入れなどをしているとき、そんな幽霊たちを見かけると、できるだけ話しかけるようにしている。デッキチェアに座って新聞を読んでいる男性もいれば、墓地を一周してから庭園の隅でコーランを読むことを日課にしている母と息子もいる。でも彼の心を最も強く揺さぶるのは妻を亡くした寡男たちだ。バスでやって来て、強風や雨の中、ひとり墓前にたたずんでいる年老いた男たちの姿。彼らの姿を見ていると頭の中でその人の物語を想像せずにいられなくなると彼は言う……亡くなった妻のため週に三度も高価な花束を買ってくるこの男性の心の中には、きっと忘れようとしても忘れられない罪悪感があるに違いない。だけどそんな高価な花束は数日もすればデイヴの手によってゴミ箱に捨てられる。そういう光景がデイヴの心を激しくかきむしるのだという。今こうして話しているだけで、みるみるうちに憔悴した表情に変わってゆく。「そういう人たちのことは、だんだんこちらから避けるようになってしまうんだ。挨拶を交わすだけでも、こっちの身が持たなくなるから」

キッチンが静寂に包まれる。トニーが太い方の腕でテーブルのマフィンをわたしの方に押して勧めながら、きみがなんのためにここに来たにせよ、こんなところに身を置いていると落ち込まないか、と尋ねる。わたしがここに来た理由についていては、推薦人たちの顔ぶれを見て彼にも大方の予想がついているはずだし、細かい説明をしようにも火葬炉の騒音の中でそれをするのは大変だ。そこでわたしは、「落ち込む」のとはちょっと違うかな、と答える。普通の人なら気にも留めないようなところに、なぜか強く心を打たれることがある、とわたしは言う。ただ、あの赤ちゃんの話をするのはやめておくことにする。単なる訪問者に過ぎないわたしには、ここを立ち去ろうと思えばいつでも去ることができる。きっとそこが大きな違いなのだ。だから、デイヴが言うように、悲しみは徐々に心に蓄積していくものかもしれないけれど、わたしの心に蓄積されるのは悲しみではない。わたしの心に蓄積されてずっと残っているのは、だれの目にも触れないと知りつつ、善いことや正しいことをする人たちだ。わたしはトニーとデイヴにそう答える。入れ替えられた死体の顔を元の持主に返すメイヨー・クリニックのテリー、エイズ危機さ中のアメリカの小さな町で、葬儀に出席させてもらえなかった同性の恋人を数時間後にこっそり会場に入れ、最期の別れを告げさせてあげた葬祭ディレクター、羽のようにふわりとしたモグラ塚の土を集めつづける墓堀人。そこには心優しい気づかいがある。トニーやデイヴも含めて、こういう仕事をしている人たちは、求人広告に記されている以上の仕事をしているのだ。

§

「完璧な火葬の見本だな」トニーは装置の前に立ってそう言いながらボタンの上に指を置く。

彼がボタンを押して金属の扉を開く。わたしは中を覗き見る。今わたしたちは装置の真裏、つまり彼が棺に突進した場所のちょうど反対側にいる。まだ死体があるとしたら頭がある側からかまどの中を見ていることになるけれど、ほんの数時間の間に棺も死体も炭と骨だけになり、くすぶっている。棺はもう形をとどめていない。頭部の骨は後頭部だけが重みで潰れている。潰れていない箇所はすごく脆くなっている。埃で作った立体像みたいだ。眼窩と鼻と額はまったく形を失っていないけれど、その周囲では、木の残り火が今も忘却に向かって燃焼しつづけている。手前から奥に目を移してゆくと、か細い肋骨があり、骨盤があり、大腿骨は一本だけ完全な形で残っている。ほとんどの骨は、風圧と火の勢いで元あった位置から移動していて、かまどの中に散乱している。若くて健康だった人の死体なら骨格も強くて硬いので、もっと形が残ることがあるらしいが、これは年老いた女性のもので、その骨は炎で脆くなる以前から変形性関節症で弱っていた。トニーは長い金属の熊手を使って骨を砕いてゆく。頭蓋が崩れ、まるで水面の波に沈むように顔が消えてゆく。

「じゃあ、骨をかき集めてもらえるかい?」と彼がわたしに言う。

トニーがわたしに熊手を手渡し、やり方を教えてくれる。六インチ後ろにはもう壁があるので、狭苦しいパブでビリヤードをしているような気分だ。トニーはもちろん慣れているのでそうはならないけれど、わたしは後ろのレンガの壁を幾度となく柄で突くはめになりながらなんとか作業を進める。右から左へ、左から右へ。金属でセメントを引っ掻く雷のような音がバーナーの咆哮《ほうこう》に混じる。彼はかまどの手前にある金属のローラーを指さし、熊手の柄をそこに沿えてやるんだと教えてくれる。やってみると背筋がずっと楽になる。かまどの中の温度は棺を入れたときと比べれば格段に下がっているけれど、ここまで近づくとやはり肌が焼けそうな感覚だ。かまどの床は経年劣化による凸凹やクレバスがあるため、骨をすっかりかき集めるのは容易ではない。最近修復されたばかりの別のかまどだったら床も多少はスムーズらしい。トニーがより小回りの利く小さな熊手を手にしてわたしと交代する。そして骨片や骨の灰を火葬炉の正面にある穴に落としてゆく。その穴の下には筒形の塵取りのような金属容器があり、そこで熱を冷ますのだ。トニーはできる限りの骨片や骨の灰をかき集めようと最大限の努力をしているが、ごく少量の遺灰がレンガの溝に留まってしまうことはどうしても避けられないという。金属容器の中には、骨だけでなく、木の炭も混じっていて赤く発光しながらまだ燃えているが、最終的には炭が燃えつきて骨だけが残る。熱が冷めた段階で、骨をクレミュレーター（金属球で骨片を潰して灰にするミキサーのような装置）にかけ、灰になった骨をプラスチック製の遺灰容器に保管する。遺灰容器の色は、ちょうどケチャップ容器に使われそうな色だ。ほかにもグリーンの容器もあるらしい。

故人の名前が印字された一枚の小さなカードが、工程が移るたびに、火葬炉の前、金属容器の前、骨のミキサーの前、そして遺灰容器へと一緒に移されてゆく。

火葬では、なんでもかんでも燃やせるわけではない。身体にインプラントされた物の一部は、爆発防止のため、死体を棺に入れる前の段階で取り除かれる。わたしは南ロンドンのポピーの遺体安置室でアダムに服を着せた後、別の男性死体の胸部に短い切れ目を入れて、（血は出ない）心臓付近からペースメーカーとそれに付随するワイヤーを取り出す作業も見学していた。その間ずっとわたしは、無意識のうちに、その男性を安心させようと彼の手を握っていた。ペースメーカーの取り出しが終わってストレッチャーを移動させようとしたスタッフに言われるまで、わたしは自分が彼の手を強く握っていることにまったく気づいていなかった。その男性の長い白髪は、重力によって、まるで風洞に立つ派手好きな有名作曲家みたいに、ワイルドに好き勝手な方向に流れていた。彼は寛大にも自らの身体を科学の発展のため寄贈することを希望していたけれど、死亡後になんらかの理由（その理由をわたしたちは知らない）で受け入れてもらえなかったという。彼の死体は、彼が思っていたより少し早く、ちょうどここのような施設に送られて火葬されることになった。

トニーの元に死体が届く段階でまだ体内に残されているインプラントは、どれもかまどに入れても大丈夫なものばかりだ。火葬後、熊手で骨を集めるときに、壊れた金属の関節やボルトを回収しバケツに入れる。以前までは墓地に埋めていたが、今ではリサイクルに回されている。そのほかの非生物的な物体（たとえば銀歯など）は、たいていは溶けて煙になってしまうものだけれど、ときには葬祭ディレクターが人工乳房を除去し忘れたせいでシリコンがチューインガムみたいにかまどの床に張りついていることもある。

一番燃えにくいのが癌だ。その理由をトニーはよく知らない（脂肪細胞が少ないからか、あるいは細胞密度が関係しているのかもしれないと彼は推測している）が、肉体のほぼすべてが燃えてなくなっても、腫瘍だけ燃え残り、骨と共にかまどの中に鎮座していることがよくあるらしい。そんなときは、トニーがガス・ジェットのスイッチを入れ、直接それに向けて炎を噴射する。すると腫瘍の表面が金色に光るという。「まるで黒珊瑚みたいにね」と彼は言う。

この日わたしが到着する前にあったことをトニーが話してくれる。かまどの扉を開けて目にした光景は「えげつなかった」と彼は言う。腫瘍が小さな塊となって残っているのはよくあることだが、今回の腫瘍は、少なくとも彼の目には、首から骨盤に至るまで全身が塊になって残っているように見えた。それは若い女性で、棺に添えられた献花には「娘へ」と「お母さんへ」と記されており、彼女の写真も一緒に留められていた。この献花は今日から一週間、外のぶどう棚の下に飾られた後、デイヴがゴミ箱に捨てることになる。

「こういうところで働いていると、そういう心に堪えるものをなにかしら目にするものでね」とトニーは喉を詰まらせながら話しつづける。「だから俺は宗教とかを信じきれないんだ。あんなことが起こっている一方で、酷い極悪人が九十歳までのうのうと生きているんだぜ。信仰心なんか持てるもんか。神が天から見守っているのかどうか知らないが、もし本当にいるんだとしても、きっと頭のおかしな野郎だろうよ」

彼は何度も頭を横に振りながらあの女性が抱えていたであろう痛みを想像する。三〇年間この火葬炉を操作してきたけれど、あれほどのものは一度も見たことがないという（それほどのものを見た人は彼以外にもほとんどいないようだ。わたしは病理学者とAPTと腫瘍学者とアメリカの火葬場で働く人にもこの話をしたけれど、そういう光景を自分の目で見たことのある人はいなかった。もしかしたらアメリカよりも低い温度で焼くイギリスの火葬装置だからこそあり得た特殊例なのかもしれない。腫瘍学者だけは、細胞組織が硬化したものかもしれないと推察していたが、ほとんどの人たちが首をかしげていた）。

知り合いが癌宣告されたと聞くと、まず最悪のシナリオ（死ぬこと）を想像してしまうと言っていたエンバーマーの言葉をわたしは思い出す。わたしはきっとこの先、「癌」という言葉を聞いたら、まず、かまどの中の黒珊瑚を想像するのかもしれない。トニーの表情から察するに、その様子は忘れようにも忘れられないものなのだろう。殺人兵器を使って排除されるべきものを焼き殺しているような気分なのだろう。クリストファー・ヒッチェンズは、彼の命を奪うことになるであろう食道にある腫瘍のことを「盲目で感情のないエイリアン」と呼んだ。[2] その後に執筆して死後に出版された著書『死ぬ定め（*Mortality*）』では、（あのとき）無生物の事象をあたかも生きているかのように表現したのは間違いだった、と書いている。しかし、焼こうとしても焼け残り、（少なくとも客観的・物理的な意味で）その持主である人物よりも長く生き延びる肉の塊を表現する言葉として、あれ以上に的確な言葉は、少なくとも今のわたしには思い浮かばない。盲目で、感情のない、エイリアンだ。

今、上階の礼拝堂で執り行なわれている葬儀が終わろうとしている。トニーは上の様子を聞けるようにスピーカーのスイッチを入れる。穏やかな牧師の声が聞こえ、温度を上昇させつつある火葬装置の咆哮に混じり合う。八五〇度、八五二度。ピーっという音が鳴り、ベティ・グレイさんが横たわる可燃プラスチックの取っ手がついたＭＤＦ木材の棺が昇降機で降りてくる。

12　希望に満ちた死者――クライオニクス・インスティテュート

低木地に破損したタイヤがいくつも捨てられている。タイヤだけでなく電子レンジや粉々になったテレビの残骸も見える。倒れた金網フェンスの近くの雑草からは、旧式のアンテナが突き出ている。今は一月、凍えるほど寒い。眩しすぎる光を背景にした木々が黒い骨みたいに浮かんで見える。街灯に新型LEDが使われるようになった副作用だろうか、ほかのものばかりが強く照らされているので、この辺りに広がる残骸に人々の目はいかない。通行人が多く行き交いレストランが立ち並ぶ明るい通りをひとつ逸れると、ゲーム・デザイナーがここから先は手をつけなかったみたいに真っ暗で、世界の縁から落ちてしまったのかとさえ思えてしまう。車を止めて外を見ると、そこにも放棄された家がある。窓はどれも疲れた目のように重く垂れていて、二階の手すりには雪が積もりはじめている。壊れた屋根はあくびをしたように大きく口を広げ、空に広がる人工的な光を家の中に取り込んでいる。

デトロイトは死んだアメリカンドリームの町だ（未来を楽観する人に言わせれば「死んだアメリカンドリー

ムの町だった」）。一九五〇年のピーク時には人口が全米第四位にまで膨れ上がった。住人の多くは大ブームを迎えた自動車産業やそこから派生する仕事に期待してやってきた人々だった。しかし、そのピークを境に、この町は下降線をたどりつづけ、アメリカの腐った心を具現するジオラマとなった。根深い人種差別、汚職、アメリカ史上最悪の自治体破産、裕福な白人とそれ以外の人々の大きな格差……この都市全体が資本主義のなれの果てを象徴的に体現している。一九六七年の暴動（けっしてそれが初めての暴動ではなかったが）では、四三人が命を落とし、七二三一人が逮捕され、四一二の建物が破壊された。これを機に裕福な中産階級の住人たちが、税金を払うことなく、この土地を立ち去ったため、残骸は残骸のまま残され、時間だけが経過した。ハロウィン前夜になると必ずこの辺りの家屋が放火されて焼け落ちた。この町から人々は去りつづけた。ここに残ることを選択した住人は、中心部に引っ越すよう市長から促され、家族と別れて、広大な空き地となった区画にポツンと残った家に暮らした[1]。

クリントとわたしは、またしてもオンボロのレンタカーを借りて、暗闇を進みながら、ジョン・カーペンターの映画セットみたいな光景を見つめている。汚れた黒のダッジ・チャレンジャー（ここが稀代の自動車産業の町だった時代を象徴する車）がエンジンをうならせてわたしたちを追い越してゆく。路面にはこの地域限定で大地震でもあったのではないかと思えるようなヒビが入っている。もし今度また取材でクリントにアメリカを運転してもらうことがあったら、そのときはもっとイケてる車をレンタルするとわたしは彼に約束する。

チリ出身の写真家、カミロ・ホセ・ベルガラは、この地の同一の建物を何年にもわたって撮りつづけ、ゆっくりと衰退する姿を記録している。彼はそれを撮りはじめる以前の一九九五年、この町を世に知らしめるため利用すべきだと進言していた。デトロイトのダウンタウンの一二区画を崩壊した状態のまま残すことで、町を死んだまま放置してほかの生命体が受け継ぐままにしたらどうなるのか、それを象徴する記念碑としてこの町を扱うべきだと提案したのだ。この提案はまだそこに暮らしていた人々の反感を買った……この町は死の象徴ではない、助けを必要とする生きた町なのだ、と。今では、モーターシティ・カジノ・ホテルが暗闇の中からそびえ立ち、その正面には色とりどりのネオンが放射されて、緑と赤と紫と黄の光線を浴びている。そのわずか一区画先では、ホームレスの人々がゴミを燃やして暖を取っている。壮大な遺跡と化したかつての大型高層ビルは、どれも解体されて駐車場か空き地になった。昔はオフィスビルだったむき出しの鉄骨は、そこに居着いた木々や鳥たちを追い払い、新しいホテルの骨組みに生まれ変わった。この町は自滅へと静かに進んでいるように見える一方で、ところどころに、悲痛なまでの希望を見ることができる。

一九六〇年代前半には、それとはまた違う種類の希望があった。モータウン・レコードはビルボード・チャートを席巻してもなお、まだこの土地を去っていなかった。アメリカ全体に目を移せばニール・アームストロングが、月面にこそ降り立っていなかったが、その寸前のところまできていた。再びデトロイトに目を戻せば、ロバート・エッティンガーという物理教師（当時四〇代だった彼は四〇代の人間がだれでもそうなるように、自身の死についてひしひしと意識するようになっていた）が、永遠に生きつづける方法について書いた本を出版した。『不死への展望（*The Prospect of Immortality*）』というタイトルのこの本で彼は、しばらくの間、有名人になった。ザ・ザ・ガボールと肩を並べて「ジョニー・カーソンズ・トゥナイト・ショー」にも出演した。

この本は不死を約束したり保証したりするものではなく、タイトル通り、その展望について書かれたものだ。死は病気でしかなく、人は必ずしも死すべき運命にあるわけではないとするこの本の原型は、しかるべき人の手に渡れば一大ムーブメントに繋がるだろうと信じて、彼が自費出版した一冊のパンフレットだった。彼の提案は、死んだ瞬間に人体を冷凍して腐敗を回避し、科学力がその死因解決に追いついて治療できる日まで待つ、というものだ。この本は冷凍技術にまつわる科学に重きが置かれており、死の直接的原因を修復する具体策についてはほとんど触れていないが、だからこそ希望の本なのだ。将来だれかがなんとかしてくれるだろう、今よりもずっと進化した技術を持ち、もっと偉大な知能を持った人がなんとかしてくれるだろうという希望だ。科学は急速に様々な発見を重ねていた（エッティンガーが生きているうちに人類は蒸気機関車から宇宙飛行まで進歩した）だけに、今後もそのスピードが衰えることなく発展しつづけるだろうと考えたのも無理はない。それに、死する運命は不可避に見えて実はそうではないという考えを唱えたのは、なにも彼が初めてではなかった。様々な宗教が何千年にもわたってそれを言いつづけてきたし、あのベンジャミン・フランクリンでさえ一七七三年に似たようなことを示唆していて、マデイラ・ワインの樽かなにかに入れるなどして死体保存ができたなら、百年後に息を吹き返して、未来のアメリカの様子を観察するのに、などと語っている。[2]しかし、フィクションの領域を超えて実用科学を適用させるほど本気で取り組んだのはエッティンガーが初めてだった。彼がこのアイデアを抱くようになったのは十二歳のときで、きっかけはフィクションだった。[3]一九三一年に出版されたニール・R・ジョーンズの短編小説『機械人21MM－392誕生！　ジェイムスン衛星顛末記』だ。作中、ジェイムスン教授は自分が死んだら体を宇宙の軌道に向けて打ち上げるよう依頼する。彼の肉体は冷たい真空の宇宙空間で何千年も保存された後、サイボーグが目覚めさせる。その小説を読んだ数十年後にエッティンガーは「死を受け入れる者たちは、すでに半ば死んだも同然である」とあの有名になった本に書いている。(4)「降伏した者は、すでに退却をはじめているのだ」と。

わたしがデトロイトまでやってきた理由は、このエッティンガーだ。極渦が北極の冷気をミシガン州に叩きつける中、暖房のない部屋のベッドでわたしを凍えさせたホテルから車で北へ二〇分走ったところにそれはある。低くどっしり構えたベージュ色の建物の中で、「クライオスタット」タンクに入ったエッティンガーの冷凍された肉体が、コウモリみたいに逆さ吊りにされている。そのタンクの横には、彼の最初の妻、二番目の妻、そしてクライオニクス・インスティテュートの最初の患者である彼の母レアのタンクが並んでいる。

§

クライオニクス・インスティテュート（人体冷凍保存技術研究所）の会長、デニス・コワルスキーは、わたしとスカイプ通話中だが設定がうまくいかずに苦労している。「この不細工な顔をわざわざ見せる必要もないんだが」と言って彼は笑う。五十歳くらいで、髪色は濃く、太くて黒い口髭をたくわえていることは、ホームページを見てわたしはすでに知っていた。

「死体を蘇生できるほど将来テクノロジーが進化することを唯一の頼りにしているのに、まだこんなビデオ通話すらうまくいかないことがあるなんて、なんだか笑えますね」とわたしはこちら側の設定をいじくりまわすのを諦め、椅子の背もたれに身を預けながら言う。

「まあ、わたしは昔からずっと楽観主義者だからね」わたしの顔しか映っていないスクリーンから彼の声だけが聞こえる。

こうしてデニスに取材しているのは、死が人生の終わりではないと信じる感覚について、また、次の人生を得るために今の人生を捧げるのはどうしてなのか（わたしには今の人生を無駄にしているようにしか思えない）について知りたいからだ。人体冷凍保存にかかわる人たちは、マスコミからあまり好意的に受け入れられない傾向にあり、正気でないとか、妄想的だとかいった色眼鏡で見られがちで、茶番のお笑いネタにすらされている。オースティン・パワーズも、『フューチュラマ』のフライも、冷凍ポッドで目を覚ますと自分には理解できない未来が広がっているし、『スリーパー』のウディ・アレン演じるキャラクターにいたっては、友だち全員がオーガニック米を食べていたにもかかわらず二百年前にもう死んでいたことを知って愕然とする（また、ポップカルチャーでは「クライオジェニック」と「クライオニクス」が混同されることが多い。前者は低温から生まれる素材やその効果を研究する物理学の一分野であり、将来的な蘇生を目的に死体を保存することを意味するのは後者だけだ。この混同にはどちらの分野にたずさわる人も迷惑している）。エッティンガーの本を読んでいると、正気とは思えない箇所（その多くは女性についてで、たとえば複数の妻を冷凍したことについての記述）も確かにあるし、末尾には、「いずれは自分の死体を腐らせる権利にこだわる者は、少数の変わり者だけとなる時代が来るだろう」と書かれており、全面的にそう信じている。とはいえ、この本は概して楽観主義的で、探求的でさえある。ところで、人体冷凍保存を希望して申し込む人たちは一体どういうタイプの人たちなのだろう。それを知るため、電話してみると、電話の向こう側にいたのが、このとても穏やかなオタクっぽい雰囲気のデニスだったというわけだ。

クライオニクス・インスティテュートは、一九七六年に運営を開始してから、デニスがスカイプの設定に失敗した今日に至るまでの間に、登録者数は約二千人に達しており、一七三人がすでに冷凍されている。デニスによると、申し込む人物に特定の「タイプ」はなく、宗教観も政治観も様々だが、あえて一番多いタイプを挙げるなら、おそらく男性、おそらく不可知論者、おそらく自由主義者ということになるだろうという。経済的に比較的裕福な傾向もあるが、二万八千ドルという値札は生命保険で十分に補える額（たとえば二〇万ドル請求するアリゾナ州のアルコー[5]など、ほかの人体冷凍保存会社に比べると格段に安い）なので、それほど裕福ではないメンバーも一定数存在する。エッティンガーもそこを重要視しており、あの本にも、この未来へのビジョンが高価になって「優生のふるい」と化してしまうのは望ましくないと書いている。クライオニクス（人体冷凍保存）とひとまとめにされることの多いトランスヒューマニズムの活動を支える人の大半は男性だが、その理由は、女性は月経や出産と深くかかわっているため、予感的に体の不調を感じはじめる時期も男性より早く、その分だけ死を受け入れることができ、死ぬことへの恐怖が少ないのではないか、という持論をわたしはデニス相手に展開する。そう考えれば、現代の葬儀業界で働く人に女性が圧倒的に多いことも説明がつく。彼はわたしの持論に全面的には納得しないものの、そうかもしれないね、と答えてから、これは死ぬことへの恐怖とはまったくの別物だと思う、とも言う。

わたしの経験に照らし合わせて考えると、子どものSFファンは、まずユートピア的な未来を信じ、時が経って現実を少しずつ知るようになると、ディストピア的な発想が脳の中に根を下ろしはじめるものだと思う。小さな子どもがおもちゃのロケットを握りしめながら、未来にはなにもかも今より良くなっているだろうと考えるのは、そうでない未来を信じる理由がないからだ。デニスがテレビ番組「ザ・フィル・ドナヒュー・ショー」を見たのは、彼がまだ七歳か八歳だった七〇年代中盤のことで、それはちょうどユートピア的発想のバブル時代だった。そのとき出演していた元テレビ修理工のボブ・ネルソンが、人体冷凍保存の科学について、そしてまた、彼が一九六七年に初めて行なった人体冷凍について語っていた。ネルソンはエッティンガーが書いたあの本の昔からの大ファンで、全米に数多くあった人体冷凍保存支持グループのひとつを率いるリーダー的存在だった。当時はそういった熱狂者たちがエッティンガーの理論を実行に移すべく努力をしていた。

デニスにとって、ドナヒューのインタビューは人体冷凍保存の売り口上として十分なものではなかった。また、このムーブメントのスポークスマンたるネルソンは、彼が行なった人体冷凍が失敗に終わったことについては一言も言及しなかった（遺体安置室の裏のガレージで冷凍したクライアントたちの身体をどのように保管したのかについても、カプセルに欠陥があったため冷却剤を頻繁につぎ足さなければならなくなり、ついに資金がつきて個人名義の小切手が不渡りになって、クライアントたちの人体は最終的に放置されたことについても言及しなかった）[6]が、あの番組はデニスの頭の中に種を植えつけるには十分だった。

「その後、十六歳か十七歳の頃だったかな、オムニ誌を愛読するようになったんだ。とても深遠なS

F哲学を平たくかみ砕いた視点で書いている雑誌だよ」とデニスは言う。「その中に、分子ナノテクノロジーと生命のリバースエンジニアリングについて書かれた記事があった。あれが今のわたしのブループリントだね」

デニスがクライオニクス・インスティテュートの一員になったのは二〇年前のことで、六年前からはこの組織（民主的に運営される非営利団体）の会長をつとめている。フルタイムの仕事ではなく、これとは別にミルウォーキーで救急救命士をしている。「昼は救急車の中で人命を救う仕事を、夜はこの未来の救急車の仕事をしているんだ」。彼は言う。「どちらの救急車も条件は同じさ。そこに運び込まれた人をわたしたちに救えるという保証はない、と言う意味でね」

デニスと話す前までは、きっとスポークスマンであるという強い自負を持って人体冷凍保存を語る人なんだろうと思い込んでいた。しかし実際にこうして話してみると、人体冷凍保存が絶対に実現できると言いきれる人などどこにもいないが、それ以上に大切なのは、絶対に実現できないと言いきれる人もいないことだ、という穏やかなスタンスであることがわかった。「絶対に実現できると言いきる人がいるとすれば、その人は明らかに科学者ではないね」と彼は言う。「これが実現するかどうかは、科学的な方法を通して解明するしかない。つまり実験を通してね。言うなれば、この世に生きている全員が図らずも人体冷凍保存の集団的実験の一部を成しているんだ。公的資金や外部の資金など一切いらない、いわば自己だけによる実験さ。埋葬とか火葬されることを選ぶ人たち全員がこの実験の対照群〔臨床試験において研究中の新しい治療を受けない群〕にあたる。わたしは個人的に対照群にいるよりも実験群にいたいと思う、それだけのことさ」

ただし、人体冷凍保存は人々から思われているほど狂気的なものではなく、いつの日か本当に実現できる可能性があることを示唆する事例証拠も存在するのだとも彼は言う。人体冷凍保存の可能性を推し量る材料として、彼は低体温療法に注目している。（人体冷凍保存の場合は心停止後に）身体の体温を下げることで、事象の進行速度を遅くし、脳に供給されるべき栄養や酸素の必要量を一時的に少なくすることができる。脳に栄養と酸素を供給しておかなければ意識回復は見込めないからだ。デヴィッド・ウォレス・ウェルズは著書『地球に住めなくなる日』に、最近になって蘇生した生物のリストを挙げている。[7] 二〇〇五年には三万二千年前のバクテリアが蘇生され、二〇〇七年には八百万年前の昆虫が蘇生され、二〇一八年には四万二千年間ずっと凍っていた線虫が解凍された。また、ニューヨークタイムズ紙の記事によると、二〇一九年、研究者たちが三二頭の死んだ豚から取り出した脳の内、数頭の脳細胞の活動再開に成功している。[8] 「そういう事例からも、ゆっくりとではあるけど、確実に、人体冷凍保存の理論の正しさが証明されつつあるように思える」とデニスは言う。「たとえ実現不可能だと証明されたとしても、不可能だと証明されたことで科学の進歩には貢献できたことになるしね。それに、わたしたちはほかの分野にも貢献している。内臓冷凍保存研究に献金しているんだ。内臓移植を必要とする人々のためになるという本来の目的だけでなく、全身の冷凍保存に一歩近づける研究でもあるからね」

予言めいたことを言って人体冷凍保存を宗教のように売り込むことはしたくないし、もしそんなことをしたら世間にそっぽを向かれてしまうだろう、とデニスは言う。死から生き返るという発想を人々に納得してもらうのは大変だが、実はなにを死と定義するかの問題で、その定義次第では、すでに死から生き返った人はたくさんいる。

「百年前なら、心臓が止まればそれでおしまいだった」と彼は言う。「死ぬしか選択肢がなかったんだ。だけど今ではしょっちゅう止まった心臓の『蘇生治療』が行なわれているよ。除細動器で心臓を刺激する。CPRをする。心臓の薬を投与する。それだけやって自分の足で病院から家に帰る患者だっている。そうならない患者もたくさんいるけれどね。電気を使うなんて言うとフランケンシュタインみたいに聞こえるけど、電気は今の緊急治療のとても大きな位置を占めているんだ。人をそうやって生き返らせるべきではないという発想にとらわれていたら、今頃、どんなことになっていただろうね」

わたしは昔からSFで描かれる未来について、ディストピア的なビジョンの方に説得力を感じていた。もしかしたら、あの学校の司祭が語る神と電球の話に疑問を抱いた瞬間がすべての始まりで、機械で生かされる存在への懐疑の目が、ロボット（そして司祭）にたいする不信感に繋がっているのかもしれない。わたしには、コーマック・マッカーシーの『ザ・ロード』に描かれる厳しい荒野の方が、未来の現実の可能性としてずっと近いように思える。または、表面的には栄光のユートピア的だが裏側が腐っていて、三十歳になると命を終えることが決まっている映画『2300年未来への旅』（小説版はもっとひどくて二十一歳まで）とか、フィリップ・K・ディックの全作品とか。地球が死滅や大規模破壊に向かっていることをグラフで示すニュースを読んでも絶望せずにいられたらどんなに楽だろうとは思うけれど、わたしにはできそうもない。しかし、デニスがディストピア的な発想を抱く段階に至ることはきっと今後もないだろう。彼は今なお、丸く見開いた純粋な目でユートピアの希望を見つめている。生き返る価値のあるなにかが未来にはあるに違いないと信じている。永遠に生きられる可能性を信じているだけでなく、永遠に生きるという選択肢が望ましいものだとも信じている。

「死ぬことを受け入れることができずに、死から逃れようとして、こんなバカな発想にとらわれているんだろうと思われてしまうかもしれないね」相変わらず彼の顔は見えず、ラップトップのスピーカーから声だけが聞こえてくる。「でもね、わたしは救急救命士としてDNRオーダー〔終末期状態の患者に蘇生処置を行なわない指示〕が出ている患者を何人も見ているよ。患者の家族はわたしたちに向かって、なにかしてくれと叫ぶんだ。患者本人は苦しみだけの生活に戻ることなんて望んではいないのに、家族は生き返らせてくれと願う。それこそが死にたいする拒絶反応の最たるものではないかな。わたしたちはむしろ死を理解しているし、そうでなければならないんだ」

§

死体蘇生計画を思いついたあの脳は、今もロバート・エッティンガーの頭蓋の中に入ったまま、密封されたタンクの底近くに保管されている。人体を逆さに吊るしているのは、万が一タンクから液体窒素が漏れて、人体が徐々に解凍されはじめる事態になったとき、一番大切な箇所のダメージを最後まで遅らせるためだ。つま先を失ってもまた生えてくる時代なら来るかもしれないが、おそらく脳〔その人物のブループリント〕は無理だろう。

この建物の外に建つエッティンガーの隣人たちは、玄関セキュリティ・システムを売る店も、照明器具会社の本社も、自動車修理工場も、誘導加熱サービス業者も、きちんと刈りこまれた芝に囲まれていて、ところどころに冬の木立が悲しそうにたたずんでいる。駐車場の指定位置に停められているトラックの側面には「**最高なパーティ・レンタル。あなたのパーティに必要なものならなんでも揃っています**」と書かれている。クライオニクス・インスティテュートに入るためには、このパーティ・トラックの前を通過して「デッドエンド（行き止まり）」と書かれた標識が立つ袋小路に車を進めなければならない。

わたしが到着したのは、雪の日の午前一〇時だ。マンホールから蒸気が立ち上るデトロイトの道路をクリントが運転し、この町で最も宇宙時代らしからぬこの建物まで送ってくれた。車を駐車場に入れるとき、建物の中からガラス越しに、大きなダウンジャケットを着た中西部の男がミトンをはめた手をわたしたちに向かって大きく振る。

クライオニクス・インスティテュートは、以前はもっと町の中心に近い場所にあったが、スペースが足りなくなってここに移転した。今後移転を繰り返すつもりはない。すでにここに保存されている人たちは、今後ここから動くことなく、人数が増えればそれに合わせて周囲の建物を買い足してゆく予定だ。冷凍された死者たちが、隣接する照明器具店やホーム・セキュリティ・システム会社の土地をゆっくりと侵食してゆき、ついにはあのパーティ・トラックを駐車場の外まで押しやることになるのだ。この建物に保管されている死体でほぼ満員だが、隣の一～二軒の建物はすでに購入済みで、今後冷凍保存される人体を受け入れる準備はしっかり整っている。

今日この施設を案内してくれるのは、紫のパーカーとジーンズにUGGブーツを履いた二十七歳のヒラリーだ。屋内は寒いけれど、凍えるほどではなく、暖房をあまり気にしない人の家といった程度だ。デニスはここの仕事のほとんどをリモートで対応しており、実務はとても信頼できる人たちに委ねていると言っていた。ここで死者を保存する実質的な仕事に当たっているスタッフは三人だ。ヒラリーの隣にいるのがマイク、先ほどのミトンの男だ。マイクはヒラリーの父親で、娘の紹介でここのメンテナンス関係全般の仕事をするようになったという。もうひとり、坊主頭に眼鏡をかけ緑のスウェットを着ているアンディは、そそくさとわたしと握手を交わしてから、きちんと刈りこまれた正面の芝生を窓から一望できるオフィスに戻って仕事を再開する。患者との契約やメンバーシップ・データベースの登録といった日常的な仕事のほとんどは、ヒラリーとアンディが手分けして行なっている。ヒラリーがここで働くようになる前は、アンディがすべてをひとりでやっていた。

ヒラリーは肩まである茶色の髪と華奢な顔立ちの持主だ。小柄だが、この三年間はずっと、死体を受け取ってから保存するまでの全工程のほとんどを彼女がやっている。わたしは荷物をオフィスに預け、彼女に案内され、ある一室に入る。ロンドンで見学したエンバーミングの部屋とさほど変わらない。唯一の違いは、こちらの方がスペースがゆったりとられていて整理整頓も行き届いていることだ。死体をタンクの中に吊るす前に、エンバーマーの資格を持つヒラリーがここで「灌流《かんりゅう》」を行なう（「灌流」とは人体冷凍保存に限った専門用語ではない。臓器や細胞の中にある管に血液［もしくは血液に代わる液体］を流すことを意味する用語として広く使われている。化学療法で薬品を患者の身体に行き渡らせるのにも灌流が用いられているし、エンバーミング作業などはまさに灌流そのものだ。彼らがこの作業をエンバーミングと呼ばないのは注入する溶液がエンバーミングのものとはまったく異なるからだ）。部屋の中央には、溶液が床に落ちないよう縁取りされた白い磁器のテーブルが置かれており、その周囲に十分なスペースがとられているのは、死体を乗せたストレッチャーを自由に動かせるよう配慮してのことだ。延々と並ぶ戸棚には、様々な備品が整然と収められている。彼女はこの部屋の隅まで行き、ストレッチャーの上に置かれているターポリン素材の湯船に手を置く。湯船の中にはＣＰＲ人形の上半身が寝かされている。一番最近ここに運ばれてきた死体もこの人形のような状態で保存状態を維持しながら輸送された、と彼女は説明する。心肺蘇生機を使って血流と人工呼吸を確保しながらこのポータブル湯船の氷風呂に沈めて運ぶのだという。心肺蘇生機で血流を維持したまま氷水につけておけば、身体メカニズムの作用で体温の低下が早まる（死体の心肺がポンプとして利用され自らの輸送に貢献しているというわけだ）。彼らはこの装置を「サンパー」と呼んでいる。『バンビ』に出てくるあのウサギと同じ名前だ。その見た目は、人（今はＣＰＲ人形）の胸部の上にトイレ詰まりの吸引カップがぶら下がっているみたいだ。「あと、酸素を供給するマスクもつけます。血液に酸素が行き渡るように」と言いながらヒラリーは人形の顔を指さす。「できるだけ多くの細胞を生かしておけるようにするためです」

登録者がアメリカで死んだ場合、死んでから七二時間以内にクライオニクス・インスティテュートに到着しなければ灌流の処置を受けることはできない。そのタイムリミットを過ぎてしまうと「良質の」灌流を行なえる可能性が低いからだ。彼らのホームページには患者全員のコンディションが公にされているが、その記録を見ても、灌流を受けられなかった患者数はとても多いことがわかる。時間に間に合うチャンスを高めるため、サスペンデッド・アニメーション社という会社に依頼すれば（料金はオプション次第で六万ドルから十万二千ドルまで）最期を看取られているベッドの横で彼らが待機してくれる。死んでから氷に漬けるまでの時間をどれだけ無駄にしないかが、次のプロセスを順調に進めるカギになる。なぜなら、いかなる変質でも、それが起こると、溶液を流し込む際に必要な血管系の能力を低下させてしまうからだ。死亡が確認されたその瞬間に、サスペンデッド・アニメーション社のスタッフが死体を氷風呂に入れてポンプを作動させ、ここまで運んでくる。その作業を省く選択肢もある。その場合は一万ドル以下の料金で地元の葬祭ディレクターに死体をヒラリーの元に届けるよう手配してもらう。

イギリスで死んだメンバーの場合、クライオニクス・インスティテュートのトレーニングを受けたエンバーマーがイギリスで灌流を施し、その上で空輪でアメリカの彼らの元に送られ冷凍保管される（わたしが訪ねたロンドンのエンバーミング室にいたケヴィン・シンクレアもクライオニクス・インスティテュートのトレーニングを受けたエンバーマーのひとりだ。数百年後にこの人たちが目を覚ましてふたたび外を歩き回ると思うとなんだかすごいね、と彼は言っていた。本当にそんな日がくると信じているかと尋ねると、彼は片眉を上げて「ノーコメント」と答えた）。クライオニクス・インスティテュートでは、希望があれば、どんなペットでも（将来一緒に未来を共にしたいペットなら犬でも猫でも鳥でもイグアナでも）冷凍保存するが、動物の灌流の方が人間よりも順調にできるのは、この道路の角に動物病院があるからだ。死期の迫ったペットをそこで安楽死させ、その後すぐにこちらに運ぶため、死体はまだ温かく、血液の沈殿や凝固が起きる前に到着する。同じ理由で、人間の安楽死も合法化されるべきだとヒラリーもデニスも個人的に思っているが、それはクライオニクス・インスティテュートの公的な見解ではないし、現段階では、それがいかなる手段であれ、自殺者を受け入れることは一切ない……今よりも良い人生の可能性があるかもしれないという理由だけで今の人生を終わらせてほしくはないからだ。

シンクの横には透明な液体が入った瓶が一六本並んでいる。これらの液体を調合してサーモンピンク色のエンバーミング溶液を作るのもヒラリーの仕事だ。「これは冷凍による人体のダメージを防ぐための溶液です」と彼女は瓶を手に取り、面白い話ができなくてごめんなさい、と言いたげな申し訳なさそうな表情をする。CI－VM－1（CIガラス化混合液1）と呼ばれるこの溶液については、すでに数週間前にデニスがスカイプで教えてくれていた。彼らが運営をはじめた初期の頃は、ただ人体を液体窒素で「直接冷凍」するだけで処理は終わりだった（今でも制限時間に間に合わなかった人や、なんらかの理由でこのプロセスを希望しなかった人はそうだ）。しかし、細胞内で凍った水分が裂傷を引き起こすことや、身体の内部よりも外側が先に凍って間質損傷を引き起こすこと（臓器など物体間の空間に氷の結晶が形成されてしまうこと）が後に判明した。そこで彼らは低温生物学者に依頼し、細胞に損傷をあたえることなく身体を凍らせることを可能にする溶液を開発した。この生物用の不凍液は動物界からインスピレーションを受けて生み出されたものだ。冬になると凍り、春になると復活して心臓も肺も動いた状態に戻る北極圏のカエルをヒントにしている。[9] それらのカエルの体内では、温度が低下すると、特別なたんぱく質が細胞から水分を吸い出すと同時に、肝臓が大量のグルコースを汲み出して細胞壁を強化する。このたんぱく質は人体には備わっていないので、人間は凍結すると凍傷を起こし細胞が損傷するのだ。この溶液の役割は凍傷を回避させることにある（一方でこの処理をせずに直接冷凍された患者については、未来の人々がなんとか解決してくれることを望むしかない。基本的には、ここではほとんどの疑問や質問にたいする答えが未来の人々に託されている)。

人体にこの溶液を注入する際には、心臓切開手術用の機器を使って機械的に心筋を動かし、ポンプという心臓本来の機能を利用して溶液を血管系に行き渡らせる。ヒラリーによると、このやり方のほうが、わたしがロンドンで見た昔ながらのエンバーミング機器を使った方法よりも確実だという。その理由は単純で、圧力のコントロールが容易だからだ。この方法を用いれば心拍数を健康な大人が軽い運動をしているときと同等の一二〇BPMに保てるので、溶液の流れが速くなりすぎてそれを運ぶべき血管が損傷する危険性が低い。この作業の原理はエンバーミングとほとんど同じではあるけれど、大きな違いは、彼らが溶液を使用する理由が死体を膨らませるためではないところだ。生きているように見せるため脱水した皮膚に水分を戻したり、色素を取り戻すために溶液を注入しているわけではなく、また、学校の解剖学科のように膨張させて長く保存するために溶液を注入しているわけでもない。ここでは、注入された溶液が細胞から水分を吸い取り、全身を脱水させている。ヒラリーによると、処置を施した人体の様相はブロンズ像のようで、ちょっとしたミイラのような感じに見えるという。つまり縮むのだ。ブドウをレーズンにするように。

灌流が済んだ死体はストレッチャーに乗せてコンピュータ制御の冷却室に運ばれる。巨大冷凍庫のような空間の下段の小型ベッドに寝かせ、布で包み、寝袋に似た断熱材で包んでから、白い背板に括りつける。その背板には一人につき三個のIDタグが付けられる。ここで五日半以上かけてゆっくりと死体を冷却し、徐々に液体窒素と同じ温度(摂氏マイナス一九六度)まで下げてゆく。最適なタイミングをコンピュータが判断して冷凍庫の中に液体窒素が噴霧される。この装置にはモニタリング用のラップトップと、建物が停電した場合に備えてのバックアップ・バッテリーが繋がっている。この建物でなにが起ころうと、人体の冷却作業に影響は及ばない。その段階が済んだら、天井の鉄製レールから吊るされているロープとチェーンの装置を使い、人体を冷却タンクから背板ごと持ち上げて移動し、二八台あるクライオスタット・タンクのひとつに頭から降ろして保管されるわけだ。灌流を行なう部屋から出てきたヒラリーとわたしの目の前には、クライオスタット・タンクがそびえ立っている。巨大な筒型の白いシリンダーだ。

ヒラリーはわたしを先導して歩き、今度は大きな長方形の容器が置かれているところで足を止める。いかにも手作り風のこれらの容器は、高さ六フィート〔約一八三センチメートル〕近くあり、外壁面にはワッフルメーカーで型をつけたみたいな凹みがいくつも施され、表面には白いペンキが厚く塗られている。これはファイバーグラスと樹脂を使ってアンディが手作りした最初のクライオスタット〔極低温冷凍装置〕だと彼女が教えてくれる。先ほどオフィスで軽く挨拶を交わしたアンディは、一九八五年からここで働いており、最初の患者を冷凍したときもその場にいた。「ご想像どおり、これを作るのは時間もかかるし、維持費もかさむという理由で、シリンダーに切り替わったんです」と言いながらヒラリーはシリンダー（彼女が説明するところの「巨大な魔法瓶」）を見上げる。電力に頼ることなく内部構造だけで低温を保つ仕組みだ。最高六人まで患者を入れることができるこのシリンダーの中には、一回り小さなシリンダーが入っている。パーライト断熱材と巨大なコルク材の発泡体で囲まれた厚さおよそ二フィート〔約六一センチメートル〕のものだ。ヒラリーは週に一回、黒い鉄梯子を上ってタンク上の金属の狭い通路を歩きまわりながら四時間に及ぶ作業をする。蒸発した液体窒素を補充するため、天井のパイプと繋がっているホースで各タンクの蓋についた小さな穴から注入するのだ。

わたしたちは立ち並ぶクライオスタット・タンクの横を歩いてゆく。見た目はどれもまったく同じで、名前などはどこにも書かれていない。ヒラリーはひとつのタンクを指さす。その周囲には小さな石が五つ並んでいる。「あるユダヤ人家族の愛犬が入っているんです」と彼女は言う。「ウィンストンという名前の介助犬でした。その家族はこの近くに住んでいるので、二ヶ月に一度は必ずここを訪れていますよ」。墓参するたびに小さな石を置くのはユダヤの風習だ。石は花とは違って朽ちないからだ、とあるラビに教えてもらったことがある。記憶の永続性。それは人がこの世に生きられる時間を遥かに超えて永続する。

数は少ないけれど、ここを墓地のように扱っている人たちがいる。石を持ってくる人たちもいれば、故人の誕生日にバースデーカードを持ってくる人たちもいる。彼らはここに自由に出入りできる。名前が書かれた墓標はないので、ロゴが記された白いタンクの前に立つだけだけれど。「葬祭ディレクターなら、ひとりのお世話を終えたら、次の人のお世話へと移ってゆくものですけど、わたしたちはこの人たちのために毎日ここにいます」と彼女は言う。「毎年必ずここにくるご家族とお話もしますし、わたしたちはここにいる人たちをずっとお世話しつづけているんです」

そこから数個分進んだ左側のタンクでヒラリーは再び足を止め、その白いシリンダーを見上げる。ほかとまったく一緒でこれといった特徴はない。「ここには、あるイギリスの少女が入っています」。その少女の話題はニュースにもなった。まだ十四歳だった彼女は、遺書を作れる年齢に達していなかったため、自分が死んだ後の人体冷凍を承認してもらえるよう、英国高等裁判所に直訴の手紙を書いた。癌で間もなく死んでしまうことを知っていた彼女は、インターネットで人体冷凍保存のことを知り、治る可能性があるかもしれない未来に賭けたいと思ったのだ。その話題を知ったたくさんの記者たちがこのインスティテュートに押しかけ、塀を登って施設の写真を撮ろうとしたり、ヒラリーから話を聞こうと電話や呼び鈴を鳴らしつづけた。ヒラリーは記者たち全員が諦めて帰るまで社内に隠れていたという。

二〇一一年に九十二歳で死んだエッティンガーは、役員室のドアの脇にあるタンクの中にいる。彼はクライオニクス・インスティテュートにとって一〇六人目の患者にあたり、息を引き取ってから一分も経たないうちに氷風呂に入れられた。彼の灌流を受け持ったのはアンディだ。そもそもエッティンガーがあの本を書かなければこのインスティテュートは存在しなかった。それなのに彼がこのタンクの中にいることを示すものはなにもないし、屋内のどの壁を探しても、彼の功績をたたえる記念碑的なものは見当たらない。唯一の例外として、写真がひとつ飾られている。キャンバス地にプリントされた白黒の肖像写真が、彼の身体が保存されているタンクの一〇フィート先、役員室の長テーブルの上座に掛けられている。スーツとネクタイを身に着け、いかにも教師らしい微笑みをたたえながら、代数方程式がチョークで書かれた黒板の前に立っている。写真には彼の言葉が添えられている。「少しだけの幸運があれば、何世紀も先に作られるワインを味わうことができるだろう」

このインスティテュートは数学と科学で成り立っているけれど、それはけっして複雑なものではないし、また、絶対的な確信に満ちたものでもない……肩をすくめながら「おそらくね」と言う程度の確信だ。永遠に生きつづけられることを喧伝するネオンサインが壁に飾られているわけではない。ここの役員室もごく普通の会議室で、際立ったテクノロジーの進歩を示すようなものはない。「十分に進歩したテクノロジーはなんであれ魔法と見分けがつかないものである」というアーサー・C・クラークのインスピレーションに満ちた名言が壁に飾られているくらいのものだ。それに、ここのテーブルやソファの肘掛けには、涙を拭くためのティッシュ箱は用意されていない。それはここが希望に満ちた場所であるという意思のあらわれだ。

人体冷凍保存の契約を交わそうと考えている人が、その作業プロセスについて知っておきたいことを色々と尋ねるのもこの会議室だ。そういう質問に答えるのはたいていヒラリーの役目だという。今この部屋でヒラリーとわたしはクライオニクス・インスティテュートのメモリアル・ビデオを観ている。この建物には現在一五五匹のペットが保存されているが、そのうちの数匹が、テーブルの向こうの端のワイドスクリーン・テレビ画面に順に映し出される。介助犬のウィンストンの写真が出てくる。プードル系のフワフワの黒い犬で、耳も房になってカールしている。つづいて、エンジェル、ソー、ミスティ、シャドウ、バニー、ルトガー。そして最後の黒いラブラドール・レトリバーは、その爪に赤いマニキュアが施されていることに気づけるほど長めに映し出される。そこからはここで保存されている人間たちの写真に切り替わる。老人、若者、そして次のエドガー・W・スワンク（現存する最も古い人体冷凍保存組織アメリカン・クライオニクス・ソサエティの創立メンバーの中で一番長生きした人物で元会長）はSF作家の肖像写真でしか見たことがないような眼鏡をかけている。次に不治の癌で亡くなった若い女性たちの笑顔の写真が何人分もつづく。香港の女性もいる。ヒラリーは自分が扱った人物を全員覚えているので、その人たちの顔が映し出されると短い解説をしてくれる。「今の彼女はとても若かったわ。こちらの彼女は確か事故死でした。彼女はリンダ、まだとても若かったけれど癌でした。彼はごく最近の人で、心臓発作でした」

クライオニクス・インスティテュートが一番忙しかったのは、一六人の患者がクライオスタット・タンクに入れられた二〇一八年だ。その多くは死亡後に遺族が契約を交わした人たちだ。ここの存在は伝聞でかなり広まりはじめているみたいだ、とヒラリーは推測する。新規に契約する人の多くは、二〇代とか三〇代の若い人が多い。「わたしと同じこの年齢層には、テクノロジーに可能性を感じている人が多いからかもしれません」と彼女は言う。本当にテクノロジーの可能性が理由なのか、それとも、本当は死ぬのが恐いからなのか。わたしは彼女にその質問をぶつけてみる。

「きっと、そのどちらも、少しずつでしょうね」と彼女は言う。「だけどわたしは、この人たちの命を延ばすお手伝いをしているんだって思いながらいつも仕事をしているし、ほとんどの人がテクノロジーに可能性を見いだしているのは事実ですね。死ぬのが恐いからこれをしたいってわざわざ言葉に出す人はほとんどいないけれど、でも、きっとそれも理由の一部だとは思います。心から死にたいと思っている人なんていないはずですから」

ここで仕事をしているのだし、自らの手で死体を凍らせているくらいだから、彼女本人もここのメンバーとして契約しているに違いないとわたしは思い込んでいた。しかしヒラリーは、今のところまだ、契約していない。「テクノロジーの進化を疑っているからではありません。そこは信じているから。もっと単純で、個人的な選択の問題ですね。本当に未来に生き返りたいのかどうか、自分でもわからないから」と語る口調には悲しげなところは一切なく、むしろ現実的だ。「生きるのって大変だもの。辛いことの連続ですしね」。彼女の家族には、人体冷凍保存をしたいと考えている人はいない。家族と一緒に過ごせない未来に生き返っても意味はないのでは、と彼女は思っている。夫との出会いは大学の葬儀コースで、彼の実家はこの地域に六店舗の葬儀社を運営している。彼女はしばらくその会社で働いてから、こちらに転職した。彼女の夫にとって、死とは不可避なものであり、その考えを変える必要性も感じていない。では、彼女がその考えを変えたのはいつだったのだろう。

「十四歳のときに母が病気になりました」と彼女は言う。「それがきっかけですね。脳腫瘍で、もう助からないとわかっていました。わたしは急激に大人びていったんです」。彼女の母は二年の闘病を経て亡くなったが、そのとき母の最後の願いを聞き入れて、棺の蓋をずっと閉ざしたまま葬儀が執り行なわれた。手術で除去された頭蓋の痕や、ステロイド投与でむくんだ体や、すっかり変わり果ててしまった自分の姿を人に見られたくなかったのだ。「母の想いは十分に理解できました。だけどわたしはどこか納得のいかないものを感じたんです」とヒラリーは言う。「葬儀の席に座って、棺を見つめながら、『彼らは本当にあの中に母を入れてくれたのかしら？　どういう風に母を扱ったのかしら？』って、そんなことばかり考えていました」。彼女の言葉を聞きながら、わたしはまるで自分の話を聞いているように思えてくる。わたしは十二歳で、棺に入っていたのは友人だったけれど、状況はまったく同じだ。ヒラリーやわたしみたいに、教会の席から閉ざされた棺の蓋を見つめながら、まったく同じようなことを考え、理解しようと頭の中で考えをめぐらせたことのある人は――特にそういう子どもたちは――きっとたくさんいるに違いない。

ここに転職したヒラリーは、もはや葬儀用にエンバーミングをすることがなくなり、遺族のために死者の見た目を戻す作業ができなくなったことを少し寂しく思っている。癌で亡くなった人の枯れた遺体に張りをあたえ、青白い頬に赤みを戻す。そういう作業ができなくなって本当に残念だ、と彼女は言う。突き詰めれば、ヒラリーが今の仕事をしているのも、人々のためになりたいという気持ちがすべてなのだ。闘病中の母と生活を共にした経験を持つ彼女は、そこからくる過労も苦悩もよく知っているし、どうすればもっと良かったのかを知ることもできた。看護コースも試してみたが、病人には意地の悪い人もいることを思い知らされた。そこで彼女は葬儀コースに切り替えた。葬儀社で働きはじめ、その仕事を心から気に入っていた。ただ、人前で話すことだけは苦手だった。内気で静かな性格の彼女は、死体を相手にひとりで裏方の仕事をすることの方を好んだ。今やっている仕事はまさにそういう仕事だ。

彼女はまたもや申し訳なさそうな口調になる。延命の可能性についてもっと陽気に語るべきなのに自分にはできなくてごめんなさいと言いたげな口調だ。「この仕事にたずさわることができて心から嬉しいんです」と彼女は言う。テーブルの向こうのスクリーンにはまだ人々の顔写真が次々と映し出されている。「自分は善いことをしているんだって思えるから。将来本当にこれがうまくいくのかどうか、それはだれにもわからないことだけれど、そのチャンスに賭けようと思った人たちのお手伝いをさせてもらっている。そう思うことができるんです」

正直に書こう。わたしはきっとクレイジーな人たちを相手に取材することになると覚悟してここに来た。これまでに会った死者を相手に仕事をする人たちは、死が人生の終わりであることを疑いようのない前提として、その恐怖心を少しでも和らげる、もしくは、そこにも価値があることを伝えるという範疇の中で仕事をしている人たちだった。しかし今回に限っては、きっとここで会うことになる人たちは、生き返ることができると確信している人々、しかも生き返ることが良いことだと本気で信じている人々なのだろうとわたしは思い込んでいた。死は回避可能なもの、つまり人は死なないのだから、大切な人を失う悲しみも避けることができるのだと主張する声に耳を傾けながら、ジャーナリスト特有のポーカーフェイスであきれ顔を隠さなければならないのだろうとわたしは思い込んでいた。しかし実際に来てみるとそうではなかった。人体冷凍保存を一種の墓のように考えてこの施設にやってくる人たちは、喪失の悲しみを十分に知りつくしている。もちろん潜在意識的な死への拒絶反応が滑稽な形で表面に出て、人体冷凍保存に行きついたという人も確実にいるだろう。しかし、そうでない人たちもいる。死への拒絶反応からくるものではなく、絶望の暗闇にさす希望の光としてこれを捉えている人たちだ。ヒラリーは、死についての思索を深め、永遠の命を持つことによる孤独についてまで考えている……大切な人たちが全員逝ってしまった世界で生き返ることに価値があるのだろうかと。また、デニスには、いかにも彼らしい楽観主義がある。実験体としてその身を預けることを選んだのだから、たとえ将来、人体冷凍保存が不可能だと判明したとしても、それは大きな落胆にはならない。命は終わるものであるという最も根本的な事実をいつの日か覆すことができるという信念で設立された団体を運営する人たちにしては、わたしが思っていたよりもずっと深い熟慮と思いやりがあった。自分は死なないと信じている人（これまで会ってきた死にたずさわる仕事をする人たちとは違うタイプの人）はどういう気持ちで生きているのかを知りたくてわたしはここにきた。しかしその答えはここにはない。

突き詰めれば、人体冷凍保存が本当に実現可能かどうかという論点にはあまり意味がないのかもしれない。気候変動が進行する中、人類がこの先ずっと地球に存続できる展望はわびしいものにしか見えないのだから、あれが実現可能かどうか見極められる機会はきっと来ないのではないだろうか。わたしは、個人的には、人体冷凍保存が実現可能とは思っていないし、百歩譲って実現できたとしても、それが素敵なことだとは思えない。トニ・モリスンは、生き返ることはなんにせよ苦痛である、と書いているが、わたしもそちらの方にずっと強い説得力を感じる。人生は終わりがあるからこそ意味がある。わたしたちは人生という長いタイムラインを点滅しながら進行するひとつの点であり、その人生の中で、偶然にも同時期に存在した原子とエネルギーの奇跡の集積である他者と出会ってゆく。たとえ人体冷凍保存が完璧に実現できる状況になったとしても、生き返ったら生き返ったで、もう存在しない時代や場所に帰ることはできないのだから、きっと永遠のホームシックに陥ってしまうだけだろう。とは言え、人体冷凍保存によって傷つく人がひとりもいないのなら（生きようとする人々の、そして、死にゆく人々の助けになるのなら）、彼らの実験をやめさせる理由も、ましてや、それをからかう理由もまったくない。わたしは彼らの楽観主義が好きだ。自分とは違うというだけのことでしかない。だれもが自分にできることを精いっぱいやっている。あれは死の床で奏でられる子守歌《ララバイ》なのだ。

翌日、わたしを乗せた飛行機がデトロイト・メトロ空港（そこはクライオニクス・インスティテュートに届けられる死体が到着する空港でもある）を飛び立つ。眼下には雪と氷が広がっている。あそこのどこかに、希望に満ちた死者たちの受け入れ態勢を整え、年中無休で二四時間電話に応じているクライオニクス・インスティテュートがある。もしかしたら、ちょうど今ヒラリーがあの狭い鉄の通路を歩き回りながら、彼ら——目覚めたときに自分を擁護してくれる人が今後もっと増えつづけることに希望を託した人々——が眠るタンクに液体窒素を補充しているところかもしれない。上空から見ていると、まるで樹皮の拓本をとったみたいな景色が広がっている。雪がとうの昔に死んだ都市、デトロイトの足跡を描き出しているのだ。幽霊たちに囲まれて残された家たちがポツンポツンと寂しそうにたたずんでいる。

あとがき

二〇一九年五月下旬。この原稿の締め切りはとうに過ぎているし、改めて設定した締め切りもまた延ばすことになると思う。取材したい相手や考えるべきことが予想をはるかに超えて次々と増えつづけるからだ。あの赤ちゃんのことは、今も頭から離れず、仕事に集中することすらままならないほどだ。とは言え、わたしは今、南ウェールズのサンダーズフット湾を臨むバーに座り、元巡査部長アンソニー・マティックがこれまで捜査した色々な殺人事件について本人から話を聞いている。彼もわたしも二杯目のビールを飲んでいるところだ。最近わたしは人生でこれほど疲れたことがないほど疲れ切っている。いくら眠ってもまったく効果がない。デヴィッド・サイモンが書いた『殺人課』の一節を思い出す。「殺人捜査課の者たちにとって、燃えつき症候群は単に可能性のある労災リストのひとつなどではなく、確実に全員の精神をむしばむものだ(1)」。ということは、今わたしの目の前にいるマティックは、わたしなんかよりずっと疲れ切っているはずだ。そうは見えないけれど。

彼はサングラスをどうやら目にかけるつもりはないらしく、短い灰色の頭髪のところにずっと上げたままだ。同い年の友人同士でスペイン旅行に出かけ、五十歳の誕生日を祝ってきたばかりなので、その肌はあのレッド・ロブスターで死刑執行人が食べたお皿に乗っていてもおかしくないほど真っ赤に日焼けしている。キラキラ光る湾の海面に沈む夕日は絶景だが、朗々と〔高笑いを交えながらいかにもウェールズ人らしいバリトンの声で〕語られる彼の話の内容に、わたしたちのいるバルコニーから店の客たちが次々と退散している。彼が生活の糧にしていた警察の仕事を去ったのは、自転車に乗っていたとき一八トン半トラックに跳ねられて五〇ヤードも吹き飛ばされてしまったからだ。カーディフの病院にヘリコプター搬送された彼は、手術台の上で二度も死にかけたという。「ぺしゃんこだよ。砕けてバラバラさ!」と意気揚々と語る。「骨盤も吹っ飛んだんだ」。退職して七年になる彼は、今ではどこにでも自力で歩いて行ける。「あのときは、図らずも、『アンビュランス』〔救急隊を追うドキュメンタリー番組〕に出演したんだぜ」と言って笑う。彼の話す文章は、七五%が言葉で、残りの二五%はマンガみたいな表情で構成されている。死にそうになった経験について語るときも、解決した殺人事件について語るときも、それはまったく変わらない。

わたしたちは今やだれもいなくなったバーのバルコニーを後にして、午後九時を過ぎても食事を提供してくれそうな店を探しはじめる。この土地は、なにもない小さな海辺の村だ。マティックがティーンエイジャーの女の子の一団に向かって手を振ると、彼女たちも親しげに手を振り返す。今度はパブからちょうど出てきた男に向かってわたしには理解できない言葉で陽気に声をかける。男はニヤリと笑顔を返す。止めたタクシーの運転手は、彼を見て「よう、オート!」と挨拶する〔マティックから「オート・マティック」という連想でついたあだ名らしい)。わたしたちはそのタクシーに乗り込む。この土地の全員と知り合いらしき理由をわたしは彼に尋ねる。ティーンエイジャーの女の子たちを知っているのはどうして？　学校で指導者的なことをやっているからだ。あのパブの外にいた男の人は？　二〇年前に空き巣の罪で逮捕したんだ。「職務として仕事をしただけだから、どちらにもわだかまりはないのさ」と言いながら、今はタクシーの中から別のだれかに手を振っている。

退職する以前は三〇年以上にわたって様々な重大犯罪捜査にあたっていた。長年ずっと未解決だった有名なペンブルックシャー連続殺人事件を解決したチームにもいた。そのときは一九八〇年代にそれぞれふたりずつ殺した二件の殺人犯ジョン・ウィリアム・クーパーを刑務所送りにした。マティックは刑事の仕事が大好きだった。現場の真っただ中に身を置くことが大好きなので、ケニヨン社の災害出動チームの待機要員として契約もしている。過去にはモーと一緒に飛行機墜落事故の死体回収に取り組み、バラバラになった足や頭を山腹から回収したこともある。「この仕事が好きな理由は、もちろん、ゾッとする光景が好きだからではないよ」と彼は眉間に皺を寄せながら言う。「ある人の影響だね。俺のボス、カーマーゼン訛りの激しい、素晴らしい男で、部屋いっぱいの刑事を取り仕切っていた人さ。その人の口ぐせが、それはロンドン警視庁でだれかに教わった言葉らしいけど、『人生において他者の死を捜査させてもらえることほど光栄なことはない』だった。すごい言葉だと思うよ。とてつもなくすごいね。俺も微力ながらその力となれる。任されている。そう思えたんだ」

隣町にまだ開店している唯一のレストラン（裏小路の中華料理店）を見つけたわたしたちは、そこに入り、メニューから目いっぱいの料理とフライドポテトを注文する。忘れようとしても忘れることのできない事件について質問すると、彼は次々と話しはじめる。春巻きが来るのを待ちながら話す彼の声は、あのバルコニーにいたときよりもずっと静かだ。

クリスマスの日に死んだ赤ちゃん。生後三ヶ月だった。マティックはクリスマスの朝、自宅から現場に直行した。人里離れた車道沿いに建つ小さな家だった。「何年も妊活して、ようやく赤ちゃんが産まれたっていう、とても善良な夫婦だったよ」と話す彼の表情はすでに辛そうだ。「調書を作るためには、その夫婦に事情聴取しなければいけない。元気づけてあげるべきなのに、犯罪者に尋問するのと同じ質問をしなければならないんだ」。わたしが以前訪ねたあの遺体安置室では見ることのできなかった裏側の光景だ。乳幼児突然死症候群（ＳＩＤＳ）が死因であると断定するためには、検死解剖でそれ以外の可能性をすべて排除しなければならないとララが教えてくれていたとき、確かに警官たちが近くの折りたたみ椅子に座って待機していた。マティックは今でもクリスマスの匂い（七面鳥、もみの木、オマケ玩具のプラスチック臭、クリスマス・クラッカーの微かな火薬臭）を嗅ぐと、その日の光景を思い出す。マティックがベビーベッドごと赤ちゃんをその家から持ち去るとき、背後で聞こえた夫婦の号泣と叫び声は一生忘れられないだろうという。

溺死した父子。潮が引いてふたりの遺体が発見されたのは行方不明になってから一四日後のことだった。硬直した父親の片手は岩を固く握り、もう一方の手は救おうとした息子を固く抱えていた。「何年も経ってから俺はやっとこう思えるようになったよ。彼は息子と一緒に死ねたんだってね。息子を絶対に離さないと心に誓っていたんだろう。日に二度の干満にも、強い潮の流れにも負けずに、岩も息子も離さなかったなんて、普通ならあり得ないことだと思わないか？」わたしは頷きながらエンバーマーのケヴィンが教えてくれたことを思い出す。たとえばジェットコースターに乗ったとき体が硬く緊張するのと同じように、死を迎えた恐怖が身体に現れ、筋肉が一気に硬直することがある。強硬性硬直と呼ばれるものだ。マティックはわたしのリアクションが予想よりも小さいと感じているかもしれない。溺死した父子の話を聞きながら、頭の中で化学反応による人体硬直について考えてしまったのだから。この本を書きはじめる前のわたしだったらどんなリアクションをしただろう。きっとまず母親のことを気にして尋ねただろう。でも、ここには、それをしないわたしがいる。

彼は残りのワインをわたしのグラスに注いでボトルを空にすると、ジェスチャーでもう一本追加注文しながら、空のボトルの置き場所を探す。テーブルは料理皿や飛び散った炒飯でほぼ埋めつくされている。彼は次の話に移る。防犯カメラに映った火だるまの男。「俺たちが目にするのはいつも死んだ後の人間だけど、あれは今まさに死んでいるところだった」と彼は言う。「色んなものを見てきたよ。刺殺死体も、銃殺死体も、吹っ飛ばされた頭も、吹っ飛ばされた口もあった。抜け殻だけになった老人もいた……屋根裏で孤独死したせいで、身体のほとんどが溶けて天井板から漏れ落ちていたんだ。浜辺に打ち上げられた死体もいた。列車に轢かれて真っ二つになった男もいた。車から振り落とされた少女も見た。後頭部がすっかりなくなっていたよ。午前三時の路上で看護婦がマウス・トゥ・マウスで息を吹き込むと、ベトベトしたものが俺の足に飛び散ったんだ。頭にはもう脳が入っていなかった。なにも残っていなかった。すでに全部こぼれ落ちていたんだよ。その看護婦はそのことを知らなかったし、あそこまでの外傷を見たこともなかったし、それに懐中電灯も持っていなかった。だから口から息を吹き込んでも、変な音しか聞こえてこなかった。後頭部からそのまま息が漏れていたのさ。俺は看護婦に『ごめんな』と謝った。俺を見上げた彼女の顔は血だらけだったよ」

彼が皿の料理をスプーンですくっている間、わたしは道路に跪いて必死に救助しようとする看護婦の姿を思い浮かべる。次の話に移った彼は、今度はクスクス笑いながら話し進める。「ある巨漢の男のことも忘れられないな。二階で死んだんだが、俺たちはその家の美しい木造階段から彼を降ろすのに手間取ったんだ。階段の曲がり角をどうしても抜けられなくてね。そこで俺たちは死体を半分に折りたたんだ。葬儀屋がわざと大きな空咳をして音をごまかしながらね」と彼はナプキンに顔をうずめて笑う。わたしは「硬直した死体を折る音って頭に残りますもんね」と応じる。経験談を次々と聞きながら、わたしにはどう相槌をうつのが正解なのかわからなかった。後で録音したインタビューを聞き返して気づいたことだけれど、今思えば「うわぁ」とか「ひどい」とか反応するのが普通なのだと思う。

「きみも聞いたことがあるのか?」マティックはナプキンから顔を上げて両眉を上げる。ナプキンを膝に戻しながらわたしを見る表情は、だったらなんのためにこんな取材をしているんだ、と言いたげだ。まったく知らない者が、それがどんなものなのか知りたくて取材に来たのだと思っていたからだ。

そこでわたしは、これまで見てきたことを話しはじめる。遺体安置室の死体のこと、灰の中の頭蓋骨のこと、丘の墓地の棺のこと。手の上に脳を乗せたこと、そして湯船の赤ちゃんのこと。気づけば、先ほどまでの彼みたいに、わたしの方が自分の経験を次々と語っている。

「きみは、きみがすでに経験して知っていることを、わざわざ俺に質問しに来たようなものじゃないか」と彼は言う。「からかっているわけじゃないよ。忘れたくても忘れられない経験を教えてほしいと言うが、きみだってもうすでにそういう経験をしているんだ。責めているんじゃないよ、単に事実を言っているだけさ。本当なら今頃きみひとりでワインボトルを六本は空にしていなけりゃ、やっていられないほどじゃないか！　俺に教えてほしいだって？　友よ、きみはもう俺と同じさ。きみは、そう、もうとっくにこちらに足を踏み入れているんだ」

　わたしはぎこちなく肩をすくめながら、最初はそんなつもりでこの企画をはじめたわけではなかったこと、ここまで私的に深入りするつもりはなかったことが、今の表情で伝わってくれることをひたすら願う。企画段階で思い描いていたのは、もっとシンプルなプランだった。死にたずさわる仕事をする人たちをインタビューし、仕事の進め方を聞いたり、心の問題をどう処理しながら仕事をしているのか聞いたり、あわよくば邪魔にならないように見学させてもらえれば嬉しいと思っていただけだ。だれかひとりの死体を遺体安置室から葬儀場までずっと追いかけて、自分が目にしたことを記事にできないものだろうかとも考えていた。わたしはこれまで何百人もの人たちに、様々なことについてインタビューしてきた。映画、ボクシング、フォント、楽しい話、悲しい話と、たくさん取材してきた。いつも、その業界を訪れる旅人のように立ち回ってきた。今回もノートパッドとボイスレコーダーを鞄に詰めて、死にまつわる業界を旅し、終わったらいつものようにそこを去るだけのつもりだった。どんなに凝視して観察したところで、一度目にした程度で地元民になれるわけではないのだから。しかし今回、わたしは予想をはるかに超えたものを目にした。そして予想もしていなかった感情がわき起こった。「どんな死体を見ても本当に大丈夫でした。だけど、あの赤ちゃんを見て、すっかりやられてしまったの」とわたしは彼に告白する。それが事実だからだ。大雪崩に目を奪われていたら、小石が飛んできて、眉間に命中したような気分なのだ。

きっとマティックの言葉は正しいのだろう。わたしはもう十分すぎるほど見てきたのかもしれない。わたしは「もうとっくく足を踏み入れている」のだ。この本のための取材はこれで終わりにするべきなのかもしれない。これが潮時だと彼のあの言葉は教えてくれているのだ。

わたしたちは口をつぐむ。マティックは食べるのをやめていた。彼はわたしの顔をまっすぐ見つめている。どうやら頭の中でわたしの人となりをアップデートさせているらしい。先ほどバーにいたときの彼は、こちらから少しせっつかなければ仕事について詳しく話してくれなかった。ちょうどニュース番組直前の番宣みたいに、見出しだけを（ただし大声で）かいつまんで語るだけだった。それは、わたしがそういうものを目にしたことがないと思っていたからだ。彼は、これまでの経験から、きっとそういう人はあまり詳しくは聞きたがらないものだと決めつけていたし、バルコニーの客たちがそそくさと退散したこともその裏付けになっていた。道路に跪く看護婦や、天井から溶け落ちた老人についてようやく語りはじめたのは、話を聞きはじめてから何時間も経ってからだった。わたしは本書の読者にたいして、この本の内容はきつすぎるかもしれないと勝手に決めつけるつもりはない。これまでずっと文化の違いの垣根を超える努力をしてきたのだ。読者の許容範囲を決めつけることは、そんな今までの努力を全否定するようなものだ。現実として、あなたは、ここまで読み進めてくれたではないか。押し黙ったマティックとわたしをレストランの騒音が包み込む。

「となるとだ……」彼は椅子の背もたれに身を預けて店の隅にある金色の招き猫を見ながら、言いたいことを言うべきかどうか迷う。「やっぱり、言っておくことにしよう、きみが書いているその本のためにもね……だから悪く思わないでくれよ」と、とても真面目な表情になって顔を近づける。「きみが見た記憶は一生きみの頭から追い払うことはできないよ。意地悪で言ってるんじゃない。でも、なんらかのきっかけで必ず思い出すよ。どこにいて、なにをしているときに思い出すのか、そこまではわからない。でも、必ず不意に思い出すし、それを止めるすべはない。なぜなら、きみが目にしたことは普通じゃないことだからさ。きみが俺に聞きたがっていたようなところに、きみ自身、もう足を踏み入れているんだ」

肝心なのは、そういう記憶をどこにどうやってしまっておくかであり、今のところは前面に出ているかもしれないが、間もなくそうではなくなるはずだ、と彼は言う。「俺は三〇年もそうやって生きてきた」と彼は言う。「看護婦もそう。消防士もそう。そこから心を切り離せるようにならないといけないよ。そうしなければ、自分は一体全体なんて仕事をしているんだろうって疑問を持ちはじめることになるだろうね」

わたしはその言葉を聞いて、これまで取材してきたほぼ全員が、なんらかの思いが心に巣食ったときはセラピストでなく同僚（その場で自分と同じものを見てきた人）と話すようにしていると言っていたことに合点がいく。クレアも休憩室で同僚の助産師たちとそうしているし、モーも年に一度のバーベキュー・パーティでそうしている。葬祭ディレクターも、エンバーマーも、ＡＰＴも、同業者たちの集会の場で、そういうことを話しても縮み上がらない相手だと安心して、経験談を分かち合っている。わたしはある本で知った兵士の話を思い出す。戦場を経験した兵士は、やはり戦場を経験して日常生活とは大きく乖離した基準点を心に持っている相手にしか自分の話はわかってもらえないと感じているという。医療行為として理解されることよりも、同じような経験を持つ人物が必要なのだ。わたしにはそういう同僚はいない。コンピュータに向かってひとり書くだけだ。わたしはマティックに、今でもあの赤ちゃんのことで頭がいっぱいなので、赤ちゃんをバスケットに入れてカフェに入って来る人を見かけると、思わずその赤ちゃんが死んでいる様子を想像してしまうと告白する。赤ちゃんと川の字で寝ているという友人夫婦の何気ない一言にも、乳児との添い寝で起こる死亡事故率を頭の中で思い浮かべてしまう。パーティに行っても、すぐにあの赤ちゃんの話を相手に聞かせてしまうから、きっと迷惑なやつだと思われているに違いない。「最近どう?」と聞かれただけで、わたしはあの話をはじめてしまうのだ。

「だけど、この本を書くことできみの理解度は確実に深まっているはずだ」と彼は言う。「きみは良い方向に変わっているはずだよ。とても謙虚な気持ちになれるものだからね。今は赤ちゃんを目にしても、嫌なことしか考えられないかもしれない。でもきみは確実に理解を深めている。別の側面をすでに見ているからさ。表現することで、人はより良くなれるものだと俺は思ってるんだ。他人と比較して良くなるとか、そういうことではなくね。自分の中身が良くなる。事物をより良く見えるようになる。より良い行動をとれるようになる。だってきみは一般の人が近寄ろうとさえしないことにその身をさらしたんだぜ。しかも、自ら選んでね」。わたしは頷く。なにはともあれ、死者たちのそばに何度も身を置いたことで、生者にたいする我慢強さは格段に上がった。今思えば、死にたずさわる仕事をする人たちのほとんどが、会ったばかりのわたしにもオープンに我慢強く接してくれたことも、けっして偶然ではないのだろう。わたしは口論することも減った。今でもカッとなることはあるけれど、怒りの度合いが弱くなったような気がする。それに恨み深いことにかけては引けを取らなかったはずなのに、今では恨みの大半を忘れてしまっていた。

「そういう仕事に就いて、そういう立場に自分を置いたことを、後悔することはありますか?」とわたしはマティックに質問する。

「その言葉は俺とは無関係だね」彼は自信を持ってそう言う。「一度も後悔したことはないし、これからもないよ。コテコテの言い回しをするなら、人生は旅なんだ。だれもが自分の選んだ旅をしている。決めたからには、後はやるだけさ。最悪なのは途中でやめること。そうなったらはじめて後悔するだろうね」

§

精神科医のベッセル・ヴァン・デア・コークは、著書『身体はトラウマを記録する――脳・心・体のつながりと回復のための手法』で、身体は極限的な経験をするとストレスホルモンを分泌するという形で反応するものだが、そのストレスホルモンは身体的不調や病気の原因として人々から忌み嫌われる傾向にあると書いている。「しかし、実はストレスホルモンは、極限状況に陥った人に強さや耐性をあたえるため分泌されるのだ。災害時に積極的に活動する人々(大切な人や他人を救出したり、病院へ搬送したり、医療チームの一員として立ち働いたり、テントを立てたり、炊き出しをする人々)は、ストレスホルモンをその本来の目的どおりに利用しているからこそ、トラウマになるリスクも他者と比べてずっと低い」[2]。わたしが取材した死者に接する仕事をする人たち（往年の子ども番組の名司会者フレッド・ロジャースなら「ヘルパーたち」と呼ぶだろう）が、精神を壊すことなく仕事をやっていけているのは、身体がそうやって適切に反応しているから、というわけだ。一般のわたしたちとは違い、彼らにはそれがきちんとできている。「とはいえ」とデア・コークは続ける、「だれにも限界はあるもので、万全の準備を整えた人であってさえ、困難の大きさゆえに圧倒されてしまうことはある」。

死者を相手に仕事をする人たちと会って、わたしが繰り返し思い知らされたことのひとつは、すべてを最初から最後まで扱う人など存在しないという事実だ。死者を相手に仕事をしているとはいえ、死にまつわる業界のすべてを目にしているわけではない。人形工場の顔作り職人と同じで、自分の作業を終えたら次は髪専門の職人に引き継ぐように、それぞれの歯車が自分の分担、自分のコーナー、自分のやり方だけにフォーカスして取り組んでいる。だからこそ死の業界は機能できているのではないだろうか。路上から死体を回収するところから始まり、検死解剖し、エンバーミングし、服を着せ、炎の中に押し入れるまでの作業をひとりの人物がやっているわけではない。業界という形で繋がってはいるけれど、役割はそれぞれまったく違う。ひとりではなく一連の人々に作業が引き継がれていく。死への恐れをなくすための処方箋や解毒剤は存在しないけれど、それでもこの業界に身を置いて働けるかどうかは、その人がどこに目を向けるのか、いやそれ以上に、どこに目を向けないのかにかかっている。解剖で血を見ることができない葬祭ディレクターも何人もいたし、死者に服を着せる作業はあまりにも直接的すぎるからできないという火葬場の職員もいた。首まで埋まる深さの墓穴にいてもなんとも思わないが、夜の墓地はどうしても苦手だという墓堀人夫もいた。検死解剖室で人の心臓を秤に乗せることはできても、検死官の報告書に添付された自殺者の遺書だけは読むことができないというAPTもいた。その対象は人それぞれ違うけれど、だれにだって目を向けられないものがある。

わたしが会ってきた死者を相手に仕事をする人たちにも当然限界がある。しかし彼らは人々からこう思われている……自分でやったら大変すぎて心が押しつぶされてしまうから、そのために彼らみたいな職業があるのだ、と。マティックの言う「心の切り離し」は、建設的な意味での心の切り離しであって、けっして冷徹なものではない。自分が目にした状況に冷静なコンテクストを持たせることで、押しつぶされることなく効率的に仕事をこなせる心のスペースが生まれるのだ。目にしたことをどこかに埋めて目を背けるのではなく、そこに意味のあるコンテクストを持たせて考えるべきだとマティックは言いたいのだ。この心の切り離しは、あの死刑執行人のそれとは別物だ。彼の場合は、ほとんど自分は関係ないと思えるところまで現実を書き直していた。自分で新たに作った物語の中に生き、過去の行為と折り合いをつけるためにそうしているということさえ否定していた。また、現場で起こったことを知ろうとしないあの犯罪現場清掃業者の「心の切り離し」とも違う。彼は真実を想起させるイメージを意図的にコンテクストから取り除いて、現場に残った血痕だけにしか目を向けないようにしている。しかも彼のスマホにダウンロードされたカウントダウン時計は、自分とそれとを永遠に切り離す日を指折り数えつづけている。

本書を書いたことでなにか学べたことがあるとすれば、それは、人はなにかをするとき、自身の限界について考慮しておくべきだ、ということかもしれない。本書の取材中ずっとわたしは他者から強要される類いの限界ばかりに注目していた。死産した赤ちゃんを妻がまだ眠っている間に処理してしまう夫、ボルトで固定された金属製の蓋の棺の中でだれに会うことも許されないベトナムで戦死した帰還兵、最後の望みをかけてポピーの葬儀社にやってきて溺死した兄の死体に会わせてほしいと懇願した男性。それらの限界は任意のもの、つまりは思い込みが慣行化したものであり、人の本当の限界ではない。限界は個々人が自分で選んだ私的なものであるべきなのだ。文化的基準に左右されるのではなく、自分で自分の限界について注意深く考えることさえできれば、本当の限界がわかってくるだろう。「人生が変わるほどの意味ある体験だからといって、それを求めていない人にまで無理強いするつもりはない」と籐細工の椅子に座ったポピーが言ったのは、わたしがこの取材をはじめたばかりの頃、もうずっと前のことだ。「わたしたちの役割は彼らに選択の準備を整えてあげること、しっかりと決断するのに必要な情報を客観的に提供してあげることなの」と言った彼女は正しい。死ぬことや死体についてどう感じるべきか教えようとする人たちがこの世には大勢いる。わたしはそんな風になりたくない。読者のあなたに、なにをどう感じてほしいと無理強いつもりなど毛頭ない。自分で考えてほしいだけだ。今あなたが限界だと思っている境界線をはるかに超えたところに、ものすごく豊かで、意味深くて、人生を変えるような場面が横たわっているかもしれない。単なる好奇心だっていいから、自分もやってみようかなと思えたら、死体に服を着せる手伝いをやってみたらいかがだろう。わたしたち人間は自分で思っている以上に強い。引退した葬祭ディレクターのロン・トロイヤーは、かつて、戦死者の棺の蓋をこじ開けたとき、その事実を確信した。あのとき死体となって戦場から帰ってきた息子の姿を目にした父親。その父親の目に映ったのは、けっして恐ろしい光景ではなく、紛れもない彼の息子だった。

わたしがある女性と何年も前に交わした会話を今もよく思い出す。彼女の母親は病院で死を迎えようとしていた。死体を見てしまったら、それだけが最後に見た母の姿として一生記憶に残ってしまうと思った彼女は、病院で母を看取ろうとせず、ひとりで死なせた。当時六十歳だったその女性は、それまで一度も死体を見たことがなかったので、病室で死体を一度目にしたら母に関する生前の記憶がすべて消し飛んでしまうと思い込んでいた。母を失ったという事実によってではなく、死体を見ることによって、自分の心が取り返しがつかないほど壊れてしまうに違いないと信じていた。未知への恐怖心から自分の限界を勝手に決めてしまわずに、どこかの機会で死体に触れてみることさえしておけば、その後の人生が変わるほどの知識を得ることができていただろう。死体のそばにいても大丈夫だと知っていれば、その時が来たとき、大切な人をひとりで死なせずにすんだはずだ。

わたし自身の限界について話そう。一時は「あの赤ちゃんを見なければよかった」と思った時期もあった。だけど、もしあの場面を見ていなかったら、大切な人を亡くす悲しみや経験について、きっと今ほど深くは理解できていなかっただろう。死産専門助産師のクレアに会うこともなかった。死にたずさわる仕事をする人たちが過小評価されていること、そういう人たちのことをわたしたちがなにも知らないこと、彼らが扱っているのは死者だけではなく、わたしたち生者の精神や心に多大な貢献をしていること。そういうことをわたしに思い知らせてくれた最たる職業がクレアの職業だった。トラウマになるような体験のさ中にいる人たちをひとりにしてはいけない。クレアのような人たち（メモリーボックスに入れるためだけでなく、彼女たち自身も亡くなった赤ちゃんたちのことを忘れないようにという思いを抱きながら写真を撮り、その命が存在した証を自分の仕事の必要不可欠な要素だとみなしている人たち）のおかげで、その悲壮な体験にともなう疎外感や孤立感はわずかでも軽減される。実際に目にして理解しようと努力することなしに、そういう同情心を育むことなどきっとできるものではない。

そもそも本書の企画の根底にあったのは、普段は人々の目に触れないことを理解しようとすることだったのだから、それをちょっとでも否定してしまったら、意図を弱めてしまうことになる。わたしは確かにすべてを目にしたかった。それなのに、取材に訪れた場所で死体の前に立ちつくし、まったく言葉が出なくなってしまったことが何度もあった。ジャーナリストとして、普段のわたしだったら、いくらでも質問が頭に浮かんでくるはずなのに、インタビュー音声を聞き返してみると、まったく言葉が出せずにいる場面が幾度となくあった。よどんだ空気だったり、冷蔵庫のモーター音だったり、骨切鋸の音だったり、そういう音しか聞こえてこないのだ。自分が口ごもったことや、アダムの胸に置かれたあの写真を見なかったことや、わたしがなんでそこにいるのか不思議がっている医学生が首のない解剖用の死体を淡々と切り開いているのをもっと近くで観察しなかった自分にたいして、家に帰ってから何度腹を立てたことか。死者を近くで見たいがために、百回もメールをやり取りしてようやく取材をとりつけ、何千マイルも旅してきたというのに、どうしてあと数フィート近づいてテリーの人体切断の腕前を近くで目に焼きつけようとしなかったのだろう？　あのときわたしがそうしなかった理由はどこにあったのだろう？　自分は部外者だから、この部屋にいることは許されても、遠くから見ているべきだという遠慮があったのだろうか？　それとも、あのときはまだ、自分には背骨の断端をまともに見ることができないと思い込んでいたのだろうか？　目の前で展開される光景への反応と自分の仕事をしようとすることの狭間でわたしは板挟みになっていた。恐怖と驚嘆の交差点に立っていたのだ。「(恐怖と驚嘆という) この不釣り合いなふたつの感情がぶつかり」とリチャード・パワーズは書いている、「衝突して飛び散る火花は、焦げるほど熱いものであると同時にとても暖かいものなのかもしれない[3]」。

　わたしは頻繁に、特に精神的にきつかったときはひっきりなしに、自分はそもそもなにを求めていたのだろうと自問した。ポピーの遺体安置室で初めて死体を目にしたことで、小さい頃からずっと見たいと思っていた本当の死体の姿を見ることがもうできたのでは？　それ以上に死体を見ることでなにが得られる？　という問いを頭の中で繰り返した。

　マティックと話してからの数日間、息子も岩も離さずに死んだ父親のイメージがどうしてもわたしの頭から振り払えなかった。説明のつかない形でわたしの心を捉えていて、その理由がわからずにいた。あの日マティックが中華料理店で話してくれたとき、わたしはその場面だけを切り取り、知識として持っていた生物学的機能だけをもとに頭の中で理解したつもりになっていた。その行為は矮小化にほかならない。わたしはそうすることで、あの犯罪現場清掃業者とまったく同じように、事実を自分の心から切り離そうとしていたのだ。わたしはすべてを見ようとしていなかった。だから後になってもそのイメージに悩まされつづけたのだ。何週間も経ってようやく、潮が引いて姿を現すように、その場面の全容も理解することができた。

　筋肉がなんの理由もなくそこまで硬直することはない。強硬性硬直は一般的な死後硬直とはまったく違って、とても稀なものであり、筋肉の硬直度は通常の死後硬直よりもずっと強い。たとえばあのエンバーミング室でソフィーが目の前の男性死体の膝を無理やり折り曲げたときみたいにたやすく形を変えられるようなものではないのだ。強硬性硬直は激しい感情によって身体が極度に緊張した瞬間に起こる。あの父子の死体を発見した人たちは、あのふたりの最期の瞬間にタイムトラベルしたも同然だった。ふたりの死体は波の下で死んだ瞬間のまま静かに時を過ごしていたのだ。潮が引いて現れたふたりの姿は、死んだ瞬間の姿であり、それは息子を絶対に離さないぞという父親の人生最後の強い衝動が現れた瞬間だった。あの湾の潮流は強い。それに溺死は瞬間的な死ではない……もしも父親の衝動が弱かったら、その指は岩から引き離され、ふたりの死体はもっと遠い別の場所で見つかったことだろう。湯船に沈んでゆく赤ちゃんを見ながら立ちつくしていたとき、わたしの心にもそれと同じ衝動があった。手を伸ばしてあの赤ちゃんを掴みたかった。もしそれで彼の命を救えると思っていたら絶対に離さなかっただろう。

今わたしはようやく理解する。死者は生者の奥深くに埋まっているものを見せてくれる。わたしたちは、死者を扱う仕事から目を背けることで、本当の自分をより深く理解することを拒否している。「国が自国の死者をどう扱っているのかさえ知ることができれば、その国の人々の持つあわれみ深き慈悲心についても、遵法精神についても、高遠な理想への忠誠心についても、数学的なまでの厳密さで推し量ることができるだろう」。これはケニヨン社のモーのオフィスに額に入れて飾られているウィリアム・グラッドストンの名言だ。わたしたちは、お金だけ出してそこから姿を消すというズルをすることで、それについて知らずに済ませている。死者を扱う仕事をする人々が人知れずやっている思いやりに溢れた行動や、彼らの心優しい哀れみは、その仕事から冷徹に心を切り離していることの現れではなく、むしろその正反対、そう、愛の形なのだ。

短い時間ではあったけれど、死者たちの傍に身を置いたことで、わたしは以前より優しくなれただけでなく、よりタフにもなったと思う。人は必ず終わりを迎えるものだということを受け入れたことで、まだ生きている人が今後迎える死さえ哀れむようになった。製図版に前かがみになっている今の父の白髪だらけの後頭部の写真がわたしの手元にいくつかある。殺されたあの五人の女性を描いていた頃からはずいぶんと歳月が経った。パンデミックで彼とも物理的に会えなくなり、世界中の人々が閉じこもり、何千人もの人たちが孤独のまま死んでしまう運命をたどっていたあの時期、わたしが持っていた父の写真は、ラップトップに収められているこれらの老いた父の画像だけだった。愛する人たちの死は今後洪水のようにわたしを襲ってくるだろうけれど、本書を書いたことで、大洪水が始まる直前の一滴を経験し、心の準備ができたような気がする。

§

新型コロナウイルスのパンデミックがはじまって間もない二〇二〇年一月、道端に横たわるひとりの中国人男性の死体の画像を見た。(4) それを見てわたしはようやく激変が近づいているのだと思い知った。その男性の死体はマスクをしたまま横たわっていた。記者によると、その現場を観察していた二時間の間に、ほかの出動現場に向かう救急車が少なくとも一五台は通過していたという。ようやく黒塗りのバンが到着すると、死体をボディバッグに入れ、死体が横たわっていた歩道を消毒して去っていったという。わたしはそれまで、コロナウイルスは遠い存在で自分とは無関係だと思っていた。しかし、社会で当然のように機能していたはずのものが崩壊しかけているのだと知るには、あの死体の画像を見るだけで十分だった。死体がそんなに長く道端に放置されていたということは、死にたずさわる仕事をする人たちの手が回らなくなっていることを意味する。通常、彼らの仕事はだれの目にも触れず、だれからも称賛されない。彼らの仕事は、だれもやる人がいなくなってようやく気づかれる仕事なのだ。

その後、イギリスのマスコミは死者の画像をほとんど出さなくなっていき、また、イギリス政府は今後訪れる脅威について過小評価する見解を発表した。死亡率が一気に上昇しても、メディアは自宅の庭を何往復も歩くキャンペーンをして募金を集めた九十九歳の元英国陸軍士官トム大尉の話題など、ＮＨＳをサポートする話題ばかりに焦点をあてるようになった。しかし、スクリーン上に映し出される数字としてしか死が扱われなければ、目に見えない敵の現実はどんどん矮小化されてしまう。遺体安置室では、ララが紙製の医療マスクからゴム製の防護マスクに切り替え、体力の限界を遥かに超えて働いているのに、そうでないところではウイルスが本当に存在するのかという議論さえ繰り広げられる始末だった。少し経つと、ニュースでもようやく病院内の混沌を見せるようになったけれど、積極的に検索しない限りは、棺もボディバッグも仮設遺体安置室も見ることはできなかったし、もし見られたとしても、そのほとんどが他国のものばかりだった。ソンタグは、苦痛を呼び起こす画像にたいする人間の反応について書いたあの本の中で「遠い場所やエキゾチックな場所であればあるほど、死者や死にゆく人々の真の最前線をより如実に知ることができるものだ」と書いている。(5)

わたしはその当時、そういうニュースに大きな欠如を感じていた。しかし、このような理解の欠如

者たちに、単なる数字を見せただけで死者数の現実を感じさせることなどできるわけがない。はパンデミックが起こった二〇二〇年よりもずっと以前からあったものだ。死を抽象的に扱ってきた者たちに、単なる数字を見せただけで死者数の現実を感じさせることなどできるわけがない。

何年も前に放送されたラジオ番組「フレッシュ・エアー」のあるエピソードで、エイズ活動家のクリーヴ・ジョーンズがテリー・グロスに語っていたことをわたしは思い起こした。エイズによる死者が千人に達した一九八五年のサンフランシスコでの話だ。彼は、その年の一一月、暗殺された政治家ハーヴェイ・ミルクとジョージ・マスコーニに捧げる毎年恒例のキャンドルライト・イベントに参加して、カストロ通りとマーケット・ストリートが交わる角に立っていた。そのとき彼は、目に見える証拠があまりにも欠如していることにフラストレーションを覚えたという。今いるこの場所は急速に広がっている伝染病の震源地であるにもかかわらず、ゲイ・コミュニティ以外では、まだほとんど認識すらされていなかった。街角に立つ彼の周囲では、人々がレストランで談笑しながら食事をしたり音楽を楽しんでいた。「もしわたしがこの建物を全部ぶっ壊したとしたら、または、もしここが太陽にさらされて腐ってゆく千人の死体が横たわる草原だとしたら、きっとこの人たちも今の大変な現状を自分の目でしっかり理解できるだろう。そうなれば、彼らも人間なのだから、きっとなにかしなければという気持ちになるに違いない、とわたしは頭の中で考えていました」。彼は「ぶっ壊す」のではなく創造する道を選び、エイズ・メモリアル・キルトの活動をはじめた。一枚の大きさがほぼ墓の面積と同じ縦六フィート横三フィートのキルトは、三六年経った今でもまだ増えつづけており、キルトに託された故人の数は一〇万五千人に、その重量は四四トンに達している。世界最大の社会民衆芸術品だ。これが存在するのは、この社会は死体そのものを目にすることができない社会だからだ。目に見えないと心に思い描きにくく、容易に無視されてしまったり、自分には関係ないという先入観が生まれてしまう。

二〇二〇年に肉親を亡くした人たちは、アクリル・スクリーンの衝立《ついたて》を通して最後のお別れをしなければならなかった。その中には初めて死体を目にした人たちもいた。人生で最初に目にする死体が大切な人の死体となってしまった人たちもいた。当時の遺族は通常の形で弔うことができなかった。葬儀に同席することもかなわず、その多くはZOOMで生配信された。これもまたスクリーンを通しての別れだ。そして死という概念だけが残された。世界中が不眠症に悩まされた四月になると、BBCラジオ3が欧州放送連合とチームを組み、八時間の子守歌番組『マックス・リヒターズ・スリープ』がヨーロッパとアメリカとカナダとニュージーランドの一五のチャンネルで同時放送された。

活動しないことが活動になるというのは確かに珍しいことだけれど、コロナ禍では自宅のソファに座って壁を見ているだけで多くの命が救われた。ロックダウンで精神的に参ってしまう理由は、ひとりだけでずっと、または、多すぎる家族と一緒にずっと、屋内に籠っているからだけではない。ストレスホルモンを分泌していながら、それを使えないことも大きな要因だった。なにもしないことによる影響を数値化するのは不可能だけれど、不活性は確実に不安や絶望を育むものだ。崩壊しつつあるこの社会にもっと具体的にかかわっていたいという欲求から、イギリスでは二五万人以上がヘルパーとしてボランティア活動をした。

一日の死亡者数が一桁から四〇人台へと一気に上昇してからは、その勢いが止まることなく数日ごとに倍増を繰り返し、百人、千人となっていった。「この死者ひとりひとりがボディバッグに入った人間なのだ」とわたしは思った。かつて洪水の川からわたしの友だちを引き上げた人たちのように、どこかでだれかがひとりひとりの死体の面倒をみているのだ。その中には、わたしがだいぶ前に書きはじめてロックダウン中に書き終えたこの本に登場する人たちもいる。わたしは自宅から出られなくなってようやく、うちの庭のありがたさに気づいた（脳はすでにストレスと無力感でドロドロに溶けていたけれど）。それ以前は、庭に通じる家の裏口に立って、仲良くなったカラスの一家に夕食の残飯を投げてあたえるのがせいぜいだった。でも、コロナ禍からは、おぼつかないながらも、小さな木々を飲み込んでいたツタやイバラの刈り込みをはじめた。雑草なのか残しておくべきものなのかわからない植物に出くわすと写真を撮って確認した。埋葬にはうってつけだけれど耕すとなると容易ではない我が家の粘土質の庭で、何週間も掘ったり刈ったり引き抜いたりをつづけ、ようやく、植え付けまでこぎつけた。ニュースでどんなことが伝えられようと、わたしがいかに無知であろうと、日に何人の人が死のうと、土からは小さな命が芽を出していた。自然の強さを見ると心が強くなるものだけれど、わたしは外の世界で起こっている出来事から目を背けようとして庭にいたわけではない。むしろ考えをまとめるためにそうしていた。

死と時間経過について考えることも庭いじりの一部だ。うまくいかないかもしれないと知りつつ種をまき、球根を植える。六ヶ月後には霜で死んでしまうかもしれないと知りつつ植物を育てる。庭いじりには、最期があるという事実を受け入れることも、短いけれど美しい命を祝福することも、すべてが含まれている。ガーデニングにはセラピー効果があると言われている。自分の手で土に触れてなんらかの変化をもたらせることで、自分が今ここに生きていると実感できる。たとえその相手が小さなテラコッタの植木鉢ひとつでも、自分は必要とされている、自分には価値があると思うことができる。しかもセラピー効果はさらに深いところまで繋がっている。春に開始した時点からずっと、月々の経過は、最期の瞬間に向けてのカウントダウンなのだ。植物は冬になれば凍って輝くパリパリの種子の冠毛（終わりと始まりの両方を視覚的に思い出させてくれるもの）となって死ぬことを、ガーデナーは毎年受け入れ、そうなるよう計画し、そうなることを祝福さえする。

寒さが増すと、コロナの死亡者数はさらに増えた。ニューヨークでは、第一波の時に予備の遺体安置室として病院の隣に設置した冷凍車トラックをまだフル稼働させていた。ブルックリンの波止場には、遺族が見つからない、もしくは、埋葬費用が出せない六五〇人の遺体が収容されていた。[6] ロサンゼルス郡は未処理の死体に取り組むため、大気質規制を一時的に免除して、ひと月の火葬限度数の超過を認めた。[7] ブラジルでは一日の死亡者数が四千人を超えた頃、コロナ隔離病棟の看護師たちは、装着する直前のニトリル手袋をお湯に漬けて温め、患者が孤独を感じないよう人肌の温もりをあたえる配慮をしていた。[8] 時を少しさかのぼった二〇二〇年三月下旬（数十万人の死者が出た後）、ホワイトハウスのローズガーデンでドナルド・トランプ大統領はこう言った。「かつての生活が戻ってくれることを望む。当時われわれは過去最高の経済を誇っていたし、死者などいなかった」[9]

死者はいつだっていた。人がそれを見ないようにしていただけだ。記憶から消すために、自分はそうならないと信じ込むために、隠していただけだ。しかしパンデミックによって、死はだれにとっても、より身近で、いつでも、どこでも、あり得るものだと感じられるようになった。わたしたちは死によって定義づけられてきた時代を生き残った。目に見える訪問者としてやってきた死を、これからはきちんと受け入れられるように、心の部屋の模様替えを急がなければならない。

謝辞

その名がわかる人もわからない人もふくめて、この取材でわたしと出会ったすべての死者たちに感謝します。

そしてまた、わたしのために貴重な仕事の時間を割いてくださった以下の生者たちにも感謝します。遺体安置室のポピー・マードールとアーロンとロゼアンナ、テリー・レニエ、ニック・レイノルズ、マーク・〝モー〟・オリヴァー、ニール・スミザー、ジェリー・ギヴンズ、ロンとジーンのトロイヤー夫妻、フィリップ・ゴア博士、ケヴィン・シンクレア、ララ＝ローズ・アイルデール、クレア・ビーズリー、アーノズ・ヴェイルのマイクとボブ、カンフォード火葬場のトニーとデイヴ、クライオニクス・インスティテュートのデニスとヒラリー、そして、アンソニー・マティック。

クリント・エドワーズは、わたしにとって最初の、そして、一番親密な読者であり、音声文字起こし原稿と下書きの海で迷子になったときにはわたしの灯台となり、オンボロのレンタカーでも信頼できるわたしの運転手にもなり、苦痛に満ちた数度の締め切りのさ中にいるわたしと暮らし、世界的パンデミックのさ中にいるわたしとも一緒に過ごさなければならなかった、とても可哀そうなおバカさんだ……ウエイン&ウェネッタ（人気コメディ番組のコントに登場するだらしないカップル）よ、永遠なれ。わたしの大好きなふたりの変人エディ・キャンベルとオードリー・ニッフェネガーの助けがなければ本書は存在しなかっただろう。何年も前にアーネスト・ベッカーをわたしに紹介してくれ、その後の出来事にも対処してくれたクリストファー・ミンタ。知恵と泊まる場所を提供してくれたケイトリン・ドーティ（あなたのミルクシェイク用ミキサーでコーヒー豆を挽いてしまってごめんなさい）。わたしのためにドアを開きその頭脳とご家族を貸してくれた死者の大君主ジョン・トロイヤー博士。言いたいことがわたしの頭の中でまとまるまで論争の相手をしてくれたサリー・オーソン・ジョーンズ。わたしの傍らで叱咤激励してくれたオリー・フランクリン＝ウォリス。わたしのモルモット役になってくれたキャット・ミホス（あなたには感謝だけでなく謝罪もさせてもらうわ）。

レイヴン・ブックス社の優しくて賢くて忍耐強い人たち、中でも、アリソン・ヘネシーとケイティ・エリス＝ブラウン、そしてセント・マーチンズ・プレス社のハンナ・フィリップスに感謝します。わたしの属するエージェント会社の人たち、ローラ・マクドガル、オリヴィア・デイヴィス、スラミータ・ガルバス、ジョン・エリックに感謝します。そしてこの企画の資金援助の一端に協力してくれた作家協会と作家基金に感謝します。

わたしの一見とりとめのない質問（鳥についてだったり、切り文字についてだったり、意識についてだったり）に答えてくださった人たちや、そのほかの形でわたしを手伝ってくださった人たちが数多くいます。デーム・スー・ブラック教授、ダンディ大学の解剖学および人体身元確認センターのヴィヴィアン・マクガイア、ポール・ケフォード、UCLAのディーン・フィッシャー、ロジャー・アヴァリー、アニル・セス、BJ・ミラー、ブライアン・ラヴィーン、エリック・マーランド、シャロン・スティテラー、ニック・ブース、ラビのローラ・ジャナー＝クロウスナー、ルーシー・コールマン・タルボット、ジャオ・メディイロス、アーノズ・ヴェイルのオリー・ミントン博士とヴァネッサ・スペンサー。

本書の原稿を書いた場所としては、ミネソタ郊外を走るバスの後ろの方の座席、今は取り壊し中のニューヨークのホテルのコインランドリー、ニューオーリンズの屋上、タイピング作業をしたミシガン州のどこかにあるアービーズもあるけれど、原稿の大半を書いたのは北ロンドンでした。わたしに泊まる場所や送り迎えや書物や夕食を提供してくれただけでなく、なによりも、わたしの不平のはけ口になってくれた友人たちに感謝します。エレノア・モーガン、オリー・リチャーズ、リオ・バーカー、ナザニエル・メトカルフ、オッシー・ハースト・アンディ・ライリーとポリー・フェイバー、ケイト・セヴィリア、ニール・ゲイマン、アマンダ・パルマー、ビル・スタイテラー、スティーヴン・ロドリック、トビー・フィンレー、ダレン・リッチマン、オハイオで雪の夜道からわたしたちを救助してくれたトム・スパージェン（古き良き友よ安らかに眠ってください）、エリン・ダーリンプルとマッケンジー・ダーリンプル、マイケル・ゲイマンとコートニー・ゲイマン、わたしにとってのジョージ・コスタンザのような存在ジョン・サワード。愛猫のネッドの世話をしてくれたピーター・ナイトとジャッキー・ナイト夫妻に感謝します。それとネッド本人にも……この愛猫はわたしの影であり、文鎮であり、自称目覚まし時計です。

本書を執筆していて、わたしの髪は白髪交じりになってしまったけれど、それをあたかも意図的なファッションのようにアレンジしてくれたスーザン・ソンタグとリリー・マンスターに感謝します。

訳者あとがき

本書はRAVEN BOOKS社より刊行された『*ALL THE LIVING AND THE DEAD: An Exploration of the People Who Make Death Their Life's Work*』の全訳だ。

原題を直訳するなら、「生きとし生ける者たちと死せる者たち――人の死を生涯の仕事とした人々を探求する」といったところだろうか。この副題が示すとおり、著者のヘイリー・キャンベルは、日常的に死体と接することの多い様々な業種の現場に出向いて徹底的に取材し、そこで目にしたことや感じたことを、ときには冷静に、ときには痛烈に、ときには温かい目で、ときには軽妙に、バランスの取れた筆致で書き記している。命ある者にとって死は必ず訪れることであるにもかかわらず、死体から、そして死体を扱う職業からも目を逸らそうとする現代社会への疑問に突き動かされて、彼女はこの本を書いている。しかし、取材を進めているうちに、彼女に冷静な視線を保たせていたジャーナリスト魂という名のバリアが剝がれ落ち、頭髪に白いものが混じるほど心が打ちのめされていく。本書には、その経緯についても、赤裸々に、しかしセンチメンタルになることなく淡々と書かれていて、少なくともわたしは、そこに静かな迫力を感じずにいられなかった。書評サイトGoodreads二〇二二年ベスト・ノンフィクション部門にノミネートされたというのも納得のいくところだ。

死体を直接目にする機会がないことは健全に生きる上で大きな損失ではないだろうか、とする彼女は、そういう機会をなかなか得ることのできない社会環境に批判の目を向けている。著者の出身地であるオーストラリアや現在暮らしているイギリスでは、一般的に、葬儀も含めて、死体と対面できる機会はほとんどない。わたし自身、イギリスと日本の両国で、悲しいことだが幾度も、家族や友人の葬儀に出席してきた（この本の翻訳オファーをいただいたのも、ちょうどイギリス人の義母を亡くした直後だった）けれど、確かにこれまでイギリスで立ち会ったどの葬儀でも、棺の蓋が開けられたことは一度もなかった。死後何週間も経過してから葬儀が営まれることも、そのためエンバーミングが施されることも、イギリスではごく一般的だ。そういうところだけに着目すれば、葬儀でご遺体に向かって最後のお別れをする習慣がある日本とは状況が大きく異なるのかもしれない。データを調べたわけではない（そういうデータが存在するのかどうかもわからない）が、自分の目で死体を見た経験のある人は、イギリスと比べて日本の方が圧倒的に多いのではないだろうか。しかし、死や死体に強い興味を示すことは「不謹慎」である、とする考え方は日本社会にも根強くある。当然、死者への冒涜につながる形で軽率に死体への興味を示すのは不謹慎だし、きちんとした文脈《コンテクスト》を持たずに死体を見ようとすることへの危険性についても、本書はしっかりと論じている。それを踏まえたうえで、人は必ず死ぬものであるという現実から目を逸らすためだけに、死を連想させるものから目を背けようとするのは、やはり間違っているのではないか、と著者は問題提起しているのだ。これは、日本をはじめ、宗教や習慣の異なる多くの文化にも当てはまる、一度立ち止まって考えてみる価値のあることではないだろうか。生と死は表裏一体なのだから、死を見つめることは命を見つめることでもある。死体という具体的なものを目の前で見たり、それに触れたりすることで、それまで意図的に抽象化されていた「死」の概念がより明確になり、死の（そしてその裏側にある「生きること」の）本質を理解するきっかけになるはずだ、という主張が本書の根幹を貫いている。

この本を読んでいて見えてくるのは、そのことだけにとどまらない。もう三〇年近くも前のことだが、わたしの父が急逝したとき、自宅のベッドに寝かされた遺体を目の前にしても、わたしにはなぜか父が死んだという実感を持てなかった。どっちつかずで宙を浮いているようになっていた感情が、スッキリした悲しみ（こういう表現が合っているかどうかわからないが）に変化したのは、骨になって火葬炉から出てきた光景を目にした瞬間だった。あの時の心情の変化の正体がわからず、うやむやなまま三〇年近くの歳月が経過していたが、この本の「生殺し」の章を訳しているとき、ようやく腑に落ちるものを感じることができた。

本書のどの部分が琴線に触れるかは人によって様々かもしれないが、この本は、わたしがそうであったように、個々の読者に私的レベルの気づきをあたえてくれるものだと信じている。取材で出会った死者たちの尊厳を守りながら、死体を相手に仕事をする心優しき人々（死の仕事師たち）に感動しながら、ドライなユーモアを交えながら、自らの魂を削りながら、この本を書き上げた彼女の情熱が、邦訳版に少しでも反映されていることを願ってやまない。

最後になりましたが、わたしの拙訳に懇切丁寧に忍耐強くおつきあいくださった白揚社の萩原修平さま、この素晴らしい本に出会わせてくださった清水朋哉さま、そして本書の出版にご尽力くださった関係者の皆様に心よりお礼申し上げます。

二〇二四年一〇月
吉田俊太郎

9：John Roach, 'Antifreeze-Like Blood Lets Frogs Freeze and Thaw with Winter's Whims', *National Geographic*, 20 February 2007. <nationalgeographic.com/animals/2007/02/frog-antifreeze-blood-winter-adaptation/>

あとがき

1：David Simon, *Homicide: A Year on the Killing Streets*, Houghton Mifflin Company, Boston, 1991, p. 177. c David Simon, 1991, 2006. *Homicide: A Year on the Killing Streets* からの抜粋は、Canongate Books Ltd および Henry Holt & Co. の許可を得て転載。

2：Bessel van der Kolk, *The Body Keeps the Score*, Penguin, London, 2014, p. 217. Reproduced with permission of Penguin Random House LLC（US）. Reprinted by permission of Penguin Books Ltd.（UK）, c 2014 Bessel van der Kolk.（ベッセル・ヴァン・デア・コーク『身体はトラウマを記録する：脳・心・体のつながりと回復のための手法』、柴田裕之訳、紀伊國屋書店）

3：Richard Powers, introduction to DeLillo, *White Noise*, pp. xi-xii. Penguin Random House LLC（US）の許可を得て転載.

4：Agence France-Presse, 'A Man Lies Dead in the Street: The Image that Captures the Wuhan Coronavirus Crisis', *Guardian*, 31 January 2020. <theguardian.com/world/2020/jan/31/a-man-lies-dead-in-the-street-the-image-that-captures-the-wuhan-coronavirus-crisis>

5：Sontag, *Regarding the Pain of Others*, p. 63.

6：Paul Berger, 'NYC Dead Stay in Freezer Trucks Set Up during Spring Covid-19 Surge', *Wall Street Journal*, 22 November 2020. <wsj.com/articles/nyc-dead-stay-in-freezer-trucks-set-up-during-spring-covid-19-surge-11606050000>

7：Julia Carrie Wong, 'Los Angeles Lifts Air-Quality Limits for Cremations as Covid Doubles Death Rate', *Guardian*, 18 January 2021. <theguardian.com/us-news/2021/jan/18/los-angeles-covid-coronavirus-deaths-cremation-pandemic>

8：'Nursing Technician from S a o Carlos "Supports" an Intubated Patient's Hand with Gloves Filled with Warm Water', Globo.com, 23 March 2021. <g1.globo.com/sp/sao-carlos-regiao/noticia/2021/03/23/tecnica-emenfermagem-de-sao-carlos-ampara-mao-de-paciente-intubada-comluvas-cheias-de-agua-morna.ghtml>〔リンク切れ〕

9：*Remarks by President Trump, Vice President Pence, and Members of the Coronavirus Task Force in Press Briefing*, issued on 30 March 2020, press briefing held 29 March 2020, 5.43 p.m. EDT. <trumpwhitehouse.archives.gov/briefings-statements/remarks-president-trump-vice-president-pence-members-coronavirus-task-force-press-briefing-14/>

4：‘Pregnancy Loss Statistics’, Tommy’s. Last viewed 1 October 2021. <tommys.org/our-organisation/our-research/pregnancy-loss-statistics>

5：‘Tell Me Why’, Tommy’s. Last viewed 1 October 2021. <tommys.org/our-research/tell-me-why>

6：Ariel Levy, ‘Thanksgiving in Mongolia’, *New Yorker*, 10 November 2013. <newyorker.com/magazine/2013/11/18/thanksgiving-in-mongolia> 本記事のテキストは、以下の彼女の著書にも掲載されている．Ariel Levy, *The Rules Do Not Apply*, Random House, New York, 2017/Fleet, London, 2017, pp. 145-6, 235-6. Reproduced with permission of Penguin Random House LLC（US）.

7：Katherine J. Gold, Irving Leon, Martha E. Boggs and Ananda Sen, ‘Depression and Posttraumatic Stress Symptoms after Perinatal Loss in a Population-Based Sample’, *Journal of Women’s Health*, vol. 25, no. 3, 2016, pp. 263-8. <ncbi.nlm.nih.gov/pmc/articles/PMC4955602/pdf/jwh.2015.5284.pdf>

11　悪魔の御者 ―― 火葬オペレーター

1：‘International Statistics 2019’, Cremation Society. Last viewed 1 October 2021. <cremation.org.uk/International-cremation-statistics-2019>

2：Christopher Hitchens, *Mortality*, Atlantic Books, London, 2012, p. 11. Atlantic Books Ltd（UK）と Hachette Book Group（USA）の許可を得て転載.

12　希望に満ちた死者 ―― クライオニクス・インスティテュート

1：Jonathan Oosting, ‘Detroit Mayor Dave Bing: Relocation “Absolutely” Part of Plan to Downsize City’, Michigan Live, 25 February 2010. <mlive.com/news/detroit/2010/02/detroit_mayor_dave_bing_reloca.html>

2：Ed Regis, *Great Mambo Chicken and the Transhumanist Condition: Science Slightly Over the Edge*, Perseus Books, New York, 1990, p. 84.

3：同上 , p. 85.

4：Robert Ettinger, *The Prospect of Immortality*, Sidgwick & Jackson, London, 1965, p. 146.

5：Alcor, Membership/Funding. Last viewed 1 October 2021. <alcor.org/membership/>〔リンク切れ〕

6：Sam Shaw, ‘Mistakes Were Made: You’re as Cold as Ice’, *This American Life*, episode 354, 18 April 2008. <thisamericanlife.org/354/mistakes-were-made>

7：David Wallace-Wells, *The Uninhabitable Earth*, Allen Lane, London, 2019, p. 99.（デイビッド・ウォレス・ウェルズ『地球に住めなくなる日：「気候崩壊」の避けられない真実』、藤井留美訳、NHK 出版）

8：Gina Kolata, ‘“Partly Alive”: Scientists Revive Cells in Brains from Dead Pigs’, *New York Times*, 17 April 2019. <nytimes.com/2019/04/17/science/brain-dead-pigs.html>

13：British Institute of Embalmers の National General Secretary である Karen Caney（FBIE）に E メールで問い合わせて得た数字．

14：Mollie Bloudoff -Indelicato, 'Arsenic and Old Graves: Civil War-Era Cemeteries May Be Leaking Toxins', *Smithsonian Magazine*, 30 October 2015. <smithsonianmag.com/science-nature/arsenic-and-old-graves-civil-war-era-cemeteries-may-be-leakingtoxins-180957115/>

15：Green Burial Council, 'Disposition Statistics', via Mary Woodsen of Cornell University and Greensprings Natural Preserve in Newfield, New York. Last viewed 1 October 2021. <www.greenburialcouncil.org/media_packet.html>〔リンク切れ〕

16：Malachi O'Doherty, 'Toxins Leaking from Embalmed Bodies in Graveyards Pose Threat to the Living', *Belfast Telegraph*, 10 May 2015. <belfasttelegraph.co.uk/news/northernireland/toxins-leaking-from-embalmed-bodies-in-graveyards-posethreat-to-the-living-31211012.html>

17：Caitlin Doughty, *From Here to Eternity*, W.W. Norton, New York, 2017, pp. 42-77.（ケイトリン・ドーティ『世界のすごいお葬式』、池田真紀子訳、新潮社）

8　愛と恐れ ―― 病理解剖学技師

1：'How Does the UK's Infant Mortality Rate Compare Internationally?', Nuffield Trust, 29 July 2021. <nuffieldtrust.org.uk/resource/infant-and-neonatal-mortality>

2：Seamus Duff and Ellie Henman, 'Law Changer: Kym Marsh Relives Heartache of Her Son's Tragic Death as She Continues Campaign to Change Law for Those Who Give Birth and Lose Their Baby', *The Sun*, 31 January 2017. <thesun.co.uk/tvandshowbiz/2745250/kym-marsh-relivesheartache-of-her-sons-tragic-death-as-she-continues-campaign-tochange-law-for-those-who-give-birth-and-lose-their-baby/>

3：Julia Kristeva, *Powers of Horror: An Essay on Abjection*, Columbia University Press, New York, 1980, p. 4.（ジュリア・クリステヴァ『恐怖の権力：〈アブジェクシオン〉試論』、枝川昌雄訳、法政大学出版局）

4：Matthew Limb, 'Disparity in Maternal Deaths because of Ethnicity is "Unacceptable" ', *The BMJ*, 18 January 2021. <bmj.com/content/372/bmj.n152>

9　たくましい母 ―― 死産専門助産師

1：'Tracing Midwives in Your Family', Royal College of Obstetricians & Gynaecologists/Royal College of Midwives, 2014. <rcog.org.uk/globalassets/documents/guidelines/libraryservices/heritage/rcmgenealogy.pdf>〔リンク切れ〕

2：'How Do You Lay Someone Out When They Die?', Funeral Guide, 22 February 2018. <funeralguide.co.uk/blog/laying-out-abody>

3：'Audit of Bereavement Care Provision in UK Neonatal Units 2018', Sands, 2018. <www.sands.org.uk/audit-bereavement-care-provision-uk-neonatal-units-2018>

no. 222, March/April 1997, pp. 7-9, 13. <newleftreview.org/issues/i222/articles/christopher-hitchens-norman-mailer-a-minority-of-one-an-interview-with-norman-mailer>

26：'Donahue Cannot Film Execution', United Press International（UPI）, 14 June 1994. <upi.com/Archives/1994/06/14/Donahue-cannot-film-execution/2750771566400/>

27：Albert Camus, *Resistance, Rebellion, and Death*, Alfred A. Knopf, New York, 1966, p. 175.

28：Dale Brumfield, 'An Executioner's Song', *Richmond Magazine*, 4 April 2016. <richmondmagazine.com/news/features/an-executioners-song/>

29：'Deadly Sins', Season 3, Episode 4 of *The Story of God with Morgan Freeman*, exec. prod. Morgan Freeman, Lori McCreary and James Younger, 2019, National Geographic Channel.

30：Jennifer Gonnerman, 'The Last Executioner', *The Village Voice*, 18 January 2005.

31：Lifton and Mitchell, *Who Owns Death?*, pp. 89-90.

32：ここでジェリーは人数を少し取り違えている．実際には五人の銃殺隊のうち四人が実弾の入った銃を，ひとりが実弾の入っていない銃を持つことになっている．しかし，ここではジェリーの言葉をそのまま記載することにした．

7　永遠に続くものなんてない —— エンバーマー

1：Val McDermid, *Forensics: The Anatomy of a Crime Scene*, Wellcome Collection, London, 2015, pp. 80-2.

2：Susan Isaac, 'Martin Van Butchell: The Eccentric Dentist Who Embalmed His Wife', Royal College of Surgeons Library Blog, 1 March 2019. <www.rcseng.ac.uk/library-and-publications/library/blog/martin-van-butchell/>

3：Drew Gilpin Faust, *This Republic of Suffering: Death and the American Civil War*, Vintage Civil War Library, New York, 2008, pp. 61-101.（ドルー・ギルピン・ファウスト『戦死とアメリカ：南北戦争 62 万人の死の意味』、黒沢眞里子訳、彩流社）

4：Robert G. Mayer, *Embalming: History, Theory & Practice*, Third Edition, McGraw Hill, New York, 2000, p. 464.

5：Faust, *Suffering*, p. 94.

6：Anne Carol, 'Embalming and Materiality of Death: France, Nineteenth Century', *Mortality*, vol. 24, no. 2, 2019, pp.183-92. <tandfonline.com/doi/full/10.1080/13576275.2019.1585784>

7：Faust, *Suffering*, p. 95.

8：同上., pp. 96-7.

9：Nick Kirkpatrick, 'A Funeral Home's Specialty: Dioramas of the（Propped Up）Dead', *Washington Post*, 27 May 2014. <washingtonpost.com/news/morning-mix/wp/2014/05/27/a-funeral-homes-specialty-dioramas-of-the-propped-up-dead/>

10：Geoffrey Gorer, 'The Pornography of Death', *Encounter*, October 1955, pp. 49-52.

11：Jessica Mitford, *The American Way of Death Revisited*, Virago, London, 2000, p. 64.

12：Campbell, 'In the future ...', *WIRED*.

6 : Jennifer Gonnerman, 'The Last Executioner', *Village Voice*, 18 January 2005. <web.archive.org/web/20090612033107/http://www.villagevoice.com/2005-01-18/news/the-last-executioner/1>

7 : Lifton and Mitchell, *Who Owns Death?*, p. 88.

8 : 同上 .

9 : Deborah W. Denno, 'Is Electrocution an Unconstitutional Method of Execution? The Engineering of Death over the Century', *William & Mary Law Review*, vol. 35, no. 2, 1994, p. 648. <scholarship.law.wm.edu/wmlr/vol35/iss2/4>

10 : 同上 , p. 664.

11 : Mark Essig, *Edison and the Electric Chair: A Story of Light and Death*, Sutton, Stroud, 2003, p. 225.

12 : 'Far Worse than Hanging: Kemmler's Death Provides an Awful Spectacle', *New York Times*, 7 August 1890. <timesmachine.nytimes.com/timesmachine/1890/08/07/103256332.pdf>

13 : Katherine R. Notley, 'Virginia Death Row Inmates Sue to Stop Use of Electric Chair', *Executive Intelligence Review*, vol. 20, no. 9, 1993, p. 66. <larouchepub.com/eiw/public/1993/eirv20n09-19930226/eirv20n09-19930226_065-virginia_death_row_inmates_sue_t.pdf>

14 : Paul Friedland, *Seeing Justice Done: The Age of Spectacular Capital Punishment in France*, Oxford University Press, 2012, pp. 71-2. ライセンサーである PLSclear を通じて，Oxford Publishing Ltd の許可を得て転載.

15 : 同上 , pp. 80-1.

16 : Lifton and Mitchell, *Who Owns Death?*, p. 87.

17 : 同上 , p. 102.

18 : David R. Dow and Mark Dow, *Machinery of Death: The Reality of America's Death Penalty Regime*, Routledge, New York, 2002, p. 8. Reproduced with permission of Taylor and Francis Group LLC（Books）US, the Licensor, through PLSclear.

19 : Joan Didion, *The White Album*, Farrar, Straus and Giroux, New York, 2009, p. 11. Reprinted by permission of HarperCollins Publishers Ltd, c 1979 Joan Didion（UK）.（ジョーン・ディディオン『60 年代の過ぎた朝：ジョーン・ディディオン集』、越智道雄訳、東京書籍）

20 : *The Act of Killing*, dir. Joshua Oppenheimer, Christine Cynn, Anonymous, Dogwoof Pictures, 2012.

21 : 'Deterrence: Studies Show No Link between the Presence or Absence of the Death Penalty and Murder Rates', Death Penalty Information Center. Last viewed 1 October 2021. <deathpenaltyinfo.org/policy-issues/deterrence>

22 : S. Frank Thompson, 'I Know What It's Like to Carry Out Executions', *The Atlantic*, 3 December 2019. <theatlantic.com/ideas/archive/2019/12/federal-executions-trauma/602785/>

23 : Robert G. Elliott, *Agent of Death*, E. P. Dutton, New York, 1940.

24 : Christopher Hitchens, 'Scenes from an Execution', *Vanity Fair*, January 1998. <archive.vanityfair.com/article/share/3472d8c9-8efa-4989-b3da-72c7922cf70a>

25 : Christopher Hitchens, 'A Minority of One: An Interview with Norman Mailer', *New Left Review*,

4 : *Pulp Fiction*, written by Quentin Tarantino and Roger Avary, directed by Quentin Tarantino, Miramax Films, 1994. Quentin Tarantino の許可を得て転載.

5 : John Geluardi and Karl Fischer, 'Red Onion Owner Slain in Botched Takeover Robbery', *East Bay Times*, 28 April 2007. <eastbaytimes.com/2007/04/28/red-onion-owner-slain-in-botched-takeover-robbery/>

6 : Bradford R. Collins, 'Warhol's Modern Dance of Death', *American Art,* vol. 30, no. 2, University of Chicago Press, 2016, pp. 33-54. <journals.uchicago.edu/doi/full/10.1086/688590>

7: Andy Warhol and Pat Hackett, *POPism: The Warhol Sixties*, Harper & Row, New York, 1980, p. 50 (in Collins, *Warhol*, p. 33).（アンディ・ウォーホル&パット・ハケット『ポッピズム：ウォーホルの 60 年代』、高島平吾訳、文遊社）

8 : Henry Geldzahler, Jean Stein and George Plimpton, *Edie: An American Biography*, Alfred A. Knopf, New York, 1982, p. 201 (in Collins, *Warhol*, p. 37). Plimpton Estate の許可を得て転載 .

9 : Sontag, *Regarding the Pain of Others*, p. 21.

10 : Brian Wallis, *Weegee: Murder Is My Business*, International Center of Photography and DelMonico Books, New York, 2013, p. 9.

11 : Margaret Bourke-White, *Dear Fatherland, Rest Quietly: A Report on the Collapse of Hitler's Thousand Years*, Arcole Publishing, Auckland, 2018.

12 : Ben Cosgrove, 'Behind the Picture: The Liberation of Buchenwald, April 1945', *TIME*, 10 October 2013. <https://time.com/3638432/ >

13 : 'Editor's Note', *New York Times*, 30 March 1993. <nytimes.com/1993/03/30/nyregion/editors-note-513893.html >

14 : Scott Macleod, 'The Life and Death of Kevin Carter', *TIME*, 24 June 2001. <time.com/archive/6725984/the-life-and-death-of-kevin-carter/>

15 : Sontag, *Regarding the Pain of Others*, pp. 90-1.

6　死刑執行人と夕食を —— 死刑執行人

1 : Marc Mauer, 'Bill Clinton, "Black Lives" and the Myths of the 1994 Crime Bill', Marshall Project, 11 April 2016. <themarshallproject.org/2016/04/11/bill-clinton-black-lives-and-the-myths-of-the-1994-crime-bill>

2 : Letter to Governor Hutchinson, Constitution Project, 28 March 2017. <archive.constitutionproject.org/wp-content/uploads/2017/03/Letter-to-Governor-Hutchinson-from-Former-Corrections-Officials.pdf>〔リンク切れ〕

3 : *Virginia Correctional Enterprises Tag Shop*, Virginia Department of Corrections, YouTube, 12 April 2010. <youtu.be/SC-pzhP_kGc>

4 : Robert Jay Lifton and Greg Mitchell, *Who Owns Death? Capital Punishment, the American Conscience, and the End of Executions*, HarperCollins, New York, 2000, pp. 40-1.

5 : 同上, p. 24.

4：*Amador*, Resistor Films, YouTube, 9 November 2009. <youtu.be/zxb9dMYdmx4>〔リンク切れ〕
5：Hayley Campbell, '13 Gruesome, Weird, and Heartbreaking Victorian Death Masks', BuzzFeed, 13 July 2015. <buzzfeed.com/hayleycampbell/death-masks-and-skull-amnesty>
6：Duncan Campbell, 'Crime', *Guardian*, 6 March 1999. <theguardian.com/lifeandstyle/1999/mar/06/weekend.duncancampbell>
7：Shirley Jackson, *The Haunting of Hill House*, Penguin, New York, 2006, p. 1. Reproduced with permission of Penguin Random House LLC (US).

4　生殺し —— 被災者身元確認業務

1：Richard Shepherd, 'How to Identify a Body: The *Marchioness* Disaster and My Life in Forensic Pathology', *Guardian*, 18 April 2019. <theguardian.com/science/2019/apr/18/how-to-identify-a-body-the-marchioness-disaster-and-my-life-in-forensic-pathology>
2：*Public Inquiry into the Identification of Victims following Major Transport Accidents*, Report of Lord Justice Clarke, vol. 1, p. 90, quoting Bernard Knight, *Forensic Pathology* (2nd edition, chapter 3), printed in the UK for The Stationery Office Limited on behalf of the Controller of Her Majesty's Stationery Office, February 2001.
3：Richard Shepherd, *Unnatural Causes: The Life and Many Deaths of Britain's Top Forensic Pathologist*, Michael Joseph, London, 2018, p. 259. Penguin Books Ltd. (UK) の許可を得て転載 .（リチャード・シェパード『不自然な死因：イギリス法医学者が見てきた死と人生』、長澤あかね訳、大和書房）
4：National Civil Aviation Review Commission, Testimony of Gail Dunham, 8 October 1997. <library.unt.edu/gpo/NCARC/safetestimony/dunham.htm>
5：'United Airlines - Boeing B737-200 (N999UA) flight UA585', Aviation Accidents, 15 September 2017. <aviation-accidents.net/united-airlines-boeing-b737-200-n999ua-flight-ua585/>
6：*The Silence of Others*, dir./prod. by Almudena Carracedo and Robert Bahar, El Deseo/Semilla Verde Productions/Lucernam Films, 2018. Broadcast on BBC's *Storyville* in December 2019.
7：'Ascension Mendieta, 93, Dies: Symbol of Justice for Franco Victims', *New York Times*, 22 September 2019. <nytimes.com/2019/09/22/world/europe/ascension-mendieta-dies.html>

5　恐怖 —— 犯罪現場清掃人

1：Taylor Wofford, 'Rotten.com Is Offline', *The Outline*, 29 November 2017. <theoutline.com/post/2549/rotten-com-is-offline>
2：Janelle Brown, 'The Internet's Public Enema No. 1', *Salon*, 5 March 2001. <salon.com/2001/03/05/rotten_2/>
3：Susan Sontag, *Regarding the Pain of Others*, Penguin, London, 2003, p. 38.（スーザン・ソンタグ『他者の苦痛へのまなざし』、北条文緒訳、みすず書房）

Ewers, 2018, DVD, PBS Distribution.

2 : Billy Frolick, 'Back in the Ring: Multiple Sclerosis Seemingly Had Richard Pryor Down for the Count, but a Return to His Roots Has Revitalized the Giant of Stand-Up', *LA Times*, 25 October 1992. <latimes.com/archives/la-xpm-1992-10-25-ca-1089-story.html>

3 : Hayley Campbell, 'In the Future, Your Body Won't Be Buried … You'll Dissolve', *WIRED*, 15 August 2017. <wired.co.uk/article/alkaline-hydrolysis-biocremation-resomation-water-cremationdissolving-bodies>

4 : 検体の歴史的事実についての記述は，どれも以下の Ruth Richardson の著書に依存するところが大きい．*Death, Dissection and the Destitute*, Penguin, London, 1988, pp. xiii, 31-2, 36, 39, 52, 54, 55, 57, 60, 64, 260.

5 : Marius Kwint and Richard Wingate, *Brains: The Mind as Matter*, Wellcome Collection, London, 2012.

6 : Jeremy Bentham, quoted by Timothy L. S. Sprigge, *The Correspondence of Jeremy Bentham, vol. 1: 1752 to 1776*, UCL Press, London, 2017, p. 136.

7 : Richardson, *Death, Dissection and the Destitute*, p. 260.

8 : 具体的な数字は Juri L. Habicht、Claudia Kiessling 医学博士，Andreas Winkelmann 医学博士による以下の研究報告に見ることができる．'Bodies for Anatomy Education in Medical Schools: An Overview of the Sources of Cadavers Worldwide', *Academic Medicine*, vol. 93, no. 9, September 2018, Table 2, pp. 1296-7. <ncbi.nlm.nih.gov/pmc/articles/PMC6112846>

9 : William Hunter, 'Introductory Lecture to Students', St Thomas's Hospital, London, printed by order of the trustees, for J. Johnson, No. 72, St. Paul's Church-Yard, 1784, p. 67. Special Collections of the University of Bristol Library より提供．<wellcomecollection.org/works/p5dgaw3p>

10 : 'Suicide Mortality by State', Centers for Disease Control and Prevention. <cdc.gov/nchs/pressroom/sosmap/suicide-mortality/suicide.htm>

11 : Associated Press, 'Widow Gets "Closure" after Meeting the Man Who Received Her Husband's Face', *USA Today*, 13 November 2017. <eu.usatoday.com/story/news/2017/11/13/widow-says-she-gotclosure-after-meeting-man-who-got-her-husbanmtouches-manwho-got-her-husbands-fac/857537001>

12 : 'Two Years after Face Transplant, Andy's Smile Shows His Progress', Mayo Clinic News Network, 28 February 2019. <newsnetwork.mayoclinic.org/discussion/2-years-after-face-transplant-andysandness-smile-shows-his-progress>〔リンク切れ〕

3　一瞬で石に変える —— デスマスク彫像家

1 : Ernst Benkard, *Undying Faces*, Hogarth Press, London, 1929.

2 : *Death Masks: The Undying Face*, BBC Radio 4, 14 September 2017. Produced by Helen Lee. <bbc.co.uk/programmes/b0939wgs>

3 : 同上.

原註

※ 2024 年 9 月に URL のアクセス確認

はじめに

1：Alan Moore and Eddie Campbell, *From Hell,* Top Shelf Productions, San Diego, 1989, 1999.（アラン・ムーア作／エディ・キャンベル画『フロム・ヘル』、柳下毅一郎訳、みすず書房）

2：World Health Organization, ‘The Top 10 Causes of Death’, 9 December 2020. <who.int/news-room/fact-sheets/detail/the-top-10-causes-of-death>

3：Ernest Becker, *The Denial of Death*, The Free Press, New York, 1973.（アーネスト・ベッカー『死の拒絶』、今防人訳、平凡社）

4：Don DeLillo, *White Noise*, Penguin, New York, 2009, p. 187. ライセンサーである PLSclear（UK）を通じて，Pan Macmillan の許可を得て転載．Penguin Random House LLC（US）の許可も得た．（ドン・デリーロ『ホワイト・ノイズ』、都甲幸治／日吉信貴訳、水声社など）

1　死の淵 ―― 葬祭ディレクター

1：Hayley Campbell, ‘This Guy Had Himself Dissected by His Friends and His Skeleton Put on Public Display’, BuzzFeed, 8 June 2015. <buzzfeed.com/hayleycampbell/why-would-you-put-underpants-on-a-skeleton>

2：*David Lynch: The Art Life*, dir. Jon Nguyen, Duck Diver Films, 2016, DVD, Thunderbird Releasing.

3：Denis Johnson, *The Largesse of the Sea Maiden*, Jonathan Cape, London, 2018, in the short story *Triumph Over the Grave*, p. 121.（デニス・ジョンソン『海の乙女の惜しみなさ』、藤井光訳、白水社に所収）

4：David Wojnarowicz, *Close to the Knives*, Canongate, Edinburgh, 2017, p. 119. c David Wojnarowicz, 1991. Extracts from *Close to the Knives: A Memoir of Disintegration,* reproduced with permission of Canongate Books Ltd（UK）and Vintage/Penguin Random House LLC（US）.

2　ギフト ―― アナトミカル・サービス・ディレクター

1：*Ken Burns Presents: The Mayo Clinic, Faith, Hope, Science*, dir. Erik Ewers and Christopher Loren

死刑

Cabana, Donald A., *Death at Midnight: The Confession of an Executioner*, Northeastern University Press, Boston, 1996.

Camus, Albert, *Resistance, Rebellion, and Death*, Alfred A. Knopf, New York, 1966.

Dow, David R., and Mark Dow, *Machinery of Death: The Reality of America's Death Penalty Regime*, Routledge, New York, 2002.

Edds, Margaret, *An Expendable Man: The Near-Execution of Earl Washington, Jr.*, New York University Press, New York, 2003.

Koestler, Arthur, *Dialogue With Death: The Journal of a Prisoner of the Fascists in the Spanish Civil War*, The University of Chicago Press, Chicago, 2011.

Lifton, Robert Jay, and Greg Mitchell, *Who Owns Death? Capital Punishment, the American Conscience, and the End of Executions*, HarperCollins, New York, 2000.

Solotaroff, Ivan , *The Last Face You'll Ever See: The Private Life of the American Death Penalty*, HarperCollins , New York , 2001 .

墓地

Arnold, Catharine, *Necropolis: London and Its Dead*, Simon & Schuster, London, 2006.

Beesley, Ian, and David James, *Undercliffe: Bradford's Historic Victorian Cemetery*, Ryburn Publishing, Halifax, 1991.

Harrison, Robert Pogue, *The Dominion of the Dead*, University of Chicago Press, Chicago, 2003.

Swannell, John, *Highgate Cemetery*, Hurtwood Press, Oxted, 2010.

クライオニクス（人体冷凍保存技術）

Ettinger, Robert C. W., *The Prospect of Immortality*, Sidgwick & Jackson, London, 1965.

Nelson, Robert F. and Sandra Stanley, *We Froze the First Man: The Startling True Story of the First Great Step toward Human Immortality*, Dell, New York, 1968.

O'Connell , Mark , *To Be a Machine*, Granta , London , 2017 .

子ども向け

Erlbruch, Wolf, *Death, Duck and the Tulip*, Gecko Press, Minneapolis, 2008.（ヴォルフ・エァルブルッフ『死神さんとアヒルさん』、三浦美紀子訳、草土文化）

Fitzharris, Lindsey, *The Butchering Art*, Farrar, Straus, and Giroux, New York, 2017.

Moore, Wendy, *The Knife Man: Blood, Body-Snatching and the Birth of Modern Surgery*, Bantam, London, 2005.

Park, Katharine, *Secrets of Women: Gender, Generation, and the Origins of Human Dissection*, Zone Books, New York, 2010.

Richardson, Ruth, *Death, Dissection and the Destitute*, Penguin, London, 1988.

Rifkin, Benjamin A., Michael J. Ackerman, and Judith Folkenberg, *Human Anatomy: Depicting the Body from the Renaissance to Today*, Thames & Hudson, London, 2006.

Roach, Mary, *Stiff: The Curious Lives of Human Cadavers*, Penguin, New York, 2003.（メアリー・ローチ『死体はみんな生きている』、殿村直子訳、NHK出版）

Shelley, Mary, *Frankenstein*, Penguin, London, 1992. (First published 1818.)（メアリー・シェリー『フランケンシュタイン』、小林章夫訳、光文社など）

Worden, Gretchen, *Mutter Museum of the College of Physicians of Philadelphia*, Blast Books, New York, 2002.

犯罪

Botz, Corinne May, *The Nutshell Studies of Unexplained Death*, The Monacelli Press, New York, 2004.

McDermid, Val, *Forensics: The Anatomy of Crime*, Profile Books, London, 2015.

Nelson, Maggie, *The Red Parts: Autobiography of a Trial*, Vintage, London, 2017.

Simon, David, *Homicide: A Year on the Killing Streets*, Houghton Mifflin Company, Boston, 1991.

死のイメージ

Benkard, Ernst, *Undying Faces*, Hogarth Press, London, 1929.

Ebenstein, Joanna, *Death: A Graveside Companion*, Thames & Hudson, London, 2017.

Friedrich, Ernst, *War against War!*, Spokesman, Nottingham, 2014 (facsimile edition of 1924 publication).

Heyert, Elizabeth, *The Travelers*, Scalo, Zurich, 2006.

Koudounaris, Paul, *Memento Mori: The Dead Among Us*, Thames & Hudson, London, 2015.

Marinovich, Greg, and Joao Silva, *The Bang-Bang Club: Snapshots from a Hidden War*, Arrow, London, 2001.

Sontag, Susan, *Regarding the Pain of Others*, Penguin, London, 2003.（スーザン・ソンタグ『他者の苦痛へのまなざし』、北条文緒訳、みすず書房）

Thanatos Archive, *Beyond the Dark Veil: Post-Mortem & Mourning Photography*, Grand Central Press & Last Gasp, California, 2015.

Wallis, Brian, *Weegee: Murder Is My Business*, International Center of Photography and DelMonico Books, New York, 2013.

Kübler-Ross, Elisabeth, *On Death and Dying: What the Dying Have to Teach Doctors, Nurses, Clergy and Their Own Families*, Scribner, New York, 1969.（エリザベス・キューブラー・ロス『死ぬ瞬間：死とその過程について』、鈴木晶訳、読売新聞社など）

Laqueur, Thomas W., *The Work of the Dead: A Cultural History of Mortal Remains*, Princeton University Press, Princeton, NJ, 2015.

Lesy, Michael, *The Forbidden Zone*, Andr e Deutsch, London, 1988.

Lofland, Lyn H., *The Craft of Dying: The Modern Face of Death*, Sage, Los Angeles, 1978.

Mitford, Jessica, *The American Way of Death Revisited*, Virago, London, 2000.

Nuland, Sherwin B., *How We Die*, Vintage, London, 1993.（シャーウィン・B・ヌーランド『人間らしい死にかた：人生の最終章を考える』、鈴木主税訳、河出書房新社）

O'Mahony , Seamus , *The Way We Die Now*, Head of Zeus, London , 2016 .

Terkel, Studs, *Will the Circle Be Unbroken? Reflections on Death, Rebirth, and Hunger for a Faith*, New York Press, New York, 2001 .（スタッズ・ターケル『死について！：あらゆる年齢・職業の人たち 63 人が堰を切ったように語った。』金原瑞人／野沢佳織／築地誠子共訳、河出書房新社）

Troyer, John, *Technologies of the Human Corpse*, MIT Press, Cambridge, MA, 2020.（ジョン・トロイヤー『人はいつ「死体」になるのか：生と死の社会学』、藤沢町子訳、原書房）

Wojnarowicz, David, *Close to the Knives: A Memoir of Disintegration*, Canongate, Edinburgh, 2017.

Yalom, Irvin D., *Existential Psychotherapy*, Basic Books, New York, 1980.

災害／戦争の余波

Black, Sue, *All that Remains: A Life in Death*, Doubleday, London, 2018.（スー・ブラック『死体解剖有資格者：法人類学者が見た生と死との距離』、倉骨彰訳、横田淳監訳、草思社）

Didion, Joan, *The Year of Magical Thinking*, Fourth Estate, London, 2012.（ジョーン・ディディオン『悲しみにある者』、池田年穂訳、慶應義塾大学出版会）

Ernaux, Annie, *Happening*, Fitzcarraldo Editions, London, 2019.（アニー・エルノー『嫉妬／事件』、菊地よしみ／堀茂樹訳、早川書房に所収）

Faust, Drew Gilpin, *This Republic of Suffering: Death and the American Civil War*, Vintage Civil War Library, New York, 2008.（ドルー・ギルピン・ファウスト『戦死とアメリカ：南北戦争 62 万人の死の意味』、黒沢眞里子訳、彩流社）

Lloyd Parry, Richard, *Ghosts of the Tsunami*, Vintage, London, 2017.（リチャード・ロイド・パリー『津波の霊たち：3・11 死と生の物語』、濱野大道訳、早川書房）

解剖学者／解剖

Blakely, Robert L., and Judith M. Harrington, *Bones in the Basement: Postmortem Racism in Nineteeth-Century Medical Training*, Smithsonian Institution Press, Washington, 1997.

読書案内

死／死ぬことについて

Alvarez, Al, *The Savage God: A Study of Suicide*, Bloomsbury, London, 2002.

Ariès, Philippe, *The Hour of Our Death: The Classic History of Western Attitudes toward Death over the Last One Thousand Years*, Alfred A. Knopf, New York, 1981.

Becker, Ernest, *The Denial of Death*, The Free Press, New York, 1973.（アーネスト・ベッカー『死の拒絶』、今防人訳、平凡社）

Callender, Ru, Lara Dinius-Inman, Rosie Inman-Cook, Michael Jarvis, Dr John Mallatratt, Susan Morris, Judith Pidgeon and Brett Walwyn, *The Natural Death Handbook*, The Natural Death Centre, Winchester, and Strange Attractor Press, London, 2012.

Critchley, Simon, *Notes on Suicide*, Fitzcarraldo Editions, London, 2015.

Doughty, Caitlin, *Smoke Gets In Your Eyes, and Other Lessons from the Crematory*,W.W. Norton, New York , 2014 .(ケイトリン・ドーティ『煙が目にしみる：火葬場が教えてくれたこと』、池田真紀子訳、国書刊行会)

——, *From Here to Eternity*, W.W. Norton, New York, 2017. (ケイトリン・ドーティ『世界のすごいお葬式』、池田真紀子訳、新潮社)

Gawande, Atul, *Being Mortal: Illness, Medicine, and What Matters in the End*, Profile Books, London, 2014.（アトゥール・ガワンデ『死すべき定め：死にゆく人に何ができるか』、原井宏明訳、みすず書房）

Hitchens, Christopher, *Mortality*, Atlantic Books, London, 2012.

Jarman, Derek , *Modern Nature: The Journals of Derek Jarman 1989–1990*, Vintage , London , 1991 .（デレク・ジャーマン『モダン・ネイチャー：デレク・ジャーマンの日記』、関美冬訳、キネマ旬報社）

Kalanithi, Paul, *When Breath Becomes Air*, The Bodley Head, London, 2016.（ポール・カラニシ『いま、希望を語ろう：末期がんの若き医師が家族と見つけた「生きる意味」』、田中文訳、早川書房）

Kristeva, Julia, *Powers of Horror: An Essay on Abjection*, Columbia University Press, New York, 1980.（ジュリア・クリステヴァ『恐怖の権力：〈アブジェクシオン〉試論』、枝川昌雄訳、法政大学出版局）

著者

ヘイリー・キャンベル（Hayley Campbell）

作家、ブロードキャスター、ジャーナリスト。ワイアード誌、ガーディアン紙、ニュー・ステイツマン誌、エンパイア誌をはじめとする多数のメディアに寄稿している。現在は愛猫ネッドと共にロンドンに暮らしている。

訳者

吉田俊太郎（よしだ・しゅんたろう）

英国と日本を頻繁に行き来しながら翻訳活動をしている。訳書に『映画もまた編集である』、『習得への情熱』（以上、みすず書房）、『あるミニマリストの物語』、『空想映画地図』、『クエンティン・タランティーノ』、『ストーリーボードで学ぶ物語の組み立て方』（以上、フィルムアート社）など多数。

ALL THE LIVING AND THE DEAD by Hayley Campbell

Copyright © 2022 Hayley Campbell
Japanese translation rights arranged with United Agents LLP, London,
through Tuttle-Mori Agency, Inc., Tokyo

ISBN978-4-8269-0265-6

死《し》の仕事師《しごとし》たち
彼《かれ》らはなぜ「人《ひと》の死《し》」を生業《なりわい》としたのか

二〇二四年十二月七日　第一版第一刷発行

著　者　ヘイリー・キャンベル
訳　者　吉田《よしだ》俊《しゅん》太郎《たろう》
発行者　中村幸慈
発行所　株式会社　白揚社　©2024 in Japan by Hakuyosha
〒101-0062　東京都千代田区神田駿河台1-7
電話03-5281-9772　振替00130-1-25400
装　幀　木庭貴信（オクターヴ）
印刷・製本　モリモト印刷株式会社